해커스 LEET
전진명
추리논증

기초

해커스

전진명

이력

- 고려대학교 법학전문대학원 14기 재학
- 서울대학교 행정대학원 석사과정 수료
- 서울대학교 언론정보학과 졸업
- (현) 해커스로스쿨 추리논증 전임
- (현) 베리타스 법학원 상황판단 전임
- (현) 법률저널 전국모의고사 출제 검수위원
- (전) 황남기 스파르타 법학원 PSAT 대표강사
- 서울대, 성균관대, 한양대, 전남대, 충남대, 충북대 등 다수 대학 초빙강사

저서

- 해커스 LEET 전진명 추리논증 기초(2024)
- 해커스 LEET 전진명 추리논증 기본(2023)

추리논증 고득점을 위한 필수 기초서!

LEET 추리논증은 로스쿨 수험생에게 필수적인 논리적 사고와 비판적 분석 능력이 있는지 평가합니다. 추리논증은 사건과 사실 간의 논리적 연결을 파악하고, 주어진 정보를 통해 합리적이고 일관된 결론을 이끌어내는 능력을 필요로 하므로, 수험생에게는 중요한 학습 과제가 됩니다.

『해커스 LEET 전진명 추리논증 기초』는 추리논증의 기초를 탄탄히 다지도록 설계된 기초강의 교재입니다. 기초부터 차근차근 접근하여 수험적 사고의 논리적 흐름을 이해하고, 주어진 모든 정보를 분석하여 최적의 정답을 도출하는 과정을 체계적으로 학습할 수 있도록 구성되었습니다. 기초적 논증의 기술을 단계별로 연습할 수 있는 안내서가 되길 바라며, 이 교재의 특징을 알려드리고자 합니다.

추리논증 문제 구성에 대한 이해
LEET 추리논증의 출제 원리를 이해하고 문제를 체계적으로 접근하는 방법을 학습합니다. 이를 통해 실전에서 유사한 문제를 만나더라도 흔들리지 않고 문제 해결에 집중할 수 있는 기준을 확립할 수 있습니다.

실전 연습과 자기 점검 문제
각 장마다 다양한 연습문제와 상세한 해설을 제공하여, 스스로 문제를 풀어보고 이해도를 점검할 수 있습니다. 이를 통해 반복적인 연습과 자기 평가가 가능해져 자신의 강점·약점을 파악할 수 있으며, 실전 감각을 익히는 데 큰 도움이 됩니다.

기초 개념과 기본 논리 익히기
추리논증의 기초 개념과 논리 원칙을 명확하게 제시하여, 법적 논증에 필요한 사고의 기본 흐름을 익히도록 구성하였습니다. 기초 개념을 체계적으로 학습하면, 복잡한 문제 상황에서도 사고의 흐름을 따라가며 논리적으로 문제를 분석할 수 있습니다.

논리적 오류 피하기
논리적 오류는 추리 과정에서 흔히 범하기 쉬운 함정이므로, 이를 명확하게 이해하고 피하는 방법을 학습합니다. 자주 발생하는 논리적 오류의 유형을 파악하고 이를 교정하는 연습을 통해, 논리적으로 완결된 사고를 유지하며 추리논증을 전개할 수 있습니다.

방법론적 사고 익히기
LEET에서 요구하는 논증은 단순한 논리적 전개를 넘어, 다양한 상황에 맞춘 방법론적 사고가 중요합니다. 이를 위해, 이론적 접근을 위한 메타이론에 대한 기본 개념을 다루어, 법학적 사고를 보다 명확하게 이해하고 상황에 맞는 추리 방식을 선택하는 능력을 길러 줍니다.

이 교재는 단순히 LEET 준비를 위한 문제풀이 교재에 머물지 않으며, 논리적으로 추론하는 사고 능력을 기르고, 법적 사고의 기초를 다질 수 있도록 돕는 안내서가 될 것입니다. 이 교재를 통해 추리논증의 기초를 다지고, 논리적 사고를 통한 자신감을 쌓아가길 바랍니다. 수험생들이 명확한 접근 기준으로 문제풀이를 시작할 수 있도록 기초를 다지는 데 큰 도움이 되기를 희망합니다.

전진명

목차

PART 1 추리논증의 기초

PART 2 유형별 연습문제

PART 3 필수 기초 논리학

PART 4 연구방법론

정답 및 해설

추리논증 고득점을 위한 이 책의 활용법

① 최신 출제 경향을 파악하여 시험을 전략적으로 대비한다.

LEET 추리논증의 최신 출제 경향을 반영한 고득점 가이드

최신 기출문제를 포함한 역대 기출문제의 출제 경향을 학습하여 추리논증에 대한 이해를 높이고 효과적으로 LEET 추리논증을 대비할 수 있습니다.

② 직관적인 유형 분류를 통해 출제 의도를 완벽히 분석한다.

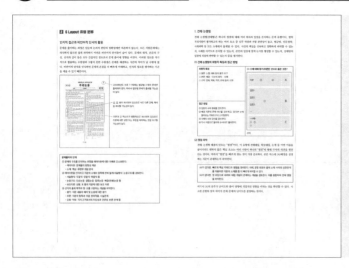

LEET 추리논증 문제를 완벽히 분석하는 유형 분류의 외형적 접근

추리논증 유형을 문제의 외형에 따라 직관적으로 분류하여 출제 의도를 완벽히 분석할 수 있습니다.

③ 필수 기초 논리학으로 논리·비판적 사고력을 향상시킨다.

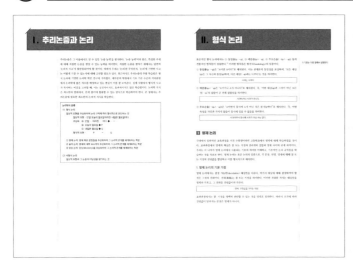

LEET 추리논증 문제풀이에 특화된 필수 이론

LEET 추리논증 문제풀이에 반드시 필요한 기초 논리학만을 학습하여 논리·비판적 사고력을 효율적으로 향상시킬 수 있습니다. 이를 통해 어떤 문제라도 문제풀이의 정확도를 높일 수 있습니다.

④ 상세한 해설로 완벽하게 정리한다.

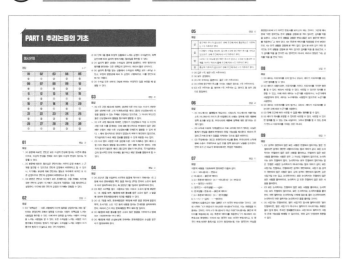

문제풀이에 대한 이해를 도와주는 상세한 해설

선택지에 상세하고 이해하기 쉽게 정답 및 오답의 이유가 제시되어 있어 꼼꼼히 학습할 수 있습니다.

기간별 맞춤 학습 플랜

자신의 학습 기간에 맞는 학습 플랜을 선택하여 계획을 수립하고, 그 날에 해당하는 분량을 공부합니다.

2주 완성 | 학습 플랜

👍 단기간 집중하여 빠르게 기초를 쌓고 싶은 분에게 추천합니다.

	___월 ___일	___월 ___일	___월 ___일	___월 ___일	___월 ___일
1주 차	PART 1 학습	PART 1 학습	PART 2 학습	PART 2 학습	PART 3 학습
	___월 ___일	___월 ___일	___월 ___일	___월 ___일	___월 ___일
2주 차	PART 3 학습	PART 4 학습	PART 4 학습	PART 1, 2 복습	PART 3, 4 복습

4주 완성 | 학습 플랜

👍 충분히 시간을 들여 꼼꼼히 학습하고 싶은 분에게 추천합니다.

	___월___일	___월___일	___월___일	___월___일	___월___일
1주 차	PART 1 학습	PART 1 학습	PART 1 학습	PART 1 학습	PART 2 학습
2주 차	___월___일	___월___일	___월___일	___월___일	___월___일
	PART 2 학습	PART 2 학습	PART 2 학습	PART 3 학습	PART 3 학습
3주 차	___월___일	___월___일	___월___일	___월___일	___월___일
	PART 3 학습	PART 3 학습	PART 4 학습	PART 4 학습	PART 4 학습
4주 차	___월___일	___월___일	___월___일	___월___일	___월___일
	PART 4 학습	PART 1 복습	PART 2 복습	PART 3 복습	PART 4 복습

추리논증 고득점 가이드

■ LEET 소개

1. LEET란?

LEET(Legal Education Eligibility Test, 법학적성시험)는 법학전문대학원 교육을 이수하는 데 필요한 수학능력과 법조인으로서 지녀야 할 기본적 소양 및 잠재적인 적성을 가지고 있는지를 측정하는 시험을 말합니다. LEET는 법학전문대학원 입학전형에서 적격자 선발 기능을 제고하고 법학교육 발전을 도모하는 데 그 목적이 있습니다.

2. 응시자격 및 시험성적 활용

LEET의 응시 자격에는 제한이 없으나, 법학전문대학원에 입학하기 위해서는 『법학전문대학원 설치·운영에 관한 법률』 제22조에 따라 학사학위를 가지고 있는 자 또는 법령에 의하여 이와 동등 이상 학력이 있다고 인정된 자, 해당년도 졸업예정자(학위취득 예정자 포함)이어야 합니다. 또한 LEET 성적은 『법학전문대학원 설치·운영에 관한 법률』 제23조에 따라 당해 학년도에 한하여 유효하며 개별 법학전문대학원에서 입학전형 필수요소 중 하나로 활용됩니다.

3. 시험영역 및 시험시간

언어이해와 추리논증 영역의 문제지는 홀수형과 짝수형으로 제작되며, 수험번호 끝자리가 홀수인 수험생에게는 홀수형, 짝수인 수험생에게는 짝수형 문제지가 배부됩니다. 한편 논술 영역의 문제지는 단일유형으로 제작됩니다.

교시	시험영역	문항 수	시험시간	문제형태
1	언어이해	30	09:00~10:10(70분)	5지선다형
2	추리논증	40	10:45~12:50(125분)	5지선다형
	점심시간		12:50~13:50(60분)	
3	논술	2	14:00~15:50(110분)	서답형
계	3개 영역	72문항	305분	

※ 출처: 법학전문대학원협의회 홈페이지

■ 추리논증 알아보기

추리논증은 법학적성시험의 과목 중 하나로 사실이나 견해 또는 정책이나 실천적 의사결정 등을 다루는 일상적 소재와 논리학·수학, 인문학, 사회과학, 과학·기술 등 다양한 분야의 학문적인 소재를 활용하여 법학전문대학원 교육에 필요한 추리 능력과 논증 능력을 측정하는 시험을 말합니다.

1. 출제 방향

추리논증은 지문의 제재나 문제의 구조, 질문의 방식 등을 다양화하여 이해력, 추리력, 비판력을 골고루 측정하는 시험이 될 수 있도록 출제됩니다. 또한 추리 능력을 측정하는 문제와 논증 분석 및 평가 능력을 측정하는 문제가 규범, 인문, 사회, 과학·기술의 각 영역 모두에서 균형 있게 출제됩니다. 한편 상이한 토대와 방법론에 따라 진행되는 다양한 종류의 추리 및 비판을 상황과 맥락에 맞게 파악하고 적용하는 능력을 측정하고자 합니다.

2. 출제 범위

추리논증은 규범, 인문, 사회, 과학·기술과 같은 학문 영역이 모두 균형 있게 출제되고 있습니다. 규범 영역의 문항은 법학 일반, 법철학, 공법, 사법 등 소재를 다양화하였고, 인문 영역의 문항들은 지식이나 규범과 관련된 원리적 토대를 다루면서도 예술이나 사회과학, 자연과학과 융합된 방식의 내용이 주를 이루고 있습니다.

3. 문제 구성

① 내용 영역

추리논증은 논리학·수학, 인문, 사회, 과학·기술, 규범으로 총 다섯 가지 내용 영역으로 출제되며, 총 40문제가 출제됩니다.

내용 영역	내용
논리학·수학	· 추리 문항의 해결에 필요한 원리, 일상적이고 실용적인 내용에 대한 탐구를 목적으로 하는 영역
인문	· 인간의 본질과 문화에 대한 탐구와 설명을 목적으로 하는 영역
사회	· 사회 현상에 대한 탐구와 설명을 목적으로 하는 영역
과학·기술	· 자연 현상, 기술 공학에 대한 탐구와 설명을 목적으로 하는 영역
규범	· 법과 윤리에 대한 탐구와 설명을 목적으로 하는 영역

추리논증 고득점 가이드

② 인지 활동 유형

추리논증은 크게 '추리 영역'과 '논증 영역'으로 나눌 수 있습니다. 추리 영역의 언어 추리 유형에서는 법학과 과학·기술을 중심으로 꾸준히 출제되고 있으며, 사회과학은 매년 비중이 다르게 출제되고 있습니다. 또한 인문학 소재의 논증 지문을 통해 추리할 수 있는 문제도 출제되고 있습니다. 논증 영역의 논증 분석 유형에서는 비교 분석과 논증의 구조 파악이 출제되고 있으며, 논쟁 및 반론 유형에서는 분석과 반론을 보여주고 판단하는 문제의 비중이 높아졌고, 논증의 강화와 약화 판단 문제도 꾸준하게 출제되고 있습니다.

구분	인지 활동 유형	내용
추리	형식적 추리	· 명제 논리적 연결사들의 진리 조건에 따라서 추리하여 해결하거나 다이어그램이나 모델을 만들어서 해결할 수 있는지 묻는 유형
	언어 추리	· 원리 적용: 개념이나 원리 원칙을 파악하고 이를 실제 사례에 적용할 수 있는지 묻는 유형 · 함축 및 귀결: 텍스트 안에 함축되어 있거나 정보로부터 귀결되는 바를 파악할 수 있는지 묻는 유형 · 사실관계로부터의 추리: 사건이나 사실을 토대로 추리할 수 있는지 묻는 유형
	논리게임	· 배열하기나 속성 매칭하기, 그룹핑 등 연역적인 추리 능력을 검사할 수 있는지 묻는 전형적인 논리 퍼즐 유형
	수리 추리	· 간단한 수 계산이나 방정식을 포함한 대수식을 이용하여 해결하거나 경우의 수, 도형, 이산수학/게임 이론을 통해 문제를 해결할 수 있는지 묻는 유형
논증	논증 분석	· 논증의 주장과 제시된 근거를 파악, 논증의 원리, 생략된 전제를 찾거나 논증의 구조를 정리할 수 있는지 묻는 유형
	논쟁 및 반론	· 논쟁의 쟁점이나 전제를 파악하거나 주어진 논증에 대하여 반론, 오류를 제기할 수 있는지 묻는 유형
	평가 및 문제해결	· 귀납 논증에서 결론의 정당성을 강화하거나 약화하는 사례 내지 조건을 파악하거나 논증에 대하여 종합적으로 평가할 수 있는지 묻는 유형

■ 최신 출제 경향

1. 출제 비중

2019학년도 이후 법학적성시험에서는 출제 방침이 세분화되며 전형적인 문제 유형이 자리를 잡아가고 있습니다. 이는 수험생들이 예측 가능한 패턴을 바탕으로 체계적으로 준비할 수 있게 하려는 의도로 보입니다. 또한 소재와 내용 면에서도 몇 가지 두드러진 변화가 나타나고 있습니다.

첫째, 인문학 영역에서는 인식론의 비중이 줄어들고 가치론의 비중이 늘어나는 경향이 나타났습니다. 인식론은 지식의 본성과 한계 등을 다루는 분야로, 복잡한 논리적 구조와 추론이 요구되던 반면, 최근 시험에서는 사회적 가치나 윤리적 판단과 관련된 가치론적 문제가 더 많은 비중을 차지하고 있습니다. 이러한 변화는 법적, 사회적 관점에서 중요한 윤리적 판단이나 가치판단 능력을 평가하려는 방향성을 반영합니다.

둘째, (상기한 가치론을 포함하면) 규범 영역 문제가 전체 출제 비중의 절반 가까이 차지하면서 법학적 사고와 규범적 판단력을 평가하려는 추세가 더욱 강해졌습니다. 규범 영역의 문제들은 법률의 해석과 적용, 규범적 논리 등을 중심으로 구성되어 수험생의 법적 추론 능력을 중점적으로 테스트합니다. 이는 법학 입문자들에게 필수적인 기초 법적 사고방식을 평가하는 것에 초점을 맞춘 것으로 볼 수 있습니다.

셋째, 과학·기술 영역 문제들도 변화가 있었습니다. 과학·기술 영역에서는 실험 결과를 바탕으로 하는 문제들이 줄어들고, 이론에 기반한 추론 문제들이 더 많이 출제되고 있습니다. 이러한 변화는 실험 결과 해석보다는 이론적 이해와 논리적 응용을 요구하는 방향으로 과학 문제의 초점이 이동했음을 시사합니다. 이를 통해 과학적 사실을 단순히 기억하는 것이 아니라, 그 기초 개념을 깊이 이해하고 논리적으로 적용할 수 있는지를 평가하려는 의도가 드러납니다.

마지막으로, 논리학·수학 영역에서는 수리적 사고와 논리를 결합한 복합형 퀴즈 문제가 계속 출제되고 있습니다. 2024학년도 시험에 이어, 2025학년도 시험에도 단순한 논리 문제를 넘어 수리적 사고와 논리적 사고가 동시에 요구되는 복합형 문제들이 출제되고 있습니다. 이는 단순한 규칙성을 파악하는 데 그치지 않고 수리적 구조를 논리적으로 분석하고 다양한 방식으로 문제에 접근하는 능력을 요구하는 유형입니다. 수험생들에게 더 어려운 난이도와 도전 과제를 부여하는 이 유형은 종합적 사고력을 키우기 위한 목적을 가지고 출제된 것으로 보입니다.

요약하자면, 2019학년도 이후 법학적성시험의 추리논증 영역은 세분화된 출제 방침과 함께 인문학 가치론, 규범 영역의 강화, 이론적 과학 문제, 수리 복합형 논리학·수학 문제라는 특징적인 출제 경향을 보이고 있습니다. 이러한 변화는 법학 전공자로서 갖춰야 할 종합적 사고력과 가치 판단력, 법적 추론 능력을 입체적으로 평가하려는 흐름을 반영합니다.

2. 난이도

2025학년도 시험은 전반적으로 난이도가 쉬워진 시험으로 평가됩니다. 2024학년도 시험에 비해 지문의 길이가 약 70%로 줄어들고, 주요 정보가 명확하게 제시됨에 따라 문제풀이에 더 집중할 수 있는 환경이 마련되었습니다. 이러한 변화는 불필요한 정보 탐색에 소비되는 시간을 줄이고 문제의 핵심에 빠르게 접근할 수 있도록 돕는 요소로 작용했습니다. 또한, 자주 출제되는 주요 소재를 중심으로 문제들이 구성됨에 따라, 비교적 높은 정답률을 기록할 수 있었습니다. 이는 이전 시험 대비 낯설지 않은 소재와 유형에 대한 안정적인 접근이 가능했던 것으로 보입니다. 특히 법계산 문제가 생략된 점은 체감 난이도를 더욱 낮추는 데 기여하여, 시험 전반부에서는 수험생들이 크게 어려움을 느끼지 않았을 것입니다.

그러나 시험 후반부인 31번 이후 문제들에서는 난도가 상승한 것으로 평가됩니다. 수리 추리와 논리·수리 복합형 퀴즈 문제들이 등장하면서 일부 수험생들은 시험 후반부에 상대적으로 큰 어려움을 겪었을 가능성이 큽니다. 이러한 문제들은 단순한 논리 추론을 넘어 수리적 계산이나 복잡한 연산적 사고를 요구하여, 시험장의 긴장감과 집중력 저하가 맞물리면서 상대적 체감 난도가 크게 높아진 것으로 분석됩니다.

종합적으로, 1번에서 30번까지는 평이했으나, 31번에서 40번은 생소한 형식과 복잡한 계산을 요구하는 문제들로 인해 실제 난도보다 체감 난도가 더 높아지는 '역체감' 현상이 두드러졌습니다. 이는 수험생들에게 시험 후반부에서의 집중력 유지와 문제 해결 전략이 중요하다는 점을 상기시켜 줍니다.

추리논증 고득점 가이드

3. 지문 및 소재

2025학년도 시험에서는 시사 이슈를 반영한 문제가 다수 출제되었습니다. 이는 수험생들이 실제 사회 현상과 법적, 철학적 개념을 결합하여 사고하는 능력을 평가하려는 의도로 볼 수 있습니다. 예를 들어, 18번 문제는 지구촌 각 지역에서 일어나는 분쟁을 조합하여 가치론적 관점에서 평가하도록 했습니다. 이를 통해 사회적 갈등 상황에서 선택과 이에 대한 가치 평가를 요구했습니다. 또 다른 예로, 22번 문제는 댄스 그룹을 소재로 하여 존재론적 동일성에 대한 평가를 요구하여, 사건의 본질과 동일성 문제를 철학적 관점에서 다루게 했습니다. 이처럼 구체적인 사건을 토대로 논리적, 철학적 평가를 유도하는 문제들이 시험에 다수 포함되었습니다.

법규범 관련 소재에서도 전형적인 주제가 유지되었습니다. 헌법, 민법, 형법, 그리고 법해석론 등 기본 법률 주제들이 출제되었으며, 현행 법안과 개정안을 비교하는 문제들이 다수 등장했습니다. 이는 단순한 법률 이해를 넘어 법 개정의 의의와 변화의 논리적 근거를 판단하는 능력을 평가하는 데 중점을 둔 것으로 보입니다. 특히, 계산보다는 언어적 판단과 해석에 더 초점을 둔 출제 경향이 나타났습니다. 이는 법조인의 필수적인 언어적 해석력과 논리적 사고를 테스트하는 중요한 요소로 작용했을 것입니다.

인문학 소재는 가치론, 인식론-논리학, 존재론, 언어철학이 적절히 섞여 출제되었습니다. 기존에 비해 가치론의 비중이 늘어나고 언어철학과 인식론의 비중이 다소 줄어드는 변화가 있었습니다. 이러한 변화는 사회적 가치와 윤리적 판단을 다루는 능력에 더 중점을 두고, 언어적 분석이나 지식의 본질과 같은 추상적 논의를 상대적으로 축소하려는 의도로 해석됩니다. 또한 기존에 반복적으로 출제되던 표현이 그대로 제시되기도 하여, 인문학적 개념에 대한 학습 내용이 충실한 수험생들에게 유리하게 작용했을 것입니다.

사회과학 소재는 큰 변화 없이 사회학, 정치학, 경제학, 커뮤니케이션학의 주제가 골고루 출제되었습니다. 이는 수험생들이 사회 전반의 다양한 주제에 대한 이해와 종합적 사고력을 요구받았음을 보여줍니다.

자연과학 소재에서는 물리, 화학, 생물 등 다양한 과학적 주제가 다루어졌지만, 이번 시험의 문제들은 주로 이론 기반에 초점을 맞췄습니다. 실험이나 복잡한 계산 문제 대신, 주어진 변수 간 관계를 논리적으로 해석하고 연결 짓는 능력이 요구되었습니다. 이는 과학적 사고의 논리성을 중요시하며 과학적 지식의 단순 이해를 넘어 구조와 원리의 내적 관계를 파악하는 문제 풀이가 필요함을 의미합니다.

전체적으로, 2025학년도 법학적성시험은 시사적 사건을 활용한 가치론적 문제의 비중 증가, 법률 해석 및 개정안 비교, 인문학적 가치론 문제 강화, 자연과학의 이론 중심 문제 구성이라는 특징이 나타났습니다. 이러한 출제 경향은 수험생들이 다양한 분야의 지식을 논리적, 비판적으로 통합하고 해석하는 능력을 갖추었는지를 평가하는 시험의 방향성을 반영하고 있습니다.

■ 대비 전략

2025학년도 시험의 출제 경향을 고려할 때, 적어도 2026학년도 시험까지는 현재의 출제 기조가 유지될 가능성이 높습니다. 이를 바탕으로, 고득점을 목표로 한 전략적 학습 방향을 수립하는 것이 중요합니다.

우선, 1번부터 30번까지는 난이도가 비교적 낮게 유지될 것으로 예상됩니다. 이러한 추세라면, 31번 이후에 출제되는 수리 추리, 모형 추리, 자연과학 문제에 대한 대비가 고득점으로 가는 핵심 전략이 될 수 있습니다. 특히, 논리적 사고와 수리적 연산을 결합한 문제들은 난도가 높은 경우가 많기 때문에, 이를 충분히 연습하여 33개 이상의 정답을 목표로 하는 것이 바람직합니다. 수리 추리와 자연과학 문제는 비교적 복잡한 사고 과정이 요구되므로, 다양한 문제 유형을 경험하고 풀이법을 체득하는 연습이 필요합니다. 이를 통해 시험 후반부의 난이도 높은 문제들을 해결할 수 있는 실력을 갖출 수 있을 것입니다.

다만, 초심자라면 시험 후반부보다는 초반부 1번에서 30번 문제에 집중하여 법학, 인문학, 언어적 사고 기반의 사회과학 문제의 정답률을 최대한 끌어올리는 전략이 중요합니다. 기초적인 법학적 사고와 인문학적 논리 이해를 충분히 갖추는 것이 선행되어야 이후 고난도의 문제들에 안정적으로 접근할 수 있기 때문입니다. 법학과 인문학 영역은 비교적 규칙적인 출제 경향을 보이고 있어, 관련 개념과 기본 논리를 탄탄히 익히는 것이 고정적인 점수를 확보하는 데 유리합니다.

따라서, 기초 학습 단계에서는 1번부터 30번 문제에 대한 높은 정확도를 목표로 하여 법학적 사고력과 인문학적 지식 기반을 확립하는 데 집중하고, 이후 수리추리와 자연과학 문제까지 범위를 확장하는 것이 효율적인 학습 방법이 될 것입니다.

PART 1
추리논증의 기초

I. 추리논증 개관

추리논증이란?

추리는증은 LEET에서 125분 내에 총 40문항을 풀이하며, 주어진 상황에 따른 추리·논증 능력을 평가하는 시험을 말한다.

추리논증은 법학전문대학원에 진학한 후, 학업을 수행하고 변호사로 활동할 수 있는 역량이 있는지 검증하기 위한 시험이다. 이를 위해 ① 다양한 상황에 대한 이해·추리·판단하는 능력과 ② 주제 상황에 대한 논증의 분석·평가·비판 및 대안 탐색 능력을 평가한다. 전자를 추리능력, 후자를 논증 및 비판능력이라 한다. 비슷한 능력을 평가하는 다른 시험들에 비해 어려운 난이도를 보이지만, 제대로 방향성을 잡고 연습한다면 충분히 실력 향상이 가능하다. 특히 PSAT 언어논리와 상황판단을 함께 공부하는 것이 큰 도움이 된다.[1]

> **추리논증의 필수 능력**
> ① 다양한 상황에 대한 이해·추리·판단 능력
> ② 논증의 분석·평가·비판 및 대안 탐색 능력을 평가

추리논증은 독해력과 논증 능력 등의 언어적 능력과 계산력, 수적 감각, 논리적 판단력 등 수리적 능력을 모두 평가한다. 고득점을 위해서는 문제 풀이뿐만 아니라 언어·수리적 능력을 모두 강화할 필요가 있다.

[1] 추리논증을 "객관식 논술 시험"이라 생각하면 비교적 접근하기 쉽다. 지문을 이해하고, 여러 주장과 견해를 비교, 검토한 후에 사례에 적절히 적용하여 자신의 입장을 정리하는 논술의 과정이 추리논증의 풀이 방식과 동일하기 때문이다.

II. 추리논증의 문항 구성

1 법학전문대학원협의회의 이원분류표

법학전문대학원협의회는 추리논증 영역의 각 문항을 이원분류표에 따라 출제하고 있다. 이원분류표는 출제 과정에서 문제 유형이 편중되어 출제되는 것을 방지하고, 시험 목적에 부합하는 출제 방향성을 유지하기 위해 사용된다. 추리논증의 경우 초기의 이원분류표가 언어이해·언어추리·논증과 비판 영역의 경계를 모호해 영역의 정체성을 지적받기도 하였으며, 2015년 공청회를 통해 개선된 이원분류표를 공개하고 이를 수험에 반영하였다. 아래는 2015년에 변경된 추리논증 이원분류표이다.

법학전문대학원협의회의 이원분류표(2015)

문항 유형 내용 분석	추리		논증		
	언어 추리	모형 추리	논증 분석	논쟁 및 반론	논증 평가 및 문제 해결
논리·수학					
인문					
사회				·	
과학·기술					
규범					

위 이원분류표를 통해서 추리논증 시험이 추리영역과 논증영역으로 구분됨을 알 수 있다. 추리영역은 언어적 능력에 기반한 언어 추리와 수리·논리적 능력에 기반한 모형 추리를, 논증영역은 논증 구조의 분석에서부터 평가와 문제해결까지 논증능력 전반을 평가한다.

1. 추리영역

추리는 언어적 추리능력과 논리·수리적 추리력을 평가하는데, 2015학년도 이전의 경우 언어적 추리능력의 세분화가 되지 않아 비판과 구분하기 어려운 경우가 종종 있었다. 2016학년도 이후부터는 언어 추리와 모형 추리로 세부 유형이 변경되면서 비판(논증) 영역과 비교적 명확히 구분이 가능하게 되었다. 그럼에도 불구하고 여전히 논증 영역의 '평가'와 관련된 요소들은 언어 추리 요소를 강하게 요구한다.

추리영역의 이원분류표

문항 유형 내용 분석	추리					
	언어 추리			모형 추리		
	함축 및 귀결	원리적용	사실관계 추리	형식적 추리	논리 게임	수리 추리
논리·수학						
인문						
사회						
과학·기술						
규범						

2. 논증영역

논증(비판)은 기존의 분석 및 재구성과 비판 및 반론, 판단 및 평가의 구조에 세부 유형을 추가한 형태로 변화했는데, 그 과정에서 논증의 하위 요소였던 비판을 최상위 능력으로 변경하려는 시도가 있었다. 또한 기존의 판단 및 평가 영역이 논증 평가 및 문제해결로 변화했는데, 논쟁에 대한 평가와 강화약화에 대한 평가를 서로 다른 세부 분야에 인위적으로 나누면서 모호한 요소를 남기고 있다.

논증영역의 이원분류표

문항 유형 내용 분석	논증									
	논증 분석			논쟁 및 반론			논증 평가 및 문제해결			
	명시적 요소 분석	암묵적 요소 분석	구조 분석	논쟁 분석 및 평가	반론 구성	오류	연역 논증 평가	귀납 논증 평가	강화 약화	문제 해결
논리·수학										
인문										
사회										
과학·기술										
규범										

이러한 이원분류표가 문제 출제의 기준이 되는 것은 분명하다. 그러나 모든 문제가 분류표에 정확히 대입되는 것은 아니며, 오히려 한 문제에 다양한 평가요소들이 복합적으로 출제되는 경우가 대부분이다. 따라서 법학전문대학원협의회의 이원분류표는 문제의 구성 요소를 이해하는 용도로만 사용하는 것이 바람직하다.

2 법학전문대학원협의회 유형 분류의 세부 내용

1. 추리영역

(1) 언어 추리

언어 추리는 일상 언어로 쓰여진 글을 읽고 분석하여 결론을 이끌어 내는 일련의 추리 과정을 평가하는 영역이다. 지문에 대한 이해력과 논리적 추리력을 구성하는 요소를 평가하는 만큼 대부분의 문항에서 조금씩 활용된다. 이원분류표는 언어 추리의 경우 함축 및 귀결, 원리적용, 사실관계 추리 총 3가지 세부 유형으로 분류하고 있다.

↳ • 목표: 함축된 정보를 파악하고, 논리와 맥락에 근거한 결론을 도출한다.
  • 출제원리: 단어·개념 간의 관계에서 파악할 수 있는 정보를 상위 개념으로 확장하거나 대립 개념과 비교한다.

예시문제 01

다음으로부터 추론한 것으로 옳은 것만을 <보기>에서 있는 대로 고른 것은? 2020학년도 LEET 문15

연민은 이성에 앞서는 것으로 인간에게 보편적인 자연적 감정이다. 연민은 동물들에게도 뚜렷이 나타난다. 동물이 새끼에 대해 애정을 품고 같은 종의 죽음에 대해 불안감을 느낀다는 사실이 이를 보여 준다. 이 감정은 모든 이성적 반성에 앞서는 자연의 충동이며, 교육이나 풍속에 의해서도 파괴하기 어려운 자연적인 힘이다. 연민은, 본성에 의해서 우리에게 새겨진 또 다른 감정인 자기애가 자연이 설정한 범위를 넘어서 과도하게 작용되는 것을 방지하여 종 전체의 존속에 기여한다. 남이 고통 받는 모습을 보고 깊이 생각할 여지도 없이 도와주러 나서게 되는 것도 연민 때문이다. 하지만 연민이 자기희생을 의미하는 것은 아니다. 연민은 굶주리고 있는 인간에게까지 약한 어린이나 노인이 힘겹게 획득한 식량을 빼앗지 말라고 하지는 않는다. "남이 해 주길 바라는 대로 남에게 행하라"는 이성의 원리에 앞서 "타인의 불행을 되도록 적게 하라"라는 생각을 먼저 품게 하는 것이 연민이다. 인간이 고통을 당하는 것을 보거나 인간이 악을 행했을 때 느끼는 혐오감의 원인도 정교한 이성적 논거가 아니라 이 연민이라는 자연의 감정 속에서 그 근원을 발견할 수 있다. 만일 인류의 생존이 인류 구성원들의 이성적 추론에만 달려 있었다면 인류는 벌써 지상에서 자취를 감추었을 것이다.

─────────〈보기〉─────────

ㄱ. 연민은 이성적 반성 없이는 작동되지 않는다.
ㄴ. 혐오감과 자기애는 모두 연민의 감정에서 비롯된다.
ㄷ. 타인에 대한 연민의 감정은 자기애와 양립 가능하다.

① ㄱ   ② ㄷ   ③ ㄱ, ㄴ
④ ㄴ, ㄷ   ⑤ ㄱ, ㄴ, ㄷ

다음 글에서 알 수 있는 것은?

'수치심'과 '죄책감'의 유발 원인과 상황들을 살펴보면, 두 감정은 그것들을 발생시키는 내용이나 상황에 있어서 그다지 차이가 나지 않는다. 발달심리학자 루이스에 따르면, 이 두 감정은 '자의식적이며 자기 평가적인 2차 감정'이며, 내면화된 규범에 비추어 부정적으로 평가받는 일을 했거나 그러한 상황에 처한 것을 공통의 조건으로 삼는다. 두 감정이 다른 종류의 감정들과 경계를 이루며 함께 묶일 수 있는 이유이다.

그러나 이 두 가지 감정은 어떤 측면에서는 확연히 구분된다. 먼저, 두 감정의 가장 근본적인 차이는 부정적 자기 평가에 직면한 상황에서 부정의 범위가 어디까지인지, 그리고 이 상황을 어떻게 심리적으로 처리하는지 등에서 극명하게 드러난다. 수치심은 부정적인 자신을 향해, 죄책감은 자신이 한 부정적인 행위를 향해 심리적 공격의 방향을 맞춘다. 그러다 보니 자아의 입장에서 볼 때 수치심은 자아에 대한 전반적인 공격이 되어 충격도 크고 거기에서 벗어나기도 어렵다. 이에 반해 죄책감은 자신이 한 그 행위에 초점이 맞춰져 자아에 대한 전반적인 문제가 아닌 행위와 관련된 자아의 부분적인 문제가 되므로 타격도 제한적이고 해결 방안을 찾는 것도 상대적으로 용이하다.

위와 같은 두 감정의 서로 다른 자기 평가 방식은 자아의 사후(事後) 감정 상태 및 행동 방식에도 상당히 다른 양상을 낳게 한다. 죄책감은 부정적 평가의 원인이 된 특정한 잘못이나 실수 등을 숨기지 않고 교정, 보상, 원상 복구하는 데에 집중하며, 다른 사람에게 자신의 잘못을 상담하기도 하는 등 적극적인 방식을 통해 부정된 자아를 수정하고 재구성한다. 반면 자신의 정체성과 존재 가치가 부정적으로 노출되어서 감당하기 어려울 정도의 심적 부담을 느끼는 수치심의 주체는 강한 심리적 불안 상태에 놓이게 된다. 그러므로 자신에 대한 부정적 평가를 만회하기보다 은폐나 회피를 목적으로 하는 심리적 방어기제를 동원하여 자신에 대한 스스로의 부정이 더 이상 진행되는 것을 차단하기도 한다.

① 수치심을 느끼는 사람과 죄책감을 느끼는 사람 중 잘못을 감추려는 사람은 드러내는 사람보다 자기 평가에서 부정하는 범위가 넓다.
② 자아가 직면한 부정적 상황에서 자의식적이고 자기 평가적인 감정들이 작동시키는 심리적 방어기제는 동일하다.
③ 부정적 상황을 평가하는 자아는 심리적 불안 상태에서 벗어나기 위해 행위자와 행위를 분리한다.
④ 수치심은 부정적 상황에서 심리적 충격을 크게 받는 성향의 사람이 느끼기 쉬운 감정이다.
⑤ 죄책감은 수치심과 달리 외부의 규범에 반하는 부정적인 일을 했을 때도 발생한다.

- 목표: 주어진 이론·매커니즘 등을 이해하고 적용한다.
- 출제원리: ① 규범·규칙, ② 매커니즘·절차, ③ 이론·실험 등의 이해와 적용 능력을 검증한다.

예시문제 03

다음으로부터 <사례>를 판단한 것으로 옳은 것만을 <보기>에서 있는 대로 고른 것은?

2020학년도 LEET 문8

X국은 출산과 관련된 산모의 비밀 유지를 보장하고 신생아의 생명과 신체의 안전을 보장하기 위하여 익명출산제를 시행하기로 하였다. 이에 따라 의료기관의 적극적인 협조를 포함하는 다음의 〈규정〉이 제정되었다.

〈규정〉

제1조 ① 익명출산을 하고자 하는 자(이하 신청자라 한다)로부터 익명출산 신청을 받은 의료기관은 의료기록부에 신청자의 이름을 가명으로 기재한다.

② 신청자는 자녀가 출생한 때로부터 7일 내에 다음 사항을 포함하는 신상정보서를 작성하여 출산한 의료기관에 제출한다.

　　(1) 자녀의 이름을 정한 경우 그 이름, 성별, 출생 일시, 출생 장소 등 자녀에 관한 사항

　　(2) 신청자의 이름 및 주소, 익명출산을 하게 된 사정 등 자녀의 부모에 관한 사항

제2조 신청자는 신상정보서를 작성한 때로부터 2개월이 경과한 때 자녀에 관한 모든 권리를 상실한다.

제3조 국가심의회는 성년에 이른 자녀(자녀가 사망한 경우에는 성년에 이른 그의 직계 후손)의 청구가 있으면 제1조 ②의 신상정보서의 사항을 열람하게 한다.

제4조 제3조에도 불구하고 제1조 ② (2)의 사항은 신청자의 동의를 받은 때에만 열람하게 한다. 그러나 신청자가 신상정보서 작성 시 자신이 사망한 이후에 이를 공개하는 것에 대하여 명시적으로 반대하지 않으면, 신청자가 사망한 이후에는 청구에 따라 언제든지 열람할 수 있게 한다.

〈사례〉

X국에 살고 있는 甲(여)은 乙(남)과의 사이에 丙을 임신하였고, 甲은 익명출산을 신청하였다.

―――――〈보기〉―――――

ㄱ. 甲과 乙이 혼인관계에 있다면, 乙이 甲의 출산 사실 및 丙에 대한 신상정보의 열람을 청구한 경우, 국가심의회는 甲의 동의를 받아 열람을 허용한다.

ㄴ. 성인이 된 丙이 신상정보서상 자신의 혈연에 관한 정보, 출생 당시의 정황에 관한 정보의 공개를 청구한 경우, 甲의 사망 사실이 확인되는 이상 국가심의회는 해당 정보를 열람할 수 있게 허용하여야 한다.

ㄷ. 丙이 사망한 후 그의 딸 丁(23세)이, 丙이 출생할 당시 甲이 丙에게 지어 준 이름, 丙의 출생 일시, 출생 장소에 관한 정보의 열람을 청구한 경우, 국가심의회는 甲의 명시적인 반대의 의사에도 불구하고 해당 정보를 열람하게 할 수 있다.

① ㄱ　　　　　　　② ㄷ　　　　　　　③ ㄱ, ㄴ

④ ㄴ, ㄷ　　　　　⑤ ㄱ, ㄴ, ㄷ

다음 글과 <상황>을 근거로 판단할 때 옳은 것은? 2021년 5급 PSAT 상황판단 가 문2

제00조 ① 문화재청장은 학술조사 또는 공공목적 등에 필요한 경우 다음 각 호의 지역을 발굴할 수 있다.
1. 고도(古都)지역
2. 수중문화재 분포지역
3. 폐사지(廢寺址) 등 역사적 가치가 높은 지역

② 문화재청장은 제1항에 따라 발굴할 경우 발굴의 목적, 방법, 착수 시기 및 소요 기간 등의 내용을 발굴 착수일 2주일 전까지 해당 지역의 소유자, 관리자 또는 점유자(이하 '소유자 등'이라 한다)에게 미리 알려 주어야 한다.

③ 제2항에 따른 통보를 받은 소유자 등은 그 발굴에 대하여 문화재청장에게 의견을 제출할 수 있으며, 발굴을 거부하거나 방해 또는 기피하여서는 아니 된다.

④ 문화재청장은 제1항의 발굴이 완료된 경우에는 완료된 날부터 30일 이내에 출토유물 현황 등 발굴의 결과를 소유자 등에게 알려 주어야 한다.

⑤ 국가는 제1항에 따른 발굴로 손실을 받은 자에게 그 손실을 보상하여야 한다.

⑥ 제5항에 따른 손실보상에 관하여는 문화재청장과 손실을 받은 자가 협의하여야 하며, 보상금에 대한 합의가 성립하지 않은 때에는 관할 토지수용위원회에 재결(裁決)을 신청할 수 있다.

⑦ 문화재청장은 제1항에 따른 발굴 현장에 발굴의 목적, 조사기관, 소요 기간 등의 내용을 알리는 안내판을 설치하여야 한다.

〈상황〉

문화재청장 甲은 고도(古都)에 해당하는 A지역에 대한 학술조사를 위해 2021년 3월 15일부터 A지역의 발굴에 착수하고자 한다. 乙은 자기 소유의 A지역을 丙에게 임대하여 현재 임차인 丙이 이를 점유·사용하고 있다.

① 甲은 A지역 발굴의 목적, 방법, 착수 시기 및 소요 기간 등에 관한 내용을 丙에게 2021년 3월 29일까지 알려주어야 한다.

② A지역의 발굴에 대한 통보를 받은 丙은 甲에게 그 발굴에 대한 의견을 제출할 수 있다.

③ 乙은 발굴 현장에 발굴의 목적 등을 알리는 안내판을 설치하여야 한다.

④ A지역의 발굴로 인해 乙에게 손실이 예상되는 경우, 乙은 그 발굴을 거부할 수 있다.

⑤ A지역과 인접한 토지 소유자인 丁이 A지역의 발굴로 인해 손실을 받은 경우, 丁은 보상금에 대해 甲과 협의하지 않고 관할 토지수용위원회에 재결을 신청할 수 있다.

다음 글에서 추론할 수 있는 것은?

2020년 5급 PSAT 언어논리 나 문29

두 국가에서 소득을 얻은 개인이 두 국가 모두의 거주자로 간주되면, 두 국가에서 벌어들인 소득 합계에 대한 세금을 두 국가 모두에 납부해야 한다. 이러한 이중 부과는 불합리하다. 이에, 다음 〈기준〉에 따라 〈사례〉의 개인 갑~정을 X국과 Y국 중 어느 국가의 거주자인지 결정하고자 한다. 갑~정의 국적은 각 하나씩이며, 네 명 모두 X국과 Y국에서만 소득을 얻는다. 〈기준〉의 각 항목은 거주국이 결정될 때까지 '첫째'부터 순서대로 적용하되, 항목에 명시된 '경우'에 해당하지 않으면 적용하지 않는다. 거주국이 결정되면 그 뒤의 항목들은 고려하지 않는다.

〈기준〉

첫째, 소득을 얻는 국가 중 한 국가에만 영구적인 주소가 있는 경우, 그 국가의 거주자로 본다. 둘째, 소득을 얻는 두 국가 모두에 영구적인 주소가 있는 경우, 더 중요한 이해관계를 가지는 쪽 국가의 거주자로 본다. 셋째, 소득을 얻는 두 국가 중 어느 쪽에도 영구적인 주소가 없거나 어느 쪽 국가에도 더 중요한 이해관계를 가지지 않는 경우에는 통상적으로 거주하는, 즉 1년의 50%를 초과하여 거주하는 국가의 거주자로 본다. 넷째, 소득을 얻는 두 국가 중 어느 쪽에도 통상적으로 거주하지 않는 경우, 국적에 따라 거주국을 결정한다.

〈사례〉

○ X국 국적자 갑은 X국 법인의 회장으로 재직하여 X국에 더 중요한 이해관계를 가지며, 어느 나라에도 영구적인 주소가 없으나 1년에 약 3개월은 X국에 거주하고 나머지는 Y국에 거주한다.

○ Z국 국적자 을은 Y국 법인의 이사로 재직하여 Y국에 더 중요한 이해관계를 가진다. 을은 Y국에 통상적으로 거주하며 그가 유일하게 영구적인 주소를 가진 X국에는 1년에 4개월 정도 거주하는데 그 기간에는 영상회의로 Y국 법인의 업무에 참여한다.

○ Y국 국적자 병은 X국과 Y국에 각각 영구적인 주소를 가지며 1년 중 X국에 1/4, Y국에 3/4을 체류한다. 병은 Y국에 체류할 때는 주로 휴식을 취하지만 X국에 체류하는 동안에는 X국의 공장을 운영하는 등, X국에 더 중요한 이해관계를 가진다.

○ Y국 국적자 정은 Z국에만 영구적인 주소를 가지나, 거주는 X국과 Y국에서 정확히 50%씩 한다. 정은 X국과 Y국 중 어느 쪽에도 더 중요한 이해관계를 가지지 않는다.

① 갑과 병은 거주국이 같다고 결정된다.

② 갑~정 중 거주국이 결정되지 않는 사람이 있다.

③ 갑~정 중 국적이 Z국인 사람은 Y국의 거주자로 결정된다.

④ 갑~정 중 Z국에 영구적인 주소를 가지는 사람의 거주국은 X국으로 결정된다.

⑤ 갑~정 중, X국의 거주자로 결정된 사람의 수와 Y국의 거주자로 결정된 사람의 수는 같다.

→ • 목표: 주어진 상황·사실관계에 대해 분석한다.
 • 출제원리: 차트·도표·사례 상황을 제시하고 이를 분석한다.

예시문제 06

<주장>을 비판하기 위한 논거로 적절한 것만을 <보기>에서 있는 대로 고른 것은?

2016학년도 LEET 문21

아래 그림은 2010년경에 33개 OECD 회원국이 시장소득과 처분가능소득이라는 두 가지 기준에서 자국에 대해 조사한 지니계수를 함께 나타낸 것이다. 여기에서 '지니계수'란 소득분배의 불평등 정도를 나타내는 수치로서, 0은 완전평등, 1은 완전불평등한 상태이며 수치가 클수록 불평등이 더욱 심한 소득분배 상황을 나타낸다. '시장소득'은 정부의 개입 없이 애당초 시장에서 획득한 소득을 말하며, '처분가능소득'은 정부에 세금을 납부하거나 보조금을 받은 이후의 재분배된 소득이다.

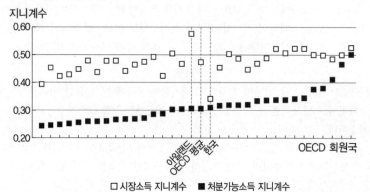

〈주장〉

한국은 소득이 상당히 평등하게 분배되어 있는 나라이다. 시장소득 기준으로는 OECD 회원국 중에서 가장 평등한 나라이며, 처분가능소득 기준으로도 OECD 회원국 가운데 중위권에 속한다. 한국 사회에서 소득이 불평등하게 분배되고 있다는 일부의 주장은 현실과 거리가 먼 것이다. 따라서 우리나라에서 소득불평등을 개선하기 위한 추가적인 재분배 정책은 필요하지 않다.

〈보기〉

ㄱ. 시장소득 지니계수가 가장 높은 아일랜드의 경우, 시장소득 지니계수와 처분가능소득 지니계수의 차이가 가장 크다.

ㄴ. 소득세 자료가 아니라 가계설문조사에 기초한 우리나라 소득분포통계의 경우에는 상층 소득자에서 표본의 누락이 심각하며 금융소득의 경우도 상당히 과소 보고된다고 알려져 있다.

ㄷ. 소득분포통계 조사 방법이 나라마다 다르다는 점을 감안한다면 지니계수를 국가 간에 비교하는 것은 큰 의미가 없고 시장소득 지니계수와 처분가능소득 지니계수 사이의 차이가 중요하다.

① ㄱ   ② ㄷ   ③ ㄱ, ㄴ

④ ㄴ, ㄷ   ⑤ ㄱ, ㄴ, ㄷ

(2) 모형 추리

모형 추리는 언어적 능력에 기반한 형식적 추리·논리 게임과 수리적 능력에 기반한 수리 추리로 구분된다. 형식적 추리는 논증 모형에 대한 분석 능력을, 논리 게임은 조건에 적합한 논리 모형을 설정할 수 있는지 평가한다. 수리 추리는 문제 상황에 대해 적절한 수리적 판단 능력을 갖추었는지 평가한다. 이원분류표는 모형 추리의 경우 형식적 추리, 논리 게임, 수리 추리 총 3가지 세부 유형으로 분류하고 있다.

형식적 추리

↳ • 목표: ① 명제로부터 논리적 추론 규칙에 따라 결론을 도출한다.
　　　　② 문장 사이의 도식적·형식적 관계를 파악한다.
　　　　③ 명제·술어논리, 형식적·비형식적 오류, 사실관계를 분석한다.
• 출제원리: 형식 논리에 적합한 문장을 제시하고, 이를 분석·평가한다.

예시문제 07

다음 추론에서 결론을 도출하기 위해 보충해야 할 전제는?　　　　2009학년도 LEET 문4

> X가 변호사가 아니라면 그는 아나운서이다. 그런데 모든 아나운서는 붉은색 넥타이를 착용한다. 그러나 X는 푸른색 넥타이를 착용한다. 만일 X가 변호사라면, 그는 미국인이거나 영국인이다. 그런데 어느 영국인도 한국 생활을 경험해 본 적이 없다면, 김치를 먹을 줄 모른다. 그리고 한국 생활을 경험한 변호사들은 모두 붉은색 넥타이를 착용한다. 따라서 X는 미국인 변호사이다.

① X는 김치를 먹을 줄 안다.
② X는 한국 생활을 경험하지 않았다.
③ 어떤 아나운서는 변호사가 될 수 있다.
④ 미국인의 일부는 김치를 먹을 줄 안다.
⑤ 김치를 먹을 수 있는 사람은 영국인이 아니거나 한국 생활을 경험했다.

다음 글의 내용이 참일 때, 참인지 거짓인지 알 수 <u>없는</u> 것은? 2014년 5급 PSAT 언어논리 A 문11

> "누군가를 사랑하거나 누군가에게 사랑받는 존재만이 의사를 표명할 수 있다."는 주장은 쉽게 받아들이기 어렵지만 참이다. 의사를 표명할 수 없는 존재는 사유할 수 없지만, 의사를 표명할 수 있는 존재는 사유할 수 있다. 이와 연관 지어 '사유', '행위', 그리고 '자유의지' 사이의 관계는 다음과 같다.
>
> 　첫째, 어떤 존재든지 그것이 사유할 수 있을 때, 그리고 오직 그 때만 행위를 할 수 있다.
> 　둘째, 행위를 할 수 없는 존재는 자유의지를 갖지 않는다.
> 　자유의지를 갖지 않는 사람은 없다. 하지만 그 누구에게도 사랑받지 않는 존재들이 있다. 그런 존재들 중 하나를 '레이'라고 해 보자.

① 레이는 자유의지를 갖지 않거나 행위를 할 수 있다.
② 만일 레이가 사람이라면, 레이는 누군가를 사랑한다.
③ 레이는 누군가를 사랑하거나 자유의지를 갖지 않는다.
④ 만일 레이가 사유할 수 없다면, 레이는 행위를 할 수 없다.
⑤ 만일 레이가 의사를 표명할 수 있다면, 레이는 자유의지를 갖는다.

다음으로부터 추론한 것으로 옳은 것만을 <보기>에서 있는 대로 고른 것은? 2021학년도 LEET 문22

> ○ 모든 사업가는 친절하다.
> ○ 성격이 원만하지 않은 모든 사람은 친절하지 않다.
> ○ 모든 논리학자는 친절하지 않은 모든 사람을 좋아한다.
> ○ 친절하지 않은 모든 사람을 좋아하는 사람은 모두 그 자신도 친절하지 않다.
> ○ 어떤 철학자는 논리학자이다.

<보기>

ㄱ. 사업가이거나 논리학자인 갑의 성격이 원만하지 않다면, 갑은 친절하지 않은 모든 사람을 좋아한다.
ㄴ. 을이 논리학자라면, 어떤 철학자는 을을 좋아한다.
ㄷ. 병이 친절하다면, 병은 사업가가 아니거나 철학자가 아니다.

① ㄱ　　　　　　② ㄷ　　　　　　③ ㄱ, ㄴ
④ ㄴ, ㄷ　　　　　⑤ ㄱ, ㄴ, ㄷ

➔ • 목표: 논리적 평가 기준에 근거해 조건을 분석하고 결과를 도출한다.
• 출제원리: ① 배열·배치 ② 그룹 만들기 ③ 참·거짓 ④ 정보처리 문제 등 전형적인 논리퀴즈·게임 문제들을 제시하고 해결 능력을 평가한다.

예시문제 10

다음으로부터 추론한 것으로 옳지 <u>않은</u> 것은?

2020학년도 LEET 문32

> 네 명의 피의자 甲, 乙, 丙, 丁은 다음과 같이 진술하였다. 단, 이 네 명 이외에 범인이 존재할 가능성은 없다.
>
> 甲: 丙이 범인이다.
> 乙: 나는 범인이 아니다.
> 丙: 丁이 범인이다.
> 丁: 丙의 진술은 거짓이다.

① 범인이 두 명이면 범인 중 적어도 한 명의 진술은 거짓이다.
② 거짓인 진술을 한 사람이 세 명이면 乙은 범인이다.
③ 범인이 세 명이면 두 명 이상의 진술이 거짓이다.
④ 丙과 丁 중에 적어도 한 명의 진술은 거짓이다.
⑤ 乙이 범인이 아니면 두 명 이상의 진술이 참이다.

예시문제 11

다음 글의 내용이 참일 때 반드시 거짓인 것은?

2022년 5급 PSAT 언어논리 나 문30

> 갑, 을, 병 세 사람이 A, B, C, D, E, F, G, H의 총 8권의 고서를 나누어 소장하고 있다. 이와 관련해 다음과 같은 사실이 알려져 있다.
>
> ○ 갑이 가장 많은 고서를 소장하고 있으며, 그 다음은 을이며, 병은 가장 적은 수의 고서를 소장하고 있다.
> ○ A, B, C, D, E는 서양서이며, F, G, H는 동양서이다.
> ○ B를 소장한 이는 D도 소장하고 있으나 C는 소장하고 있지 않다.
> ○ E를 소장한 이는 F도 소장하고 있으나 그 외 다른 동양서를 소장하고 있지는 않다.
> ○ G를 소장한 이는 서양서를 소장하고 있지 않다.
> ○ H는 갑이 소장하고 있다.

① 갑은 A와 D를 소장하고 있다.
② 을은 3권의 책을 소장하고 있다.
③ 병은 G를 소장하고 있다.
④ C를 소장한 이는 E도 소장하고 있다.
⑤ D를 소장한 이는 F도 소장하고 있다.

예시문제 12

우주인 선발에 지원한 A, B, C, D, E, F, G의 7명 중에서 2명이 선발되었다. 누가 선발되었는가에 대하여 5명이 다음과 같이 각각 진술하였다.

2009학년도 LEET 예비 문37

○ A, B, G는 모두 탈락하였다.
○ E, F, G는 모두 탈락하였다.
○ C와 G 중에서 1명만 선발되었다.
○ A, B, C, D 중에서 1명만 선발되었다.
○ B, C, D 중에서 1명만 선발되었고, D, E, F 중에서 1명만 선발되었다.

3명의 진술만 옳을 때, 반드시 선발된 사람은?

① A   ② C   ③ D
④ E   ⑤ G

수리 추리

• 목표: 수리적 문제해결 능력에 기반해 상황을 이해하고 정확히 계산한다.
• 출제원리: ① 대수·이산·기하 등 순수 수리 퀴즈
② 수식·확률·도표 등의 수리적 이해를 요구하는 유형
③ 규범·이론 등의 수리적 적용 등이 출제되며, 최근에는 ①의 출제빈도가 감소하는 추세이다.

예시문제 13

세 상품 A, B, C에 대한 선호도 조사를 실시했다. 조사에 응한 사람은 가장 좋아하는 상품부터 1~3순위를 부여했다. 두 상품에 같은 순위를 표시할 수는 없다. 조사의 결과가 다음과 같을 때 C에 3순위를 부여한 사람의 수는?

2011학년도 LEET 문34

○ 조사에 응한 사람은 20명이다.
○ A를 B보다 선호한 사람은 11명이다.
○ B를 C보다 선호한 사람은 14명이다.
○ C를 A보다 선호한 사람은 6명이다.
○ C에 1순위를 부여한 사람은 없다.

① 8   ② 7   ③ 6
④ 5   ⑤ 4

예시문제 14

다음으로부터 추론한 것으로 옳은 것만을 <보기>에서 있는 대로 고른 것은? 2021학년도 LEET 문21

아래 그림과 같이 크기가 모두 같고 번호가 한 개씩 적혀 있는 빈 상자 12개가 일렬로 나열되어 있다.

1	2	3	4	5	6	7	8	9	10	11	12

이 중 5개의 상자에 5개의 구슬 A, B, C, D, E를 담는다. 한 개의 상자에는 한 개의 구슬만 담을 수 있고, 서로 다른 두 상자 사이에 놓여 있는 상자의 개수를 그 두 상자의 '거리'로 정의한다. 예를 들면 4번 상자와 8번 상자의 거리는 3이다.

이때 다음 정보가 알려져 있다.

○ 구슬이 담겨 있는 임의의 두 상자의 거리는 모두 다르다.
○ 구슬 A와 D가 각각 담겨 있는 두 상자 사이에 구슬이 담겨 있는 상자는 한 개뿐이다.
○ 구슬 A와 E가 각각 담겨 있는 두 상자의 거리는 0이다.
○ 구슬 B와 D가 각각 담겨 있는 두 상자의 거리는 1이다.
○ 구슬 C와 E가 각각 담겨 있는 두 상자의 거리는 2이다.

〈보기〉

ㄱ. 구슬 A와 B가 각각 담겨 있는 두 상자 사이에는 구슬이 담겨 있는 상자가 없다.
ㄴ. 구슬 C가 담겨 있는 상자의 번호는 구슬 D가 담겨 있는 상자의 번호보다 크다.
ㄷ. 7번 상자와 8번 상자는 모두 비어 있다.

① ㄱ   ② ㄴ   ③ ㄱ, ㄷ
④ ㄴ, ㄷ   ⑤ ㄱ, ㄴ, ㄷ

예시문제 15

다음 글을 근거로 판단할 때, <보기>에서 옳은 것만을 모두 고르면? 2022년 5급 PSAT 상황판단 나 문32

1에서 9까지 아홉 개의 숫자버튼이 있고, 단계별로 숫자버튼을 한 번 누르면 〈규칙〉에 따라 값이 출력되는 장치가 있다.

〈규칙〉

1단계: 숫자버튼을 누르면 그 수가 그대로 출력된다.
2단계: '1단계 출력값'에 '2단계에서 누른 수에 11을 곱한 값'을 더한 값이 출력된다.
3단계: '2단계 출력값'에 '3단계에서 누른 수에 111을 곱한 값'을 더한 값이 출력된다. 다만 그 값이 1,000 이상인 경우 0이 출력된다.

〈보기〉

ㄱ. 100부터 999까지의 정수는 모두 출력 가능하다.
ㄴ. 250이 출력되도록 숫자버튼을 누르는 방법은 한 가지이다.
ㄷ. 100의 배수(0 제외)가 출력되었다면 처음 누른 숫자버튼은 반드시 1이다.

① ㄱ   ② ㄴ   ③ ㄱ, ㄴ
④ ㄱ, ㄷ   ⑤ ㄴ, ㄷ

다음으로부터 추론한 것으로 옳지 <u>않은</u> 것은?

> 이웃한 네 국가 A, B, C, D는 지구 온난화로 발생하는 환경 문제를 개선하고자 2,000억 달러의 기금을 조성하기로 하였다. 1차와 2차로 나누어 각각 1,000억 달러의 기금을 만들기로 하였으며 경제 규모와 환경 개선 기여도를 고려하여 국가별 분담금을 정하였다. 합의된 내용 중 알려진 사실은 다음과 같다.
>
> ○ 국가별 1차 분담금은 A, B, C, D의 순서대로 많고, B는 260억 달러, D는 200억 달러를 부담한다.
> ○ 국가별 2차 분담금은 B가 가장 적고, 250억 달러를 부담하는 C가 그 다음으로 적고, 가장 많은 금액을 부담하는 국가의 분담금은 300억 달러이다.

① 가장 많은 분담금을 부담하는 국가는 A이다.
② B의 분담금은 460억 달러 이하이다.
③ A의 분담금이 570억 달러이면, D의 분담금은 500억 달러이다.
④ C의 분담금과 D의 분담금의 차이는 50억 달러 이하이다.
⑤ 어떤 국가의 1차 분담금과 2차 분담금이 같으면, A의 분담금은 600억 달러 이하이다.

2. 논증영역

(1) 논증 분석

논증 분석은 논증을 구성하는 명시적·암묵적 요소에 대한 탐색과 구조 분석 능력을 평가한다. 논증의 구성 요소에 대한 이해 능력과 각 요소 사이의 관계를 파악할 수 있는 능력이 필요하다. 명시적 또는 암묵적 요소 분석은 개별 문제로 구성되기보다 선지를 구성하는 요소로 사용되는 경우가 많다. 이원분류표는 논증 분석의 경우 명시적 요소 분석, 암묵적 요소 분석, 구조 분석 총 3가지 세부 유형으로 분류하고 있다.

명시적 요소 분석

- 목표: 글의 결론과 근거 또는 적절한 사례를 파악한다.
- 출제원리: ① 명시적으로 논증 요소를 제시하고 지지 관계를 분석한다.
  ② 각 근거 또는 결론을 지지하는 사례를 탐색한다.

예시문제 17

다음 글에 대한 분석으로 옳은 것만을 <보기>에서 있는 대로 고른 것은?   2017학년도 LEET 문15

> ㉠ 내가 이전에 먹었던 빵은 나에게 영양분을 제공하였다. 과거에 경험한 이런 한결같은 사실을 근거로, ㉡ 미래에 먹을 빵도 반드시 나에게 영양분을 제공할 것이라고 결론 내릴 수 있을까?
>
> 어떤 사람들은 미래에 관한 이런 명제가 과거에 관한 명제로부터 올바르게 추리된다고 주장한다. 즉 전제가 참이면 결론도 반드시 참이라는 의미에서, 미래에 관한 명제가 과거에 관한 명제로부터 추리된다고 말한다. 하지만 그들이 말하는 그 추리가 연역적으로 타당하게 이끌어진 추리가 아니라는 점은 명백하다. 왜냐하면 그 경우 전제가 참이더라도 결론이 거짓일 수 있기 때문이다. 그렇다면 그 추리는 어떤 성질을 지닌 추리인가?
>
> 만약 어떤 사람이 그 추리가 경험에 근거해서 결론이 필연적으로 따라나오는 추리라고 주장한다면, 그 사람은 논점 선취의 오류를 범하는 것이다. 왜냐하면 경험에 근거해서 결론이 필연적으로 따라나오는 추리가 되려면, ㉢ 미래가 과거와 똑같다는 것을 기본 전제로 가정해야 하기 때문이다. 만일 자연의 진행 과정이 변할 수도 있다고 생각할 수 있다면, 모든 경험은 소용이 없게 될 것이며 아무런 추리도 할 수 없게 되거나 아무런 결론도 내릴 수 없게 될 것이다. 따라서 경험을 근거로 하는 어떠한 논증도 미래가 과거와 똑같을 것이라는 점을 증명할 수는 없다. 왜냐하면 그런 논증은 모두 미래가 과거와 똑같을 것이라는 그 가정에 근거해 있기 때문이다.

〈보기〉

ㄱ. ㉢을 참이라고 가정하면 ㉠으로부터 ㉡을 추리할 수 있다.
ㄴ. ㉢이 거짓이라면 ㉡의 참을 확신할 수 없다.
ㄷ. ㉢을 정당화할 수 있는, 경험에 근거한 추리란 없다.

① ㄱ   ② ㄷ   ③ ㄱ, ㄴ
④ ㄴ, ㄷ   ⑤ ㄱ, ㄴ, ㄷ

• 목표: 논증에 직접적·명시적으로 제시되지 않은 요소(전제·가정)를 파악한다.
• 출제원리: ① 논증 구조상 생략된 부분(암묵적 전제)을 찾거나,
② 관련된 사례를 검토한다.

예시문제 18

다음의 논증이 암묵적으로 전제하는 것을 <보기>에서 고른 것은?　　　　　　2009학년도 LEET 예비 문5

우리나라의 『모자보건법』은 태아의 이상이 예상되더라도 태아의 부모에게 우생학적, 유전적인 장애나 질환, 전염성 질환이 있는 경우에만 낙태(인공 임신 중절)를 제한적으로 허용하고 있다. 그럼에도 불구하고 태아의 심한 기형이나 질병이 발견되는 경우에 대부분 낙태 수술이 행해진다. 특히 무뇌아, 척추분리증과 같이 출산 후 아이의 생존이 아예 불가능하거나 심각한 중증의 장애가 예상되는 경우 산모들은 예외 없이 낙태시킨다. 나아가 다운증후군처럼 일상적인 생활이 가능한 장애가 예상되는 경우에도 산모들은 대개 낙태를 선택한다. 그러나 모든 인간은 인간으로서의 존엄과 가치를 가진다. 태아의 장애가 예상된다는 이유로 낙태하는 것은 장애아를 사전에 선별적으로 제거하는 것이다. 즉, 미래의 장애자에 대한 낙태를 허용하는 것은 현재 장애를 안고 사는 사람들의 삶의 가치를 부정하는 것이다. 따라서 산전 검사에 기초하여 장애가 예상되는 태아를 낙태하는 것은 허용해서는 안 된다.

〈보기〉

ㄱ. 출생하지 않은 태아도 인간이다.
ㄴ. 장애자라는 이유로 차별받아서는 안 된다.
ㄷ. 산모에 대한 산전 검사는 금지되어야 한다.
ㄹ. 산전 검사는 우생학적 관점에서 정당화된다.
ㅁ. 출산에 대한 산모의 결정권은 존중되어야 한다.

---

① ㄱ, ㄴ　　　　　　　　② ㄱ, ㄷ　　　　　　　　③ ㄴ, ㄷ
④ ㄷ, ㄹ　　　　　　　　⑤ ㄹ, ㅁ

→ • 목표: 논증의 근거와 결론 사이의 지지 관계를 분석한다.
  • 출제원리: ① 각 문장 간의 지지 관계를 분석하거나,
            ② 전체 논증의 흐름(다이어그램)을 작성한다.

예시문제 19

다음 논증의 구조를 분석한 것으로 옳지 않은 것은?

2014학년도 LEET 문11

> 아담 스미스는 자본이 증가하면 자본의 경쟁도 심화되기 때문에 이윤은 낮아진다고 주장하였다. 『국부론』의 「자본의 이윤」에서 그는 이렇게 말한다. "ⓐ 많은 부유한 상인들이 한 업종에 투자하게 되면 그들 간의 상호 경쟁 때문에 이윤은 자연스럽게 낮아지는 경향이 있다. ⓑ 한 사회 안에서 모든 업종에 걸쳐 투자액이 증가한다면, 그 모든 업종에서 같은 경쟁 때문에 동일한 효과가 발생할 수밖에 없다." 이 대목에서 아담 스미스는 ⓒ 자본의 경쟁이 이윤을 낮추는 것은 가격을 낮추기 때문이라고 생각하는 것 같다. 어떤 특정 업종에서 자본 투자가 증가하기 때문에 그 업종에서 이윤율이 낮아지는 것은 보통 가격의 하락에 기인하기 때문이다. 그러나 이것이 그가 뜻한 바라면, ⓓ 가격 하락이 한 상품에만 국한되는 경우에는 실제로 생산자의 이윤을 축소시키지만 모든 상품에 함께 일어나는 경우에는 그런 효과가 없어진다는 점을 그는 놓친 것이다. ⓔ 모든 물건의 가격이 내린다면 실질적으로는 어떤 물건도 가격이 내리지 않는 것과 마찬가지이기 때문이다. 화폐로 계산해 보아도 모든 생산자에게 매출이 줄어든 만큼 생산비도 줄어든다. ⓕ 모든 다른 물건들은 가격이 하락하는데 노동만이 가격이 하락하지 않는 유일한 상품이라면 실질 이윤은 감소할 것이지만, 그런 경우에 실제로 일어난 일은 임금 상승이다. 이 경우에 자본의 이윤을 낮춘 것은 가격 하락이 아니라 임금 상승이라고 해야 맞다.
>
> – 존 스튜어트 밀, 『정치경제학 원리』 –

① 글쓴이는 ⓐ의 타당성을 인정하고 있다.

② ⓓ는 ⓑ를 비판하고 있다.

③ ⓔ는 ⓓ의 근거이다.

④ ⓕ는 ⓒ를 비판하고 있다.

⑤ ⓕ는 ⓔ의 근거이다.

다음 논증의 구조를 가장 적절하게 분석한 것은?

⊙ 사람들은 종종 마치 로봇이 사람인 것처럼 대하는데, 이와 같은 현상에는 동서양의 차이가 존재하며 그러한 차이는 문화 또는 문화적 요인을 통해 이루어지는 진화, 즉 문화선택에 의한 것으로 보인다. ⓒ 한 연구 결과에 따르면, 사람의 행동에 반응하여 로봇 개 아이보가 꼬리를 살랑거리며 빙글빙글 도는 모습을 피실험자에게 보여 주었을 때, 서양인 피실험자보다 한국인 피실험자가 더 강한 정도로 사람과 로봇이 친구가 될 수 있다고 답하였다. ⓒ 어린이가 아이보의 꼬리를 부러뜨리려는 장면을 피실험자에게 보여 주고 그 어린이에게 아이보를 괴롭히지 말라는 도덕 명령을 내릴 것이냐고 물었을 때에도, 서양인 피실험자보다 한국인 피실험자가 더 강한 긍정적인 답을 내놓았다. ⓔ 이는 로봇을 마치 사람처럼 대하는 현상이 서양인보다 한국인에게서 더 강하게 나타난다는 것을 보여 준다. ⓜ 묵가에 의하면, 우정 같은 감정은 대상이 나에게 실질적인 이득을 가져다 줄 것이라는 판단을 내렸을 때에만 발생할 수 있다. ⓗ 유가에 의하면, 도덕 판단의 근거는 판단 주체에게 내재한 모종의 원칙이 아닌 대상과의 감정적 관계에 있다. ⊗ 묵가와 유가 이론을 사람과 로봇 관계에 적용한다면, 사람들은 아이보가 자신에게 즐거움을 준다고 판단할 때 아이보를 친구로 여길 수 있게 되고 아이보를 불쌍하다고 느낄 때 아이보를 도덕 판단의 대상으로 여길 수 있게 된다. ⊙ 한국 사회 전반에서 묵가와 유가 전통을 통한 문화선택이 발생했으며, 그에 따라 한국인 일반의 감정과 도덕성에 관한 사회적 측면이 부분적으로 결정되었다는 연구 결과가 있다.

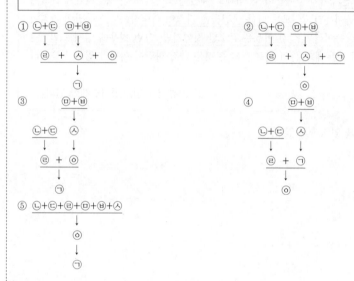

(2) 논쟁 및 반론

논쟁 및 반론은 쟁점에 대한 여러 논증을 비교 분석하거나, 특정 논증에 대해 반대 입장에서 비판하는 능력을 평가한다. 강화 및 약화와 구분에 실익이 없다. 이원분류표는 논쟁 및 반론의 경우 논쟁 분석 및 평가, 반론 구성, 오류 총 3가지 세부 유형으로 구분된다.

논쟁 분석 및 평가

↳ • 목표: 각자의 주장과 근거를 파악하고 공통점과 차이점을 분석·평가한다.
   • 출제원리: 특정 쟁점에 대해 대립하는 인물의 주장과 근거를 배치
        ① 논쟁의 주장과 그 근거를 찾거나,
        ② 각 인물의 주장을 기준으로 사례·선지를 평가한다.

예시문제 21

A~C에 대한 평가로 옳은 것만을 <보기>에서 있는 대로 고른 것은?   2018학년도 LEET 문1

> X국은 "국가의 행정은 법적 근거를 갖고서 이루어져야 한다."라는 원칙을 세우고, 헌법에 "국민의 모든 자유와 권리는 필요한 경우에 한하여 법으로써 제한할 수 있다."라고 규정하였다. 그런데 모든 행정 영역에서 행정의 내용을 법에 미리 정하기는 쉽지 않다. 그렇다면 법으로 그 내용을 정하지 않은 행정 영역에 대하여도 이 원칙이 적용되는가? 이에 관해 견해의 다툼이 있다.
>
> A: 자유권, 재산권 등 국민의 기본적인 권리를 제한하고 침해하는 행정에 대해서만큼은 행정의 자율에 맡겨둘 수 없고 법에 근거를 두어야 하지만, 기본적 권리를 제한하지 않고 국민에게 이익이 되는 행정은 법적 근거가 없어도 행정부에서 자유롭게 시행할 수 있다.
> B: 법적 근거 없이 이뤄질 수 있는 행정의 자유영역은 존재하지 않는다. 행정이 법에 근거할 때 행정기관의 자의가 방지되고 행정작용의 적법성이 확보되므로 국가의 모든 행정작용은 법에 근거해야 한다.
> C: 이 원칙을 모든 행정 영역에 무조건 적용하기보다 개인과 공공에게 영향을 미치는 중요한 행정의 영역에서만 적용하는 것이 타당하다. 개인과 공공에게 영향을 미치는 중요한 사항에 대해서는 입법자가 사전에 그 근거를 법으로 정해야 한다.

〈보기〉

ㄱ. A에 따르면, 법에 시위 진압에 관한 근거가 없는 경우, 교통 편의를 위해 시위를 진압할 필요가 있더라도 행정부는 집회의 자유권을 제한하는 시위진압행위를 해서는 안 된다.
ㄴ. B에 따르면, 구호품 지급에 관한 사항이 국민에게 이익이 되더라도 법에 그 내용이 규정되어 있지 않으면 행정부는 재난 시 이재민에게 구호품을 지급할 수 없다.
ㄷ. C에 따르면, 초등학교 무상급식 정책이 개인과 공공에 영향을 미치는 중요한 사항일 경우, 이 정책은 권리를 제한하지 않는 행정이어도 그 시행에 있어 사전에 법적 근거가 필요하다.

① ㄱ   ② ㄴ   ③ ㄱ, ㄷ
④ ㄴ, ㄷ   ⑤ ㄱ, ㄴ, ㄷ

다음 논쟁으로부터 적절하게 추론할 수 있는 것은?

> 갑: 자유지상주의자는 출생과 같은 행운에 의한 이득은 사기, 절도 등 권리침해로 취한 것이 아니므로, 각 개인이 가질 자격을 갖는다고 본다. 그러나 타고난 재능에 의한 불평등을 그냥 개인들의 문제로 치부하는 것은 도덕적으로 무책임한 태도이다. 사회·경제적 불평등은 가장 불리한 사회구성원들에게 혜택을 주는 경우에만 허용되어야 한다. 그런데 타고난 재능은 오직 우연에 의해 개인의 것이 되었으며, 그러한 우연적 자산에 혜택을 주는 것은 개인이 노력한 결과에 혜택을 주는 것과 달리 최소수혜자의 복지를 증진하는 데 아무런 기여도 하지 않는다. 따라서 이러한 자산은 본질적으로 공동의 것이며, 사회는 그것을 활용해 얻은 결과물에 대해 우선적으로 소유권을 주장할 수 있어야 한다.
>
> 을: 당신이 기반하고 있는 원칙은 사실상 ⓐ 정체불명의 '우리'를 가정하고 있다. 우연히 '여기'에 놓인 자산에 대해 한 개인이 우선적 소유권을 주장할 수 없다고 해서, 그것이 곧바로 이 세상 모든 사람들이 동등한 소유권을 주장할 수 있음을 의미하지는 않는다. 이 점에서 당신의 원칙은 공리주의와 마찬가지로 일종의 공유 원칙이다. 왜냐하면 공리주의 역시 개인들을 모두의 행복을 위한 수단으로 사용하고, 공리의 최대화에 기여한다는 계산에 바탕해서만 개인의 권리와 개인 간의 차이를 옹호하기 때문이다. 하지만 이러한 원칙은 개인들에 우선하는 도덕적 연대를 전제해야 한다. 협동적인 공동체가 우리의 이상임은 분명하다. 하지만 그 공동체는 개인의 덕을 존중하는 공동체여야 한다. 그렇다면 사회적 공유의 범위는 상당히 제한될 수밖에 없다. 또한 공동선을 이유로 개인들의 다원성과 독자성을 위반할 가능성 역시 경계하지 않을 수 없다. 이 점에서 당신은 공리주의와 똑같은 반론에 부딪힐 수밖에 없다.

① ⓐ가 한 사회 속의 특정 집단이나 계층이 아니라 그 사회 전체를 의미하는 것이라면, 갑은 을의 비판에서 벗어날 수 있다.

② 갑은 공리주의자와 마찬가지로 공동체 전체의 이익 총량을 증대할 수 있다면 소유에 관한 개인의 권리는 어느 정도 제한될 수 있다고 본다.

③ 을은 우연적 재능으로 얻은 혜택에 대해 개인이 우선적 소유권을 가질 수 있음을 부정하지 않는다.

④ 을은 개인의 다원성과 독자성이 공유 원칙과 충돌하지 않을 경우 전자를 우선하지만, 충돌할 경우 후자를 우선해야 한다고 본다.

⑤ 을이 개인의 우연적 자산을 사회의 공동 자산으로 삼는 견해에 반대하는 까닭은 그것을 공동의 자산으로 공유해도 이것이 최소 수혜자의 복지 증진으로 이어지는 것은 아니라고 보기 때문이다.

반론 구성

- 목표: 전제를 부정하는 반례나 논리적 추론의 흠결을 찾는다.
- 출제원리: ① 주장의 근거에 대한 반론을 제시하거나,
  ② 고려되지 않은 사항을 검토한다.

예시문제 23

'갑'의 주장에 대한 정부의 반론으로 적절한 것만을 <보기>에서 있는 대로 고른 것은?

2009학년도 LEET 문15

> 정부는 전국에 난립해 있는 중소 소주 제조 업체를 1도 1사 원칙에 따라 통·폐합하였고, 소주 도매업자는 영업장 소재지가 속한 도에서 생산되는 소주를 의무적으로 총 구입액의 100분의 50 이상을 구입하도록 하는 자도(自道) 소주 의무 구입 제도를 법제화하였다. 갑은 이 제도가 부당하다고 생각하고 다음과 같이 주장하고 있다.
>
> ○ 소주 판매업자가 구입·판매할 소주의 종류와 양을 스스로 선택할 권리를 침해당했다.
> ○ 이 제도 때문에 이런 제도가 없는 다른 주종의 판매업자나 다른 업계의 판매업자에 비해 차별을 받고 있다.
> ○ 이 제도는 주류 판매업자의 계약 상대방·구입 여부 등을 자율적으로 결정할 권리를 제한 하여 경제 활동의 자유를 침해했다.
> ○ 이 제도는 특정 지역의 특정 업체에 그 지역의 독과점을 보장해 주고 있다.

> ─────────────〈보기〉─────────────
>
> ㄱ. 자유 시장 경제 체제에서 소비자가 자신의 기호를 시장의 자율적 기능을 통해 충족시킬 권리를 제한받아서는 안 된다.
> ㄴ. 전통주가 아닌 일반 소주는 국가적으로 포기할 수 없는 전통 문화 유산이 아니므로 공익 을 위하여 보호가 불가피한 대상으로 격상될 수 없다.
> ㄷ. 경쟁을 다소 완화하여 시장 지배자로부터 약자를 보호하는 정책도 훌륭한 독과점 규제책 일 수 있다. 경쟁 제한 요소 철폐라는 원론적 방법에 집착한다면 시장 지배와 독과점화를 더욱 부채질할 수 있다.

① ㄱ   ② ㄷ   ③ ㄱ, ㄴ
④ ㄱ, ㄷ   ⑤ ㄴ, ㄷ

→ • 목표: 형식적, 비형식적 오류에 대한 이해를 바탕으로 논증이나 가설을 평가한다.
  • 출제원리: ① 가설추론이나 논증을 제시하고,
             ② 추론과정의 오류를 검토한다.

예시문제 24

다음 글에 대한 분석으로 옳은 것만을 <보기>에서 있는 대로 고른 것은?

2017학년도 LEET 문24

> 일반적으로 과학적 탐구는 관찰과 관찰한 것(자료)의 해석으로 압축된다. 특히 자료의 해석은 객관적이고 올바르며 엄밀해야 한다. 그런데 간혹 훈련받은 연구자들조차 사회 현상을 해석할 때 분석 단위를 혼동하거나 고정관념, 속단 등으로 인해 오류를 범하기도 한다. 예를 들어 집단, 무리, 체제 등 개인보다 큰 생태학적 단위의 속성에 대한 판단으로부터 그 단위를 구성하는 개인들의 속성에 대한 판단을 도출하는 경우(A 오류), 편견이나 선입견에 사로잡혀 특정 집단에 특정 성향을 섣불리 연결하는 경우(B 오류), 집단의 규모를 고려하지 않고, 어떤 집단이 다른 집단보다 특정 행위의 발생 건수가 많다는 점으로부터 그 집단은 다른 집단보다 그 행위 성향이 강할 것이라고 속단하는 경우(C 오류) 등이 이에 해당한다. 이와 같은 오류들로 인해 과학적 탐구 결과가 왜곡될 수 있으므로 주의가 필요하다.

〈보기〉

ㄱ. 상대적으로 젊은 유권자가 많은 선거구가 나이 든 유권자가 많은 선거구보다 여성 후보에게 더 많은 비율로 투표했다는 사실로부터 젊은 사람이 나이 든 사람보다 여성 후보를 더 지지한다고 결론을 내린다면, A 오류를 범하게 된다.

ㄴ. 외국인과 내국인 사이에 발생한 범죄가 증가하고 있다는 자료로부터 가해자가 외국인이고 피해자가 내국인인 범죄가 증가한다고 결론을 내린다면, B 오류를 범하게 된다.

ㄷ. 자살자 수가 가장 많은 연령대는 1,490명을 기록한 50~54세라는 통계로부터 50~54세의 중년층은 다른 연령대보다 자살 위험성이 가장 크다고 결론을 내린다면, C 오류를 범하게 된다.

① ㄴ   ② ㄷ   ③ ㄱ, ㄴ

④ ㄱ, ㄷ   ⑤ ㄱ, ㄴ, ㄷ

(3) 논증 평가 및 문제 해결

논증 평가 및 문제 해결은 주어진 논증이 연역적·귀납적으로 타당한지 평가하는 것을 목적으로 한다. 이에 따라 논증 자체에 대한 평가에 더하여 지지 또는 배척하는 근거를 탐색하는 것을 요구하기도 한다. 이원분류표는 논증 평가 및 문제 해결의 경우 연역논증 평가, 귀납논증 평가, 강화·약화, 문제해결 총 4가지 세부 유형으로 분류한다.

연역논증 평가·귀납논증 평가

- 목표: 논증이 타당성, 건전성을 지니는지 평가한다.
  연역추론과 귀납추론의 의미를 이해한다.
- 출제원리: ① 논증의 성격을 파악하거나,
  ② 그 성격에 기반하여 논증의 적실성을 평가한다.

예시문제 25

다음 글에 대한 분석으로 옳은 것만을 <보기>에서 있는 대로 고른 것은?   2020학년도 LEET 문21

한 명제가 다른 명제를 필연적으로 함축한다면 전자가 참일 가능성은 후자가 참일 가능성을 필연적으로 함축한다. 예를 들어 지구에 행성이 충돌하는 것이 인간이 멸종하는 것을 필연적으로 함축한다면, 지구에 행성이 충돌할 가능성은 인간이 멸종할 가능성을 필연적으로 함축한다. 왜 그럴까?

㉠ 지구에 행성이 충돌한다는 것이 인간 멸종을 필연적으로 함축하지만, 그런 충돌 가능성이 있는데도 인간 멸종의 가능성은 없다고 가정해 보자. 사람들은 지구에 행성이 충돌하는 일이 실제로 일어나겠느냐고 의심할지 모르지만, 그런 충돌이 가능하다고 가정했기 때문에, 그런 일이 실제로 일어나는 상황이 있다고 해도 아무런 모순이 없다. 그리고 그런 일이 실제로 일어난다는 것은 인간 멸종을 필연적으로 함축하므로, 그 상황에서는 인간이 멸종한다. 그런데 인간이 멸종하는 상황은 없다고 가정했으므로 모순이 발생한다. 그러므로 ㉡ 지구에 행성이 충돌한다는 것이 인간 멸종을 필연적으로 함축한다면, 행성 충돌의 가능성은 인간 멸종의 가능성을 필연적으로 함축한다.

〈보기〉

ㄱ. ㉡을 도출하는 과정에서 인간 멸종이 가능하지 않다는 것과 인간이 멸종하는 상황이 없다는 것을 동일한 의미로 간주하고 있다.

ㄴ. 지구에 행성이 충돌할 가능성이 실제로는 없다고 밝혀지더라도, ㉠으로부터 ㉡을 추론하는 과정에 아무런 문제가 없다.

ㄷ. ㉠으로부터 ㉡으로의 추론은, 어떤 가정으로부터 모순이 도출된다면 그 가정의 부정은 참이라는 원리를 이용한다.

① ㄱ   ② ㄴ   ③ ㄱ, ㄷ

④ ㄴ, ㄷ   ⑤ ㄱ, ㄴ, ㄷ

다음 논증에 대한 평가로 옳은 것만을 <보기>에서 있는 대로 고른 것은? 2020학년도 LEET 문22

인간의 마음을 연구하는 많은 학자들은 정신적인 현상이 물리적인 현상에 다름 아니라는 물리주의의 입장을 받아들인다. 물리주의는 다음과 같은 원리들을 받아들일 때 자연스럽게 따라 나온다고 생각된다. 첫 번째 원리는 모든 정신적인 현상은 물리적 결과를 야기한다는 원리이다. 이는 지극히 상식적이며 우리 자신에 대한 이해의 근간을 이루는 생각이다. 가령 내가 고통을 느끼는 정신적인 현상은 내가 "아야!"라고 외치는 물리적 사건을 야기한다. 두 번째 원리는 만약 어떤 물리적 사건이 원인을 갖는다면 그것은 반드시 물리적인 원인을 갖는다는 원리이다. 다시 말해 물리적인 현상을 설명하기 위해서 물리 세계 밖으로 나갈 필요가 없다는 것이다. 세 번째 원리는 한 가지 현상에 대한 두 가지 다른 원인이 있을 수 없다는 원리이다.

이제 이 세 가지 원리가 어떻게 물리주의를 지지하는지 다음과 같은 예를 통해서 살펴보자. 내가 TV 뉴스를 봐야겠다고 생각한다고 하자. 첫 번째 원리에 의해 이는 물리적인 결과를 갖는다. 가령 나는 TV 리모컨을 들고 전원 버튼을 누를 것이다. 이 물리적 결과는 원인을 가지고 있으므로, 두 번째 원리에 의해 이에 대한 물리적 원인 또한 있다는 것이 따라 나온다. 결국 내가 리모컨 버튼을 누른 데에는 정신적 원인과 물리적 원인이 모두 있게 되는 것이다. 정신적 원인과 물리적 원인이 서로 다른 것이라면, 세 번째 원리에 의해 이는 불가능한 상황이 된다. 따라서 정신적인 원인은 물리적인 원인에 다름 아니라는 결론이 따라 나온다.

〈보기〉

ㄱ. 어떤 물리적 결과도 야기하지 않는 정신적인 현상이 존재한다면, 이 논증은 이런 정신적 현상이 물리적 현상에 다름 아니라는 것을 보여 주지 못한다.

ㄴ. 아무 원인 없이 일어나는 물리적 사건이 있다면, 위의 세 원리 중 하나는 부정된다.

ㄷ. 행동과 같은 물리적인 결과와 결심이나 의도와 같은 정신적인 현상을 동시에 야기하는 정신적 현상이 존재한다면, 이 논증이 의도한 결론은 따라 나오지 않는다.

① ㄱ ② ㄷ ③ ㄱ, ㄴ
④ ㄴ, ㄷ ⑤ ㄱ, ㄴ, ㄷ

↳ • 목표: 논증의 강화·약화 요건에 대한 이해하고 적용한다.
   • 출제원리: ① 논증의 강화·약화 사례를 검토하거나,
               ② 특정 사례를 바탕으로 논증을 평가한다.

예시문제 27

<논쟁>에 대한 평가로 옳은 것만을 <보기>에서 있는 대로 고른 것은?

2019학년도 LEET 문27

정부는 대부업자 및 여신금융회사의 법정 최고 금리를 35%에서 28%로 인하하기로 발표하였다. 이 정책에 대해 A와 B가 다음과 같은 논쟁을 벌였다.

〈논쟁〉

A1: 이번 조치의 결과 최대 3백만 명에게 7천억 원 규모의 이자 부담이 경감될 것으로 예상된다. 이는 신용도가 높지 않은 서민의 부담을 덜어 주는 효과가 있을 것이다.

B1: 지나치게 낙관적인 예상이다. 이는 현재 28%를 초과하는 금리를 적용받는 모든 사람들이 28% 이하의 금리로 대출을 받을 수 있다는 가정에 기반하고 있다. 하지만 금리는 대출받는 사람의 상환 불이행 위험을 반영하기 때문에, 금리가 강제로 인하되면 기존에는 대부업자나 여신금융회사에서 대출을 받았지만 이후에는 받을 수 없게 되는 사람이 늘어날 것이다.

A2: 그렇지 않을 수 있다. 금리가 인하되면 이전에 비해 대부업자 등이 거두는 이자 수입이 감소할 것이고 이를 보전하기 위해 대출 규모를 확대하려 할 것이기 때문이다.

B2: 대출 규모가 확대되더라도 법정 최고 금리가 35%일 때 대출을 받을 수 없던 사람들까지 대출을 받게 되지는 않을 것이다. 그들은 이번 조치에 전혀 혜택을 받지 못하고 있다.

A3: 그렇다 하더라도 많은 사람들이 이자 부담을 덜게 되는 것은 사실이다. 계산해 보면 최대 3백만 명이 1년에 1인당 21만 원 정도 이자를 덜 내도 된다.

B3: 대출을 받을 수 있는 사람들이 이자 부담을 덜게 되는 장점이 신용도가 낮은 사람들이 대출을 받을 수 없게 되는 단점보다 클지 불분명하다.

〈보기〉

ㄱ. 정책 시행 후, 대출 규모가 증가함과 동시에 기존에는 대출을 받는데 대출을 받을 수 없게 된 사람 수가 증가한 데이터는 A2를 약화한다.

ㄴ. 법정 최고 금리가 35%를 초과하던 시기에 35% 초과 금리가 적용되는 대상자가 거의 없었다는 데이터는 B2를 강화한다.

ㄷ. 정책에 대해 A3이 주장한 장점을 B3은 인정하지 않고 있다.

① ㄱ   ② ㄴ   ③ ㄱ, ㄷ
④ ㄴ, ㄷ   ⑤ ㄱ, ㄴ, ㄷ

(A)와 (B)에 대한 평가로 옳은 것만을 <보기>에서 있는 대로 고른 것은?

2017학년도 LEET 문34

대부분의 포유동물은 다섯 가지 기본적인 맛인 단맛, 쓴맛, 신맛, 짠맛 그리고 감칠맛을 느낄 수 있으며, 이 맛들은 미각세포에 존재하는 맛 수용체에 의해 감지된다. 많은 포유동물들은 단맛과 감칠맛을 선호하는데, 일반적으로 단맛은 과일을 포함한 식물성 먹이에 대한 정보를 제공하고, 감칠맛은 단백질 성분의 먹이에 대한 정보를 제공한다. 단맛과 감칠맛과는 달리, 쓴맛은 몸에 좋지 않은 먹이에 대한 정보를 제공한다.

사람과 달리 고양이는 단맛을 가진 음식을 선호하지 않는데, 고양이의 유전자 분석 결과 단맛 수용체 유전자에 돌연변이가 일어나 기능을 할 수 없다는 사실이 밝혀졌다. 육식동물로 진화한 고양이는 단맛 수용체 유전자가 작동하지 않아도 사는 데 지장이 없기 때문이라는 진화론적 설명이 가능하다. 즉, (A) 생명체는 게놈의 경제학을 통해 유전자가 필요 없을 경우 미련 없이 버린다는 것이다.

이후 연구자들이 진화적으로 가깝지 않은 서로 다른 종에 속하는 육식 포유동물들의 단맛 수용체 유전자를 연구한 결과, 단맛 수용체 유전자에 돌연변이가 일어나 단맛 수용체가 정상적으로 기능을 할 수 없음을 확인하였다. 단맛 수용체 유전자의 돌연변이가 일어난 자리는 종마다 달랐는데, 이는 서로 다른 종의 동물들이 육식에만 전적으로 의지하는 동물로 진화해가는 과정에서 독립적으로 유전자 변이가 일어났음을 의미한다. 즉, 단맛 수용체 유전자의 고장은 수렴진화의 예로서, (B) 진화적으로 가깝지 않은 서로 다른 종의 생물이 적응의 결과, 유사한 형질이나 형태를 보이는 모습으로 진화했다는 것이다.

〈보기〉

ㄱ. 진화적으로 서로 가깝지 않은 다른 종의 잡식동물인 집돼지와 불곰은 쓴맛 수용체 유전자의 개수가 줄어든 결과로 보다 강한 비위와 왕성한 식욕을 가지게 되었다는 사실이 밝혀졌다. 이는 (A)를 약화하고 (B)를 강화한다.

ㄴ. 진화적으로 서로 가깝지 않은 다른 종의 육식동물인 큰돌고래와 바다사자는 먹이를 씹지 않고 통째로 삼키는 형태로 진화한 결과로 단맛 수용체 유전자뿐 아니라 감칠맛 수용체 유전자에도 돌연변이가 일어나 기능을 할 수 없게 되었다는 사실이 밝혀졌다. 이는 (A)와 (B) 모두를 강화한다.

ㄷ. 사람과 오랑우탄의 공동조상은 과일 등을 통해 충분한 양의 비타민C를 섭취할 수 있도록 진화한 결과로 비타민C 합성 유전자에 돌연변이가 일어나 기능을 할 수 없게 되었으며, 이로 인해 진화적으로 서로 가까운 사람과 오랑우탄이 비타민C를 합성하지 못한다는 사실이 밝혀졌다. 이는 (A)를 강화하고 (B)를 약화한다.

① ㄱ   ② ㄴ   ③ ㄱ, ㄷ

④ ㄴ, ㄷ   ⑤ ㄱ, ㄴ, ㄷ

• **목표:** 논쟁적 문제적 상황에 대한 해결책 또는 대안 제시한다.
• **출제원리:** ① 논증의 강화·약화 사례를 검토하거나,
　　　　　　② 특정 사례를 바탕으로 논증을 평가한다.

예시문제 29

갑과 을의 논쟁에 대하여 적절하게 평가한 것을 <보기>에서 고른 것은? 　2009학년도 LEET 예비 문29

> 갑: 사이버 공간에서 익명을 사용하는 것에 다소의 장점이 있기는 하지만, 그보다 훨씬 더 큰 단점이 존재한다. 이용자들이 예의를 지키지 않거나, 책임감 없이 또는 사법 처리에 대한 우려 없이 누군가를 비방하고 모욕하는 데 이용될 수도 있으며, 거래상의 비밀을 폭로하거나 지적 재산권을 침해하는 데 이용될 수도 있다. 또한 익명성은 테러리스트와 같은 범죄자에 의해 악용될 수 있다. 이처럼 익명성은 남용되거나 악용될 경우 사회적으로 도움이 되지 않는다. 따라서 정부는 인터넷 사용자들이 익명이라는 장벽 뒤로 숨어 들어가지 못하도록 강력한 조치를 실시하여야 한다.
>
> 을: 물론 익명성의 보장에는 대가가 따른다는 것을 인정하지만, 그렇다고 해서 공개가 최선의 정책은 아니다. 공개로 인하여 불가피하게 인터넷에서의 자유로운 의사 표현이 위축되는 결과가 초래될 것이기 때문이다. 따라서 남용이나 악용의 가능성에도 불구하고 익명성을 규제하는 조치를 취하기보다는 익명을 이용하여 자유롭게 의사를 표현할 수 있도록 보장해야 한다. 개방되고 민주화된 사회에서 익명을 사용한 표현을 금지하기 위해서는 엄청난 대가를 지불해야 하기 때문이다.

〈보기〉

ㄱ. 갑은 사이버 공간에서 익명성 규제 외의 다른 대안에 대하여 고려하고 있지 않다.

ㄴ. 을은 익명성이 많은 장점을 가지므로, 그로 인하여 많은 문제점이 제기되는 경우에 한해서만 익명성을 제한하여야 한다고 생각하고 있다.

ㄷ. 갑과 을은 자신들의 주장을 펼치는 데 있어서 추상적인 논거를 제시하기보다는 실제적인 사례를 거론하고 있다.

ㄹ. 갑과 을은 사이버 공간에서 익명을 사용하는 데 장점과 단점이 동시에 존재한다는 것에 대하여 공감하고 있지만 장·단점 중 어디에 초점을 두는지가 상이하다.

① ㄱ, ㄴ　　　　　　② ㄱ, ㄷ　　　　　　③ ㄱ, ㄹ

④ ㄴ, ㄷ　　　　　　⑤ ㄷ, ㄹ

[규정]의 <검토의견>에 대한 평가로 옳은 것만을 <보기>에서 있는 대로 고른 것은?

2022학년도 LEET 문8

[규정]

제1조(정의) '아동'은 미성년자를 말한다.

제2조(신체적 아동학대) 누구든지 아동을 폭행하거나 신체건강 및 발달에 해를 끼치는 신체적 학대행위를 한 때에는 5년 이하의 징역에 처한다.

제3조(성적 아동학대) 누구든지 아동을 대상으로 성저 수치심을 야기하는 성적 학대행위를 한 때에는 6년 이하의 징역에 처한다.

〈검토의견〉

A: 아동학대범죄는 일반폭력범죄와 달리 보호의무자가 보호대상자에게 해를 끼치는 데 특징이 있다. 따라서 보호대상자인 아동은 제2조, 제3조의 행위주체에서 제외하고 행위주체를 보호의무자인 '성인'으로 한정하여야 한다.

B: [규정]은 학대가해자를 철저히 처벌하여 학대피해자인 아동을 각종 학대행위로부터 두텁게 보호하고자 하는 데에 목적이 있다. 따라서 제2조, 제3조의 행위주체는 현행과 같이 '누구든지'로 유지되어야 한다.

C: 성적 행위와 관련하여 아동피해자를 성적 자기결정능력이 있는 성인피해자와 동일하게 취급할 수 없다. 따라서 제3조에서 '성적 수치심을 야기하는'이라는 표현은 삭제하는 것이 타당하다.

〈보기〉

ㄱ. "최근 미성년자가 다른 미성년자의 보호·감독자가 되는 사회적 관계 유형이 증가하고 있다."는 연구 결과는 A를 뒷받침한다.

ㄴ. "아동학대의 가해자 상당수가 어린 시절 아동학대를 경험한 피해자이므로 아동학대에서 피해자와 가해자를 이분법적으로 나눌 수 없다."는 연구 결과는 B를 뒷받침한다.

ㄷ. "최근 미성년자 간에 성적 요구를 하여 영상 등을 촬영하는 사례가 늘고 있으며 이러한 요구에 대하여 아무 부끄러움이나 불쾌감 없이 응한 경험이 이후 부정적 자기정체성이나 왜곡된 성 인식을 형성하는 데에 결정적 영향을 미치므로, 미성년자 간의 성적 요구행위 역시 학대로 보아 처벌할 필요성이 크다."는 연구 결과는 B, C 모두를 뒷받침한다.

① ㄱ   ② ㄷ   ③ ㄱ, ㄴ

④ ㄴ, ㄷ   ⑤ ㄱ, ㄴ, ㄷ

정답 및 해설 p.166

III. 6 Layout 실전 유형 분류

1 외형적 특징(Layout)에 따른 분류

앞서 제시된 법학전문대학원협의회의 유형 분류는 출제를 위한 기준으로는 매우 정교하고 적절하지만, 수험생이 이를 기반으로 학습하기에는 무리가 있다. 실전에서는 문제를 인식하는 과정에 따라 체계화된 유형 분류를 활용하는 것이 편리하다. 본 절에서는 문제의 레이아웃에 근거해 문항을 분류하고, 이를 학습하는 방법을 제시한다.[2]

1. 새로운 분류의 필요성

출제할 문항의 편중을 막기 위한 용도로 이원분류표가 사용되지만, 이것이 곧 문제의 모든 내용이 분류표에 핏(fit)하게 들어맞는다는 이야기는 아니다. 출제자는 소재나 쟁점을 떠올리고 이에 걸맞게 문제를 설계한다. 당연히 분류표의 기준을 일정 부분 벗어나게 된다. 우리는 출제자의 사고를 꿰뚫어야 한다. 출제자들은 과연 어떻게 문제를 출제하는가? 출제자가 남긴 흔적을 거꾸로 되짚어 올라가며, 그들이 출제 과정에서 고려하였을 것들을 빠짐없이 파악할 수 있는 유형 분류가 필요하다.

2. 외형적 접근의 필요성

출제자는 어떤 의도를 가지고 본문과 자료 선지를 배치하였을 것이다. 배치(Layout)는 그 자체로 출제자의 시그널이다. 문제의 구성요소를 정확하고 빠르게 파악하고, 종합하여 선지 판단의 기준을 확보하기 위해서, 더 나아가 선구안을 정확히 확보하기 위해서 외형 요소에 대한 분석은 필수적이다. 수학에서 지수가 있는지, 그래프가 나오는지, 미적분이 나오는지에 따라 풀이 여부와 방법을 달리하는 것처럼, 추리논증에도 그러한 외형적 결이 있다. 오히려 그러한 외형적 특성은 다른 시험보다 뚜렷하다. 가까운 시험인 PSAT의 언어논리와는 달리 일치부합, 내용추론 형태의 문제가 추리논증에 출제되는 경우가 거의 없기 때문이다. 강사는 핵심 레이아웃을 6가지로 나누고, 각각에 주로 출제되는 소재를 학습하고자 한다.

레이아웃별 유형 분류					
견해·논쟁형	규정·조문형	가설·실험형	지문형	논증구조·도식형	논리·수리 퀴즈형
법철학 법해석(학설) 인문철학 과학철학	법이해 법계산	사회과학 자연과학 실험설계	법철학 인문철학 과학철학 사회과학	철학 과학	논리퀴즈 논리게임 논리퍼즐 수리퀴즈

2) 출제자는 소재를 먼저 잡고 문제 출제의 방향성을 정한다. 이 과정에서 외형적 유형이 결정된다. 이를 역순으로 따라가는 것이다.

PART 1

추리논증의 기초 해커스 LEET 전진명 추리논증 기초

인지적 접근과 비언어적 단서의 활용

문제를 풀이하는 과정은 단순히 논리적 판단의 정확성에만 의존하지 않는다. 모든 시험문제에는 의식하지 않으면 쉽게 파악하기 어려운 비언어적 단서들이 숨어 있다. 문제의 위치, 본문의 구성, 선지의 길이 등은 모두 간접적인 정보로서 문제 풀이에 영향을 미친다. 이러한 정보를 적극적으로 활용하는 수험생과 그렇지 못한 수험생은 문제를 해결하는 시간에 차이가 날 수밖에 없다. 비언어적 단서를 인식하면 문제의 본질을 더 빠르게 이해하고, 선지의 정오를 평가하는 기준을 세울 수 있기 때문이다.

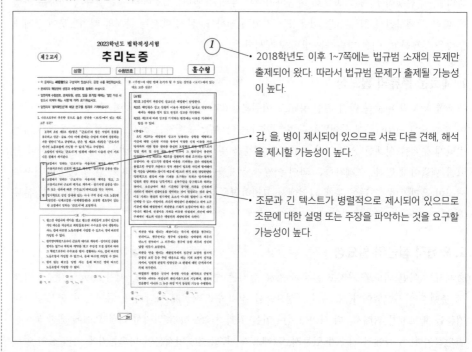

• 2018학년도 이후 1~7쪽에는 법규범 소재의 문제만 출제되어 왔다. 따라서 법규범 문제가 출제될 가능성이 높다.

• 갑, 을, 병이 제시되어 있으므로 서로 다른 견해, 해석을 제시할 가능성이 높다.

• 조문과 긴 텍스트가 병렬적으로 제시되어 있으므로 조문에 대한 설명 또는 주장을 파악하는 것을 요구할 가능성이 높다.

문제풀이의 단계

① 문제의 구조를 인식하는 과정을 레이아웃에 대한 이해로 간소화한다.
 • 레이아웃: 문제풀이 방향성 제공
 • 소재: 핵심·주변부 개념 분석
② 레이아웃을 인식하고 지문의 소재와 접목해 전체 얼개(서술형식·논증구조)를 검토한다.
 • 서술형식: 두괄식·양괄식·미괄식 등
 • 논증구조: 단순논증·결합논증·합류논증·복합(연쇄)논증 등
 • 보조자료: 상황, 표 등의 지문에 대한 보조 자료
③ 선지의 출제 목적과 정·오를 구분하는 개념을 파악한다.
 • 평가: 지문 내용의 해석 및 논증에 대한 평가
 • 추론: 지문의 함축과 귀결, 원리적용, 사실관계
 • 강화·약화: 지지 근거로서의 타당성과 건전성, 반론 전개 등

1. 견해·논쟁형

견해·논쟁형(견해형)은 하나의 쟁점에 대해 여러 화자의 입장을 분석하는 문제 유형이다. 법학적성시험이 평가하고자 하는 여러 요소 중 실무 역량과 가장 관련성이 높고, 법규범, 인문철학, 사회과학 등 모든 소재에서 출제될 수 있다. 사건의 핵심을 신속하고 정확하게 파악할 수 있는지, 사례를 다각도로 분석할 수 있는지, 본인의 입장에 맞게 논거를 형성할 수 있는지, 상대방의 입장에 적절히 반박할 수 있는지 등을 평가한다.

(1) 견해·논쟁형의 외형적 특징과 접근 방법

외형적 특징	□~□에 대해 평가/추론한 것으로 옳은 것은?
○ 발문: 논쟁, 대화 등의 평가 요구 ○ 본문: 배경 - 다수의 화자 - 사례 ○ 선지: 강화, 약화, 지지, 반대 등의 표현	지문 ② ④ A 입장1: 입장2: ① B 입장3: … <사례> ○ ③ C ○ 선지
접근 방법 ① 입장의 수와 형태를 검토한다. ② 배경 지문의 존재 여부를 검토하고, 있다면 눈에 들어오는 키워드부터 스키밍한다. ③ 사례의 수와 길이를 검토한다. ④ 다시 처음으로 돌아와 순서대로 풀이한다.	

(2) 쟁점 파악

견해·논쟁형 해결의 단초는 "쟁점"이다. 이 유형에 견해대립, 학설대립, 논쟁 등 어떤 이름을 붙이더라도 변하지 않은 핵심 요소는 여러 사람이 하나의 "쟁점"에 대해 각자의 의견을 펼친 다는 것이다. 따라서 "쟁점"을 빠르게 찾는 것이 가장 중요하다. 본문 박스에 (A)배경을 설명하는 지문이 존재하는지 파악한다.

(A)가 있다면, 빠르게 핵심 키워드와 쟁점을 정리한다. 이때, 문항 번호와 출제 소재 사이의 상관관계를 이용하면 지문의 소재를 좀 더 빠르게 파악할 수 있다.

(A)가 없다면, 첫 주장으로 내려와 대립 개념이 존재하는 개념을 검토한다. 이를 종합하여 전체 쟁점을 파악한다.

여기서 (A)의 유무가 난이도와 풀이 방향에 직접적인 영향을 미치는 것을 확인할 수 있다. 사소한 문항의 장치 차이가 전체 문제의 난이도를 결정하는 것이다.

문제에서 (A)를 제시하는 방식으로는 다음 두 가지가 주로 활용된다.

ⓐ **배경(상황)** 2021학년도 LEET 문2

X국의 「형법」은 음란물의 제작·배포를 금지하는 한편, 「저작권법」은 문화 및 관련 산업의 향상과 발전을 위해 인간의 사상 또는 감정을 표현하는 창작물을 저작물로 보호하고 있다. 음란물을 「저작권법」상 저작물로 보호해야 하는지를 두고 논쟁이 있다.

ⓑ **규정(조문)** 2019학년도 LEET 문3

<X법>

제1조(형벌) 형벌은 경중(輕重)에 따라 태형, 장형, 유배형, 교형, 참형의 5등급으로 한다.

제2조(속죄금) 70세 이상이거나 15세 이하인 자가 유배형 이하에 해당하는 죄를 지으면 속죄금만을 징수한다.

제3조(감경) 형벌에 대한 감경의 횟수는 제한하지 않는다.

제4조(밀매) 외국에 금지 물품을 몰래 판매한 자는 장형에 처하고, 금지 물품이 금, 은, 기타 보석 및 무기 등인 경우에는 교형에 처한다.

배경에 대한 설명을 제시하는 경우(ⓐ)는 예시와 같이 직접적으로 쟁점을 제시하는 방식도 있으나, 쟁점을 도출할 수 있는 상황을 제시하는 경우가 더 자주 출제된다. 규정을 제시하는 경우(ⓑ)에는 짧은 규정이 제시되는데, 논란의 여지가 있는 조문의 해석 기준을 둘러싼 논쟁을 제시한다. 이처럼 본문에 어떠한 형태로든 쟁점이 제시되는 경우는 핵심 개념과 입장 차이가 발생할 수 있는 영역을 파악하는 것으로 충분히 문제 풀이의 방향을 잡을 수 있다. 배경이 제시되지 않는 경우에는 견해나 보기를 통해서 쟁점을 도출할 수 있다. 견해를 읽기 전에 쟁점을 명확히 파악한다면, 제시될 견해의 종류를 예측할 수 있어 시간을 단축할 수 있다. 견해·논쟁형 문제에서 쟁점을 빠르게 파악하기 위해서는 다음 세 가지를 연습하여야 한다.

ⓐ 소재 대비: 수험에 출제 될 수 있는 전통적·시사적 소재를 대비한다.

ⓑ 쟁점 도출: 핵심 개념을 중심으로 가치 평가의 문장을 만들어 낸다.

ⓒ 단어 비교: 각 견해 사이에 공통적으로 나오는 개념군을 파악한다.

빈출 소재를 대비하는 것은 필수적이다. 법학적성시험은 수험생이 법학적성, 즉 우리 법이 추구하는 가치관에 부합하는 사고방식을 가지고 있는지를 평가한다. 이것은 단순히 논리적인 사고만을 의미하는 것이 아니다. 법조인으로써 끊임없이 직면하게 되는 가치관 충돌 상황을 사전에 가정하고 여러 입장을 평가하는 것으로 사고의 폭을 확장하기 위함이다. 빈출 소재(예를 들면 법의 형성 등)는 그 자체로 논술과 구술 면접에도 도움이 되며, 제시될 수 있는 여러 사례들의 속성을 사전에 검토할 수 있다는 장점이 있다.

모의고사나 기출에서 주어진 상황이나 조문의 핵심 개념(키워드)을 중심으로 가치 평가의 문장을 만드는 것도 효과적이다. 예를 들어 ⓑ의 사례에서 우리는 형벌, 밀매, 감경이라는 키워드를 찾을 수 있다. 이 세 가지 키워드를 바탕으로 "밀매와 관련된 행위에 대해 형벌을 가할 때, 감경요소를 찾을 수 있는가?"와 같은 문장을 만들 수 있다. 주어진 몇 개의 키워드를 통해 문제의 출제 방향을 예측할 수 있다면, 당연히 문제풀이는 간단해진다.

아예 배경이 주어지지 않은 경우라면, 첫 견해에서 주요한 개념을 추출하고 나머지 견해에 유사 개념이나 반대 개념이 나타나는지 검토한다. 이를 바탕으로 쟁점을 도출할 수 있다.

(3) 입장 분석

입장 분석 = 주장 + 근거 파악

쟁점을 찾았다면 이에 대한 견해·입장의 스펙트럼을 파악하여야 한다. 가장 간단한 형태는
특정 주제에 대한 "찬반"이며, 추리논증에 가장 많이 출제되는 유형은 "정반합"이다. 이러한
스펙트럼은 화자 간에 명확히 구분될 수도, 명확히 구분되지 않을 수도 있다. 하지만 대부분
쟁점에 대한 찬반 의사를 명확히 나타낸다.

세부 쟁점에 대해 찬반의 스펙트럼을 구성하고 이를 머릿속에 시각화하자.

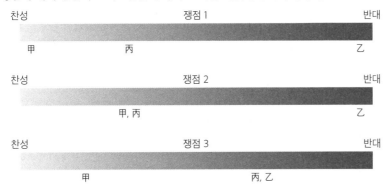

대화에 참여하는 인원수가 늘어나거나, 특정한 역할을 맡는 경우, 반복적인 대화가 이뤄지는
경우 또한 외형과 문제의 특징을 연관 지어 평가할 수 있다. 눈썰미가 좋다면, 다음 표만을 보
고도 각 유형의 대립 구조를 쉽게 이해할 수 있을 것이다.

입장 대립 구조의 유형

찬반 대립		정 반 합		연속 대화형	사회자 대화형
甲:	A:	甲:	A:	甲$_1$	P:
		乙:	B:	乙$_1$	A:
		丙:	C:	甲$_2$	P:
乙:	B:	丁:	D:	乙$_2$	B:
		…	…	…	…

(4) 사례·선지 평가

사례가 제시되었다면 단순한 견해 대립이라 볼 수 없다. 대립하는 견해들은 주어진 사례를 해석하고 판단하는 기준의 차이로 작용한다. 사례가 한 개인지, 또는 여러 개인지에 따라서 기준을 적용하는 경우의 수도 달라질 것이다. 사례가 없다면, 선지에서 특정 상황을 참 또는 거짓으로 가정하고, 각 견해의 입장에서 평가하는 경우가 대부분이다.

견해형에서는 크게 두 가지 형태의 선지가 제시된다. 하나는 각 화자의 입장에 따라 사안을 평가하는 선지(ⓐ)이고, 다른 하나는 흔히 강화·약화 문제라 불리는 유형의 선지(ⓑ)이다. 전자는 본문에 〈사례〉나 〈사실관계〉가 제시된 경우 쉽게 찾아 볼 수 있고, 후자는 어떠한 경우에도 나타날 수 있으나 선지에 사례와 함께 제시된 경우가 많다. 이는 본문에 사례가 제시된 경우는 그 사례를 분석하는 것이 최종 목적이며, 본문에 견해만 제시된 경우는 각 견해의 논증을 평가하는 것이 최종 목적이기 때문이다.

ⓐ 각 입장에 따라 사안을 분석하는 선지
ㄱ. A에 따르면, 법에 시위 진압에 관한 근거가 없는 경우, 교통 편의를 위해 시위를 진압할 필요가 있더라도 행정부는 집회의 자유권을 제한하는 시위진압행위를 해서는 안 된다.

ⓑ 각 입장의 논증을 평가하는 선지
ㄱ. '범죄를 준비한 자를 처벌하기 위해서는 법에 정한 바가 있어야 한다'는 논거에 의하면, ㉠은 약화된다.

ⓒ 각 입장을 상호 비교하는 선지
ㄷ. A와 B 모두 행위의 옳고 그름이 그 행위의 실제 결과에 전적으로 달려 있다는 데 동의하지 않는다.

위 사례에서도 나타나듯 ⓐ의 경우 화자의 입장(주장과 논거)을 명확히 이해하고 적용하는 능력을 평가하며 ⓑ의 경우 화자의 주장을 강화하거나 약화하는 사례를 통해 그 타당성을 분석하거나 논리적 흠결을 지적, 보완하는 능력을 평가한다. 이외에도 ⓒ와 같이 두 입장의 결론 또는 전제 사이의 공통점을 찾거나 양립 가능성을 평가하는 선지 형태 또한 존재한다.

갑과 을의 주장에 대한 판단으로 옳은 것만을 <보기>에서 있는 대로 고른 것은?

2017학년도 LEET 문4

갑: 범죄의 불법성을 판단하는 척도가 범죄를 행하는 자의 의사에 있다고 믿는 것은 잘못이다. 범죄의 의사는 사람마다 다르고 심지어 한 사람에 있어서도 그 사상, 감정, 상황의 변화에 따라 시시각각 달라질 수 있기 때문이다. 범죄의 척도를 의사에서 찾는다면 개인 의사의 경중에 따른 별도의 법을 만들어야 할 것이다. 따라서 처벌은 의사가 아닌 손해의 경중을 기준으로 차등을 두어야 한다.

을: 갑은 범죄자의 '의사'를 객관화할 수 없다고 전제하고 있다. 그러나 범죄자의 '의사'를 몇 가지 기준에 의해서 유형화한다면 의사 자체의 경중도 판단할 수 있다. 우선, 의도한 범죄의 경중을 기준으로 삼는 경우, 더 중한 결과를 발생시키는 범죄를 행하려는 의사가 더 경한 결과를 발생시키는 범죄를 행하려는 의사보다 중하다. 다음으로 의욕의 정도를 기준으로 삼는 경우, 결과 발생을 의도한 범죄자의 의사가 결과 발생을 의도하지 않고 단지 부주의로 손해를 발생시킨 범죄자의 의사보다 중하다. 따라서 처벌은 손해뿐만 아니라 범죄자의 의사의 경중 또한 고려하여 차등을 두어야 한다.

〈보기〉

ㄱ. 살인의 의사를 가지고 가격하였으나 상해의 결과가 발생한 경우와 폭행의 의사를 가지고 가격하였으나 사망의 결과가 발생한 경우를 동일하게 처벌한 법원의 태도는 갑의 주장에 부합한다.

ㄴ. 강도의 의사로 행위를 하였으나 강도는 실패하고 중(重)상해의 결과를 발생시킨 경우와 살인의 의사로 행위를 하였으나 역시 중상해의 결과를 초래한 경우에 있어서 전자를 중하게 처벌한 법원의 태도는 갑과 을의 주장 모두에 부합하지 않는다.

ㄷ. 살인의 의사가 있었으나 그 행위에 나아가지 않은 경우와 부주의로 사람을 다치게 한 경우에 있어서 전자를 처벌하지 않고 후자만 처벌한 법원의 태도는 갑과 을의 주장 모두에 부합한다.

① ㄱ   ② ㄷ   ③ ㄱ, ㄴ

④ ㄴ, ㄷ   ⑤ ㄱ, ㄴ, ㄷ

2. 규정·조문형

규정·조문형은 ① 법조문 또는 규정을 제시한 후, ② 이를 주어진 상황에 적용하는 문제이다. 언어추리 능력과 수리추리 능력 각각을 모두 평가하는 유형이며, PSAT 상황판단에 유사한 문제가 다수 출제된다.

(1) 규정·조문형의 외형적 특징과 접근방법

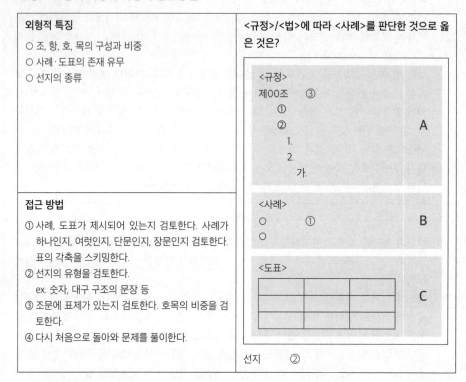

외형적 특징
○ 조, 항, 호, 목의 구성과 비중
○ 사례·도표의 존재 유무
○ 선지의 종류

접근 방법

① 사례, 도표가 제시되어 있는지 검토한다. 사례가 하나인지, 여럿인지, 단문인지, 장문인지 검토한다. 표의 각축을 스키밍한다.
② 선지의 유형을 검토한다.
   ex. 숫자, 대구 구조의 문장 등
③ 조문에 표제가 있는지 검토한다. 호목의 비중을 검토한다.
④ 다시 처음으로 돌아와 문제를 풀이한다.

(2) 규정·조문형의 세부 영역

규정·조문형은 발문이나 선지에서 요구하는 평가 대상을 파악하는 것이 중요하다. 추리논증에 주로 출제되는 유형은 다음과 같다. 처음에는 어려울 수 있으나, 학습 효과가 확실히 나타나는 영역이므로 꾸준한 연습이 중요하다.

추리논증의 규정·조문형

언어적	• 조문 적용: 사례 평가 • 법 해석: 학설 대립, 해석 기준
수리적	• 알고리즘적 판단: 형벌, 행정벌 등 • 엄밀한 계산: 세금, 벌금, 기산점, 정족수 등

(3) 언어추론

① 조문 적용

법률 조항을 명확히 이해하고 선지나 본문에 제시된 사례에 적용하는 문제에 해당한다. PSAT의 경우 법률 조문에 대한 단기 기억 능력을 평가하는 문제가 주로 출제된다면, 추리논 증은 조문을 실질적으로 적용하는 문제의 출제 비중이 높다.

② 법 해석

특정 법률 조항이나 용어의 해석 기준이 고정되어 있지 않고 다양할 때, 각각의 기준에 따라 선지나 상황을 해석한 결과를 평가한다. 문언적 해석, 합목적적 해석 등 조문을 해석할 때 외 적 요소의 개입 한계를 논하거나, 법의 형성과 발견을 다루기도 한다.

(4) 수리추론

① 알고리즘적 판단

선지나 본문에 수리적 요소들이 제시되나, 실제로는 계산보다는 규정 충족 여부 확인이 필요 한 경우가 있다. 이러한 문제들은 주로 알고리즘적 판단을 요구하며, 각 단계를 거쳐 조건을 충족하는지 확인하는 과정이 필요하다.

② 엄밀한 계산

조문에 따라 정확한 수치를 도출하는 것을 목표로 한다. 조문에서 변수를 찾아 공식을 설정하 고, 사례를 대입하는 단계적 과정을 통해 결론을 도출한다. 주로 기산점, 세금, 벌금, 정족수 등이 출제되며, 자주 출제되는 소재의 단계별 풀이법을 숙지하는 것이 필요하다.

(5) 연습법

PSAT 상황판단 유형과 유사한 문항이 많다. 다만 5급 PSAT에 매년 출제되는 8~10개의 규 범 문제 중에서 추리논증과 직접적인 관련이 있는 문제는 3~4개에 불과하다. 입법고시와 사 설 모의고사까지 모두 풀어야 하는 이유이다. 특히 추리논증의 수리추리 문항 중에서 규범계 산 문제가 가장 난이도가 낮고 대비가 쉬운 만큼 많은 연습을 통해 익숙해질 필요가 있다.

〈규정〉에 따라 〈사례〉를 판단한 것으로 옳은 것만을 〈보기〉에서 있는 대로 고른 것은?

2019학년도 LEET 문12

〈규정〉
(1) 회사가 새로이 발행하는 주식의 취득을 50인 이상의 투자자에게 권유하기 위해서는 사전에 신고서를 금융감독청에 제출해야 한다.
(2) 위 (1)에서 50인을 산정함에 있어 투자자에게 주식의 취득을 권유하는 날로부터 그 이전 6개월 이내에 50인 미만에게 주식 취득을 권유한 적이 있다면 이를 합산한다.
(3) 다만, 위 (1)에서 50인 이상의 투자자에게 취득을 권유하는 경우에도 주식 발행 금액이 10억 원 미만인 경우에는 신고서의 제출 의무가 면제된다.
(4) 위 (3)에서 10억 원을 산정함에 있어 투자자에게 주식의 취득을 권유하는 날로부터 그 이전 1년 이내에 신고서를 제출하지 아니하고 발행한 주식 금액을 합산한다.

〈사례〉
A회사는 아래 표와 같은 순으로 주식을 새로이 발행하였다.

회차	주식 발행일	주식 발행 금액	취득 권유일	취득을 권유받은 투자자 수
1	2017년 3월 10일	7억 원	2017년 3월 3일	70명
2	2017년 10월 4일	9억 원	2017년 9월 27일	40명
3	2018년 3월 27일	8억 원	2018년 3월 20일	10명

─────〈보기〉─────
ㄱ. 1회차에는 신고서를 제출하지 않아도 된다.
ㄴ. 2회차에는 신고서를 제출해야 한다.
ㄷ. 3회차에는 신고서를 제출해야 한다.

① ㄱ   ② ㄴ   ③ ㄱ, ㄷ
④ ㄴ, ㄷ   ⑤ ㄱ, ㄴ, ㄷ

3. 가설·실험형

가설·실험형은 과학 실험과 가설을 제시하고 가능한 결과를 추론하는 등의 문제 유형이다. 사회·경제 영역의 실험이나 연구방법론과 관련하여서도 자주 출제되며 PSAT 언어논리에 유사 문제가 출제된다.

(1) 가설·실험형의 외형적 특징과 접근 방법

외형적 특징	다음 글에 대한 추론/분석으로 옳은 것은?

외형적 특징

○ 본문: 밑줄·기호로 구분된 가설, 배경 등
○ 도표: 해석과 이해
○ 가설의 변수 파악

접근 방법

① 도표의 유무와 축의 종류를 확인한다.
② 가설(밑줄, 원문자)을 찾는다.
③ 가설의 변수를 검토 후, 도표의 축과 비교한다.
④ 선지를 평가한다.

(2) 가설추론을 위한 기초지식

가설·실험형은 과학철학적 관점에서 문제풀이 능력을 점검하는 것이며, 자연과학의 실험법, 사회과학의 연구방법론을 모두 적용한다. 본책 5장의 기초 방법론 영역의 학습을 통해 가설 추론의 방향성을 이해할 수 있다.

(3) 가설 파악

가설·실험형은 특정 가설 또는 이론이 실험 결과와 서로 부합하는지 평가한다. 따라서 가장 먼저 요구되는 것은 가설을 찾는 것이다. 대체로 가설은 본문에 명시적으로 강조되어 있다. 가설을 찾으면 가설을 구성하는 변수를 파악한다.[3] 이를 바탕으로 도표를 해석하거나 실험 결과를 평가하게 된다.

[3] 가설을 설명하는 변수들은 기본 과정에서 추가로 학습한다.

(4) 도표 분석

주어진 표를 분석할 때는 항상 다른 모든 조건을 통제하고 하나의 변수/속성만 서로 다르게 하여 비교하는 것이 바람직하다. '모든 조건이 동일하다면(ceteris paribus)'은 경제학에만 사용되는 것이 아니다. 모든 사회과학적 실험에 적용될 수 있으며, 실험을 구성하고 결과를 해석하는 준칙이 된다.

<실험>에 대한 평가로 옳은 것만을 <보기>에서 있는 대로 고른 것은?　　　　　2020학년도 LEET 문38

췌장은 고농도의 중탄산 이온(HCO_3^-)을 분비하여 위산을 중화시킨다. 췌장의 고농도 HCO_3^- 분비 기전을 알기 위해, 실험으로 다음 가설을 평가하였다.

〈가설〉

췌장에 존재하는 CFTR는 염소 이온(Cl^-)을 수송하는 이온 통로이나 특정 조건에서는 HCO_3^-도 수송한다. 췌장 세포에는 A 단백질과 B 단백질이 존재하는데, 세포 내 Cl^- 농도가 변화하면 CFTR와 직접 결합하여 CFTR의 기능을 변화시킨다.

〈실험〉

A 단백질과 B단백질을 발현시키는 유전자를 제거한 췌장 세포를 이용하여 CFTR를 통해 이동하는 이온의 종류를 실시간으로 측정해 보았다. 이 세포에 A 단백질, B 단백질을 각각 또는 동시에 세포 내로 주입한 뒤 세포 내 Cl^- 농도 변화에 따라 CFTR를 통해 이동하는 이온 종류가 어떻게 변화하는지 시간별로 측정하고 이를 A 단백질, B 단백질을 주입하지 않은 경우와 비교하였다. 단, 췌장에는 A 단백질, B 단백질 외에 CFTR의 기능을 변화시킬 수 있는 단백질은 없다고 가정한다.

〈결과〉

세포 내 Cl^- 농도	A 단백질	B 단백질	수송되는 이온 종류		
			1분 후	5분 후	10분 후
낮음	X	X	Cl^-	Cl^-	Cl^-
높음	X	X	Cl^-	Cl^-	Cl^-
낮음	O	X	HCO_3^-	Cl^-, HCO_3^-	Cl^-
높음	O	X	Cl^-	Cl^-	Cl^-
낮음	X	O	Cl^-	Cl^-	Cl^-
높음	X	O	Cl^-	Cl^-	Cl^-
낮음	O	O	HCO_3^-	HCO_3^-	HCO_3^-
높음	O	O	Cl^-	Cl^-	Cl^-

O: 있음, X: 없음

―――――――――〈보기〉―――――――――

ㄱ. CFTR의 기능이 Cl^- 수송에서 HCO_3^- 수송으로 전환되는 데 A 단백질이 있어야 한다.

ㄴ. 세포 내 Cl^- 농도는 A 단백질이 CFTR의 기능을 변화시키는 데 중요한 변수이다.

ㄷ. 세포 내 Cl^- 농도가 낮은 상황에서 A 단백질이 존재할 때, B 단백질은 CFTR의 HCO_3^- 수송 기능을 유지하는 데 중요하다.

① ㄱ　　　　　　　② ㄷ　　　　　　　③ ㄱ, ㄴ

④ ㄴ, ㄷ　　　　　　⑤ ㄱ, ㄴ, ㄷ

4. 지문형

지문형의 세부 유형은 구조과 소재, 두 가지를 기준으로 구분한다. 지문형의 소재로는 규범, 인문사회, 과학기술, 논리, 시사 등 모든 영역이 출제될 수 있다. 추리논증에서 출제되는 지문들은 논증 또는 이론을 제시하며, 핵심 내용을 파악하고 평가하는 것이 중요하다. 지문의 핵심 내용을 파악하기 위해서는 글에서 제시되는 여러 개념을 이해하고 개념들 사이의 관계를 파악할 필요가 있다. 특히 지문에서 핵심 개념을 빠르게 찾는 연습과 함께 지문 밖에서 개념을 끌어와 대입하는 연습이 필요하다. 주어진 개념만으로는 어휘변용에 대응하기 어려울 뿐더러, 우리 시험에서는 단계가 의도적으로 생략된 글의 비중이 높으므로 화자(출제자)가 의도적으로 숨긴 개념을 찾아내는 것이 문제풀이의 핵심이다. 각자 강점이 있는 소재와 약한 소재를 구분하고, 각 소재별 외형적 특징에 따라 풀이 시도 여부를 판단하거나, 연습 방향을 검토한다.

(1) 지문형의 외형적 특징과 접근 방법

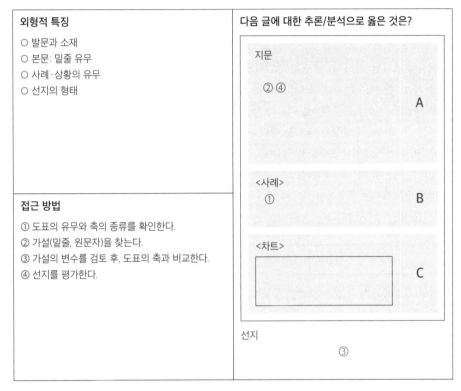

(2) 소재 예측

사례가 (B)로 구분되는 것이 아닌, 본문 내에 들여쓰기로 제시되었다면, 언어학·철학 사례를 제시할 가능성이 높다.

(C)차트가 제시되는 경우와, 제시되지 않는 경우로 나누어 소재를 예측해 볼 수 있다.

> (C)가 있다면, 경제 또는 과학 이론과 관련된 지문일 가능성이 높다.
> (C)가 없다면, 차트가 제시되지 않는 경우 밑줄이 있다면 주장이나 가설에 대해서 평가하는 문제가,
> 밑줄이 없다면 내용 이해를 요구하는 문제가 출제되었을 가능성이 높다.

4) 개념을 수험용으로 가장 거칠게
   표현하면 단어가 된다. 동일한
   개념을 나타내는 서로 다른 단어
   도 분명 존재하지만, 개념을 단
   어들의 집합으로 이해한다면 적
   어도 수험의 영역에서는 다르게
   볼 이유가 없다.
5) 학술적 차원에서는 더 많은 관계
   유형이 존재한다.

(3) 개념과 개념 사이의 관계

개념이란 대상을 인식하는 기본 단위를 뜻하며[4] 개념들 사이의 관계는 ① 포함관계, ② 대립관계, ③ 인접관계로 나누어 이해한다.[5]

포함관계는 개념이 다른 개념 전체를 포함하고 있는 경우를 의미한다.

포함관계 ex. 인간 ⊂ 포유류 ⊂ 동물 ⊂ 생물

예시와 같이 인간은 포유류라는 상위 개념에 모두 속하며, 포유류는 동물에, 동물은 생물에 포함된다. 이렇듯 개념은 일종의 집합으로서 상·하위 종속적인 포함관계를 지닌다. 제시된 지문에 상·하위 개념이 나오지 않더라도 인접한 상·하위 차원의 개념어를 떠올리는 능력은 문제풀이에 핵심적인 요소이다.

대립관계는 두 개념이 서로를 부정하는 속성을 지닌 경우를 뜻한다.

대립관계 ex. (여자 vs 남자) (존재 vs 비존재) (수동 vs 능동)
---

6) 대립 관계에는 모순, 반대, 관계,
   결핍 대립 등이 있다.

예시에 제시된 '여자'와 '남자'는 일반적으로 서로 반대되는 개념으로 작동한다. "철수가 남자다"라는 곧 "철수는 여자가 아니다."를 의미하는 것으로 이해된다. 이처럼 하나의 개념이 다른 개념의 가능성을 부정하는 경우는 대립 관계가 있는 것이다.[6] 대립 개념을 갖는 경우는 대부분 그 개념이 방향성을 내포할 때이다. 존재(存在)의 의미를 풀어 쓰면 "현실에 실제로 [있음]"이 되는데, "있다"는 대립 개념으로 "없다"를 가지며, 이에 따라 "현실에 실제로 [없음]"을 뜻하는 비존재(非存在)라는 개념이 존재함을 알 수 있다. 따라서 지문을 읽을 때 특정 개념이 방향성을 가지는 경우라면 반드시 대립 관계의 개념을 떠올리며 읽어야 한다.

인접관계는 두 개념이 서로 공유하는 속성을 지닌 경우를 뜻한다.

인접관계 ex. { 아시아, 유럽, 아프리카, … } { 축구, 야구, 농구, … }

상위 개념에서 상속 받은 개념을 공통적으로 지니는 것으로, 또는 직관적으로 두 개념이 인접한 개념임을 파악할 수 있는 경우가 있다. 이 인접관계를 엄밀히 구분하지 못할 경우 다양한 비형식적 오류가 발생한다. 인접 개념 사이의 관계를 오류 없이 정확히 구분하기 위해서는 두 개념이 공유하고 속성을 명확히 파악하는 연습을 하는 것이 중요하다.

(4) 개념 분석

개념 사이의 관계를 파악하는 능력은 법학적성시험에서 가장 중요한 요소이다. 언어이해, 추리논증, 논술 모두 개념을 이해하고 조작하는 과정을 보여주는 것에 불과하다. 따라서 수험생이 기출·모강 분석 과정에서 가장 중점적으로 해야 할 작업은 제시된 여러 개념의 의미를 이해하고 관련된 개념어들을 추출하는 것이다. 이때, 배경지식에 의존하는 것이 아닌 한어(漢語)의 의미를 분석하고, 단어 사이의 통사적 관계를 확인하는 연습이 요구된다. 비(非)와 반(反)의 차이를 파악하는 것과 같이, 단어의 조어 과정에서 중요한 요소로 작용하는 정보 또한 습득하는 것이 바람직하다. 이는 배경지식이 무용하다는 의미가 아니며, 배경지식의 결여·결핍 상황에서도 개념을 확장할 수 있게 하기 위함이다.

(5) 지문 독해

지문 독해의 과정은 앞서 제시한 개념 분석의 과정과 직접적인 연관성이 있다. 논증문이건 이론제시건 핵심 개념을 파악한 후 연결고리(관계)를 파악하는 것이 중요하다. 논증문은 화자의 주장을 간단한 개념으로 나타낼 수 있을 때 빠른 이해가 가능하다. 지문형 문제의 사례는 아니지만 다음 문장을 이해하는 경우를 고려하자.

> 법은 사회계약의 산물이다. 그런데 누가 자신의 생명을 빼앗을 수 있는 법에 동의하겠는가? 그 누구도 사형 받기를 의도하지 않는다. 사회계약은 각자가 자유의 최소한을 양도하여 법적 강제력을 형성하는 것인데, 사형은 자유의 최대한을 내놓으라고 강제하는 것이다. 그런 이유로 사회계약에 사형을 포함하는 것은 모순이다. 따라서 사형은 법에 의해 정당화될 수 없다.

화자는 사회계약의 산물로서 사형이 정당화될 수 없다고 주장하고 있다. 이때 핵심 개념은 사형이며, 이에 대한 찬반이 문제된다. 여기서 사회계약은 사형(제도)의 상위 개념으로 제시된다. 상위 개념과 충돌됨을 제시하여 사형이 정당화될 수 없다고 주장하고 있는 것이다.

> 사형 ∈ 제도 ⊂ 사회계약
> + 사형 = 스스로를 죽이는 계약　　　　▶　사형 ∉ 사회계약　▶　정당화 불가
> + 스스로를 죽이는 계약 ∉ 사회계약

개념 간의 관계를 이해하는 기능이 확보되면, 지문의 유형에 따라 읽기 방식에 변주를 줄 수 있다. 논증의 경우 개념 사이의 인과관계가 연역적이며 당위적인 반면, 이론의 경우 특정 개념이 이론에 제시되는 것은 지극히 우연적이며 자의적이다. 논증의 경우 개념을 이해하며 읽는 것이 핵심인 반면, 이론의 경우 제시된 개념을 A, B, C, D로 치환하여 읽어도 문제가 없으므로 단어들 사이의 관계성에 주목하여 읽는다. 다음은 논증이 제시되는 지문과 이론이 제시되는 지문의 사례이다.

논증 제시

2019학년도 LEET 문21

우리에게 미래 세대의 행복을 극대화해야 할 책임이 있다고 할 때, 우리는 행복 총량의 증대를 추구해야 할까, 아니면 행복 평균의 증대를 추구해야 할까? 인구가 고정되어 있다면 어느 쪽을 채택하든 결과가 같기 때문에 고민할 필요가 없다. 하지만 미래 인구의 변동을 고려해야 하는 상황이라면, 행복 총량과 행복 평균의 구분이 중요해진다.

먼저, 행복 총량 견해를 선택한다고 해 보자. 행복 총량을 증대하려면 가능한 한 많은 미래 세대를 낳아야 할 것이다. 사람들마다 누리는 행복의 크기는 다르겠지만, 적어도 전혀 행복을 누리지 못하는 사람들만 늘어나는 것이 아닌 한, 인구가 증가하면 어쨌든 행복 총량은 조금이라도 증대될 것이다. 하지만 이것은 행복 총량이 늘어나기만 하면, 행복보다 고통이 더 큰 사람들이 무수히 많아지는 상황을 야기해도 상관없음을 함의한다. 한편, 행복 평균 견해를 선택해도 역시 당혹스러운 결론에 도달한다. 이 선택에 따르면 생활환경이 열악한 지역의 미래 세대는 행복 평균 증대에 도움이 안 될 개연성이 크므로 그런 곳의 인구 증가는 바람직하지 않다. 결국, 생활수준이 높은 지역만이 출산의 당위성을 확보하게 되고 낙후 지역의 출산율은 인위적으로 통제되는 상황이 이어질 수도 있다.

이론 제시

2019학년도 LEET 문28

소득곡선과 생존선을 함께 나타낸 그래프를 이용하면 경제성장의 역사를 간단하게 설명할 수 있다. 소득곡선은 인구가 생산에 투입되어 얻을 수 있는 소득을 보이는 것으로, 인구와 소득을 각각 가로축과 세로축에 표시한 평면에 나타내면 그림과 같다. 생존선은 주어진 인구가 생존하기 위해 필요한 최소한의 소득을 나타낸 것이다. 소득에 기여하는 요소는 인구, 자본, 기술이 있는데, 이 중 인구와 자본은 한계소득체감의 법칙을 따른다. 이 법칙은 다른 요소가 일정할 때 해당 요소가 증가할수록 소득이 증가하지만 소득의 증가 정도는 점점 줄어드는 법칙이다. 소득을 인구로 나눈 1인당 소득은 인구가 증가할수록 감소하는 것을 그림에서 알 수 있다. 기술은 한계소득체감의 법칙을 따르지 않는다.

두 선이 교차할 때의 인구 수준 A를 기준으로 인구가 적을 때는 소득곡선이 생존선 위에 있고 인구가 많을 경우에는 반대가 된다. 학자 M은 한 사회의 소득 수준이 생존 수준을 상회하면 인구가 늘어나고 하회하면 인구가 감소하는 경향이 있기 때문에 A를 중심으로 인구가 주기적으로 늘거나 주는 움직임이 반복된다고 주장했다. 이를 'M의 덫'이라고 하며, 자본과 기술이 일정할 때 일어나는 전근대적 현상이라 볼 수 있다. 이와 대조적으로 학자 K는 '근대적 경제성장'의 시기에는 인구와 소득이 함께 늘어날 수 있다고 설파했다. 이것은 소득곡선의 이동으로 설명할 수 있다. 예를 들어 자본이 축적되면 소득곡선이 위로 이동하여 생존선과 교차하는 점이 오른쪽 위로 바뀌고 소득과 인구가 동시에 증가하는 것이 가능해진다.

(6) 언어 추리와 수리 추리

지문형의 경우 28번 문제 이전까지는 언어 추리로, 그 이후는 수리 추리로 제시되는 경우가 많다. 본인이 함수나 부등식 등의 식을 세우거나 해석하는 것에 어려움이 있다면, 전반부의 언어 추리를 완벽히 하는 것이 더 효율적일 것이다.

다음으로부터 추론한 것으로 옳은 것만을 <보기>에서 있는 대로 고른 것은? 2022학년도 LEET 문23

인용 부호(작은따옴표)를 사용하면, 언어 표현 자체에 대해 언급할 수 있다. 예를 들어, 다음의 문장 (1)은 돼지라는 동물에 대해 언급하는 거짓인 문장인 반면, 인용 부호가 사용된 문장 (2)는 언어 표현 '돼지'에 대해 언급하는 참인 문장이고, 따라서 두 문장은 다른 의미를 표현한다.

(1) 돼지는 두 음절로 이루어져 있다.
(2) '돼지'는 두 음절로 이루어져 있다.

이때 문장 (2)의 영어 번역에는 다음 세 가지 후보가 있다.

(3) '돼지' has two syllables.
(4) 'Pig' has one syllable.
(5) 'Pig' has two syllables.

(2)는 참인 문장이지만 (5)는 거짓인 문장이므로, 우선 (5)는 올바른 번역에서 제외된다. 남은 (3)과 (4)는 모두 참인 문장이지만, (4)는 (2)의 올바른 번역이라고 볼 수 없다. 왜냐하면 번역에서는 두 문장의 의미가 엄격하게 보존되어야 하는데, (2)의 '두 음절'과 (4)의 'one syllable'은 명백히 다른 의미를 표현하고, 또한 (2)는 한국어 단어 '돼지'에 대해 말하는 문장인 반면, (4)는 영어 단어 'Pig'에 대해 말하는 문장이기 때문이다. 결국 (4)가 의미하는 것은 영어 단어 'Pig'가 한 음절이라는 것인데, 이는 (2)가 의미하는 것과는 완전히 다르므로, 올바른 번역이 될 수 없다. 따라서 (2)의 올바른 영어 번역은 한국어 단어 '돼지'가 두 음절이라는 동일한 의미를 표현하는 문장 (3)이다. 즉 어떤 언어에 속한 문장의 정확한 의미를 보존하는 다른 언어 문장으로의 올바른 번역은, 인용 부호안의 표현 자체를 그대로 남겨 두는 것이 되어야만 한다.

그렇다면 다음 문장들을 고려해 보자.

(6) '돼지'는 글자 '돼'로 시작한다.
(7) 'Pig' starts with the letter 'P'.
(8) '돼지'는 동물이다.
(9) '돼지' is an animal.

―――――〈보기〉―――――

ㄱ. (6)을 (7)로 번역하는 것은 올바른 번역이 아니다.
ㄴ. (8)을 (9)로 번역하는 것은 올바른 번역이 아니다.
ㄷ. 서로 다른 언어에 속한 두 문장의 진릿값이 다르다는 사실은, 한 문장이 다른 문장의 올바른 번역이 아니라는 것을 보이기 위한 충분조건이긴 하지만, 필요조건은 아니다.

① ㄴ   ② ㄷ   ③ ㄱ, ㄴ

④ ㄱ, ㄷ   ⑤ ㄱ, ㄴ, ㄷ

정답 및 해설 p.172

5. 논증구조·도식형

논증구조·도식형(다이어그램형)은 논증의 구조를 분석하는 것을 목적으로 한다. 도식형의 목적은 문장 간의 지지 관계를 분석하는 것이다. 원문자를 통해 여러 개의 문장으로 구분된 지문들 사이의 관계를 파악하거나 논증 구조를 파악하면 된다.

(1) 논증구조·도식형의 외형적 특징과 접근 방법

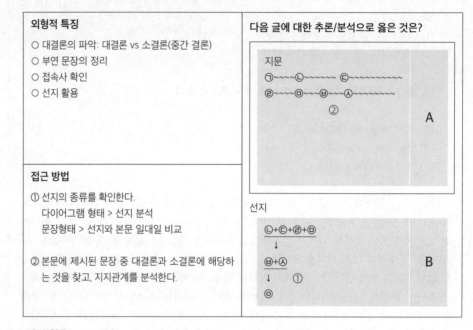

외형적 특징
○ 대결론의 파악: 대결론 vs 소결론(중간 결론)
○ 부연 문장의 정리
○ 접속사 확인
○ 선지 활용

접근 방법

① 선지의 종류를 확인한다.
　다이어그램 형태 > 선지 분석
　문장형태 > 선지와 본문 일대일 비교

② 본문에 제시된 문장 중 대결론과 소결론에 해당하는 것을 찾고, 지지관계를 분석한다.

(2) 선지 활용

선지가 (B)와 같이 다이어그램으로 제시되면, 화살표가 가리키는 방향이 결론 문장이 되도록 지문의 논증을 구성해 본다. 다이어그램이 아닌 경우 접속사를 활용해 관계를 정리한다.

(3) 접속부사 활용

각 문장들 사이의 관계는 순접, 역접, 병렬, 설명, 선택 등이 있다. 이 관계를 직접 드러내는 것이 바로 접속부사이다. 구어에서는 당연하게 쓰는 것이라도 시험에서는 그렇지 않다. 문제를 통해서 각 접속부사의 의미와 용도를 명확히 이해한다.

순접	그래서, 그러므로, 따라서
역접	그러나, 하지만, 그런데, 임에도 불구하고, 단, 오히려,
병렬	또한, 그리고, 게다가, 더하여
설명	예를 들어, 즉
선택	또는, 이거나, 아니면

6. 논리·수리퀴즈형

논리퀴즈나 수리퀴즈는 동일한 유형이 아닌 이상 레이아웃에 있어 통일성을 가지지는 않으나, ①~⑤와는 확연이 다른 외형을 가지고 있다. 또한, 퀴즈 유형은 31번 이후에 연속하여 3~4문제가 제시되는 경우가 많으므로 해당 유형임을 파악하기 쉽다. 추리논증의 퀴즈유형은 PSAT의 그것보다 어렵고 입법고시의 문제와는 비슷한 수준이다.

(1) 논리·수리퀴즈형의 외형적 특징과 접근방법

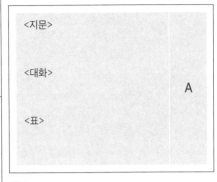

외형적 특징

○ 외형적 일관성은 없다. 그럼에도 불구하고 충분히 분류 가능하다.
○ 대화가 제시되면 논리 퀴즈일 가능성이 높다.
○ 도표가 있더라도 배치 퍼즐일 가능성이 있다.
○ 선지는 보통 단답형으로 제시된다.

접근 방법

① 논리퀴즈인지 수리퀴즈인지 파악한다.
② 풀이할 수 있을지 판단한다.

다음 글에 대한 추론/분석으로 옳은 것은?

<지문>

<대화>   A

<표>

선지

논리·수리퀴즈는 경험의 누적이 가장 중요하다. 어떠한 문제도 간단하게 해결되지 않으므로 많은 시간을 투자해야 하며, 다양한 풀이법을 확보하여야 제한된 시간 내에 문제를 해결할 수 있다. 세 문제에서 최대 네 문제까지 출제되는 퀴즈의 특성상 학습의 효율이 나쁘다. 최근 2년간 수리 복합형 퀴즈 문제의 비중이 높아짐에 따라 기출문제로 충분한 대비를 하는 것도 기대하기 어렵다. 따라서 논리·수리퀴즈형에 시간과 자원을 얼마나 투자할 것인지에 대한 깊은 고민이 필요하다.

(2) 연습법

그럼에도 논리·수리퀴즈형을 연습하고 싶다면, 반드시 PSAT 언어논리와 상황판단의 기출문제를 먼저 검토하도록 한다. 이해가 어렵다면 초중등 영재수학과 논리학 교재를 검토하는 것이 좋다. 이해는 할 수 있으나 속도가 느린 경우라면 다수의 모의고사를 통해 보강할 수 있다.

PART 2
유형별 연습문제

I. 견해·논쟁형

PART 1에서 학습한 내용을 적용하여 유형별 연습문제를 풀이해 봅시다.

01

2019학년도 LEET 문4

 Note

다음 글에 대한 분석으로 옳은 것만을 <보기>에서 있는 대로 고른 것은?

A는 B가 뒤따라오고 있다는 것을 알면서도 출입문을 세게 닫아 B의 손가락이 절단되는 사건이 발생하였다. A가 B의 손가락을 절단하려 했는지가 밝혀지지 않은 상황에서, 갑, 을, 병은 A를 상해죄로 처벌할 수 있는지에 대해서 대화를 나누고 있다.

갑: B의 손가락이 절단된 결과에 대해서 A를 처벌할 수는 없어. A는 자신의 행위로 인해 B의 손가락이 잘리는 것까지 의도한 것은 아니니까. A가 자신의 행위로 인해 B의 손가락이 잘리는 것까지 의도했을 때만 처벌해야지.

을: A에게 B의 손가락을 절단하려는 의도는 없었어. 하지만 A는 어쨌든 자신의 행위가 B의 손가락을 절단할 수도 있다는 것을 몰랐을 리 없어. A는 B의 손가락이 절단된 결과에 대해서 처벌을 받아야 해.

병: A가 자신의 행동으로 인해 B의 손가락이 절단될 수도 있다는 것을 알고 있었다고 인정하지는 못하겠어. 그래도 A는 B의 손가락이 절단된 결과에 대해서 처벌을 받아야 해. 어쨌든 A는 B의 신체에 조금이라도 해를 입힐 의도는 있었으니까.

〈보기〉

ㄱ. 갑과 을은 A의 처벌 여부에 대해서는 다른 의견이나, A의 의도에 대해서는 같은 의견이다.
ㄴ. 을과 병은 A의 처벌 여부에 대해서는 같은 의견이나, A의 인식에 대해서는 다른 의견이다.
ㄷ. 갑의 견해에서 상해죄의 처벌 대상이 되는 행위는 병의 견해에서도 모두 처벌의 대상이 된다.
ㄹ. 을의 견해에서 상해죄의 처벌 대상이 되는 행위는 병의 견해에서도 모두 처벌의 대상이 된다.

① ㄱ, ㄴ   ② ㄱ, ㄹ   ③ ㄷ, ㄹ
④ ㄱ, ㄴ, ㄷ   ⑤ ㄴ, ㄷ, ㄹ

다음 글에 대한 분석으로 옳은 것만을 <보기>에서 있는 대로 고른 것은?

갑은 오늘 고속도로에서 과속 운전을 할 계획이다. 이런 계획을 좌절시킬 어떠한 환경적 요인도 없고 갑의 결심도 확고하다. 또한 갑은 한 번 마음을 먹으면 절대로 마음을 되돌리지 않는다. ㉠이 모든 것을 알고 있는 경찰은 갑이 오늘 고속도로에서 과속할 것이라는 것을 알고 있다. 갑은 실제로 고속도로에서 과속 운전을 하였다. 이런 경우에 갑이 고속도로에 진입하기 전에 경찰이 미리 과속 벌금을 부과하는 것이 정당한가? 즉, 아직 벌어지지 않은 일에 대해서 그것이 벌어질 것을 안다고 해서 사전 처벌하는 것이 정당한가?

A: 처벌의 의의는 어떤 사람에 의해서 잘못이 행해진다면 그에 상응하는 해를 그 사람에게 입혀 그 균형을 맞추는 데에 있다. 잘못이 행해진다는 것이 알려진 한, 처벌의 시점은 전혀 중요하지 않다. TV를 구입할 때 그 비용을 TV를 인수하기 전에 지불하든 후에 지불하든 상관이 없는 것과 같은 이치이다. 경찰이 사전에 벌금을 부과하든 부과하지 않든 갑은 과속을 할 것이 틀림없고 경찰은 그것을 알고 있다. 그렇기 때문에 그에 대한 균형을 맞추기 위한 경찰의 사전 처벌은 정당화될 수 있다.

B: 무고한 사람을 처벌하는 것은 어떤 경우에도 정당화될 수 없다. 갑의 결심이 확고하다고 해도 마지막 순간에 마음을 고쳐먹어 과속을 하지 않을 능력이 그에게 있다는 것을 부정할 수 없다. 갑이 그런 능력을 가지고 있는 한, 과속을 하기 전의 갑은 엄연히 무고한 사람이다. 따라서 갑에 대한 사전 처벌은 정당화될 수 없다.

─────〈보기〉─────

ㄱ. ㉠이 거짓이라면, A의 결론은 따라 나오지 않는다.

ㄴ. 행위자가 어떤 행위를 하느냐 마느냐를 결정할 능력이 있다면, 그가 그 행위를 할지에 대해서 타인이 미리 아는 것이 불가능하다는 견해가 있다. 이런 견해가 옳다면, B는 ㉠과 양립 불가능하다.

ㄷ. 테러리스트가 시민들을 죽음으로 몰아넣을 공격을 준비하고 있고, 경찰은 이 테러리스트를 그대로 두면 이 공격이 성공할 것이라는 사실을 알고 있다. 이에 경찰은 그 테러리스트를 가두고 그 공격으로 발생할 수 있는 피해에 상응하는 처벌을 미리 내려 테러 공격을 막는 데 성공한다. A에 따르면, 이 경우에도 사전 처벌은 정당화될 수 있다.

① ㄱ   ② ㄷ   ③ ㄱ, ㄴ
④ ㄴ, ㄷ   ⑤ ㄱ, ㄴ, ㄷ

다음 글에 비추어 바르게 판단한 것만을 <보기>에서 있는 대로 고른 것은?

　　P국에서는 권력형 비리에 대한 검찰수사의 정치적 중립성에 관한 국민들의 불신이 팽배해짐에 따라, 검찰과는 별도로 정치적으로 민감한 사건, 권력형 범죄·비리사건에 대해 위법 혐의가 드러났을 때, 기소하기까지 독자적인 수사를 할 수 있는 독립 수사기구를 두는 제도로서 특별검사제도(특검)를 도입하여 대처하기 위한 논의가 진행되고 있다. P국에서 고려되고 있는 특검에는 특별검사의 임명방식과 특검의 대상 등을 미리 법정해 놓고 이에 해당하면 자동적으로 특검이 작동하는 상설특검과 사안별로 법률을 제정해야 하는 사안별 개별특검이 있다.

A: 특검을 도입해야 한다. 상설특검을 도입하면 정치적 의혹이 있는 사건이 있을 때 사안별로 특검법을 제정하지 않고 간편한 절차에 의해 신속하게 특검이 작동될 수 있다. 이에 반해 개별특검은 매번 특별한 법안을 만들어 실시해야 하므로 더 많은 비용과 시간이 소요된다. 상설특검이 도입되면 사안의 규모가 작아도 특검이 작동될 수 있다.

B: 특검의 필요성은 인정하지만, 특검은 검찰에 대해 정치적 중립성을 기대하기 어려운 경우에 한정하여 사안별로 실시하여야 한다. 따라서 특검의 본질상 이를 상설화하는 것은 제도의 취지에 어긋난다. 구성절차나 운영에서 상설특검이 개별특검에 비해 상대적으로 비용이 적게 들고 신속하게 이루어질 수 있음은 인정한다. 하지만 정치인이 연루된 작은 사건에 대하여 검찰이 수사를 개시하는 경우 특정 정파가 수사의 불공정성을 주장하며 검찰을 압박하기 위하여 수시로 상설특검을 사용하게 되면 중립적이어야 할 특검이 정치적으로 변질될 우려가 있다.

〈보기〉

ㄱ. 특별검사의 권한남용에 대한 적절한 통제수단이 없다면 A와 B는 모두 약화된다.
ㄴ. 특검이 쉽게 작동되는 경우 오히려 정치적 투쟁의 도구로 남용될 가능성이 있다면 A는 강화되고 B는 약화된다.
ㄷ. 기존의 검찰이 권력형 범죄·비리를 제대로 수사하지 못하여 발생하는 사회적 비용이 개별특검에 소요되는 비용보다 크다면 A는 약화되고 B는 강화된다.

① ㄱ　　　　② ㄴ　　　　③ ㄱ, ㄷ
④ ㄴ, ㄷ　　　⑤ ㄱ, ㄴ, ㄷ

다음 논쟁에 대한 평가로 옳지 <u>않은</u> 것은?

> 갑: 법적으로 장기는 판매 대상이 되지 못합니다. 장기는 인신의 일부이고, 인신은 인간 존엄성의 기반이기 때문입니다. 성매매는 비록 단기간이라고 해도 성판매자의 인신에 대한 사용권한을 매수자에게 준다는 점에서 인간 존엄성 원칙에 위배 됩니다.
>
> 을: 성적 서비스 제공 역시 노동의 일종이지 않을까요. 노동을 제공하고 그 대가로 금전적 보상을 받는다는 점에서는 다른 직업과 다를 바 없다고 봅니다. 직업선택의 자유를 보장하는 것은 인간 존엄성의 중요한 내용을 이룹니다.
>
> 갑: 모든 선택의 자유가 인정되어야 하는 것은 아닙니다. 마약복용은 그것이 자율적 선택에 기인하는 것이라고 해도 국가의 개입이 가능합니다. 어떻게 사는 것이 인간의 존엄성을 지키는 것인지를 전적으로 국민 개인의 판단에 맡길 수는 없습니다.
>
> 을: 마약복용을 성매매와 같은 것으로 볼 수 없습니다. 성매매가 당사자들에게 어떤 해악을 끼치는지 의심스러우며, 설령 해악을 끼친다고 해도 그것이 정상적인 인지능력을 가진 성인들 간에 이뤄지는 것이라면 당사자들 스스로 위험을 감수한 해악입니다.
>
> 갑: 성매매가 상호 선택에 의한 것이라 할지라도 성매매를 통해 팔리는 것은 남성이 마음대로 권력을 행사할 수 있는 여성상, 즉 종속적 여성상입니다. 성매매는 여성의 종속성을 재생산함으로써 여성 억압의 전형을 보여줍니다.
>
> 을: 우리 사회의 다양한 제도와 관행을 살펴볼 때 결혼, 외모성형 등도 성매매 못지않게 여성의 고정된 성정체성을 재생산하는데, 유독 성매매만 법적으로 금지하는 것은 설득력이 없습니다.

① 유모(乳母)가 자신의 인신에 대한 사용권한을 매수자에게 준다고 해서 비난 받지 않는다는 사실은 을의 입장을 강화한다.

② 성매매의 불법화로 인해 성판매자가 범죄자로 취급받는 적대적 환경 때문에 자신의 권리조차 행사할 수 없게 된다는 주장은 을의 입장을 지지한다.

③ 자발적 선택으로 노예가 되기로 계약했다고 하더라도 노예노동이 금지되고 있다는 사실은 갑의 입장을 강화한다.

④ 마약복용은 행위자가 인지능력을 제대로 발휘하지 못하는 상태에서 행해진다는 주장은 갑의 입장을 지지한다.

⑤ 미스 코리아 대회가 여성의 고정된 성정체성을 확대 재생산함에도 불구하고 시행되고 있다는 사실은 을의 입장을 강화한다.

A~C에 대한 진술로 옳은 것을 <보기>에서 고른 것은?

P: 법문(法文)은 '의미의 폭'을 보유하고 있습니다. 예컨 대, "음란한 문서를 반포, 판매 또는 임대한 자는 1년 이하의 징역에 처한다."라는 법률 규정에서 '음란한' 문 서가 무엇을 의미하는지에 대해서는 사람마다 다른 표 상(表象)을 가질 수 있습니다. 이런 경우 법문의 의미 를 바르게 한정하는 것이 법률가가 행해야 하는 법해 석의 과제입니다. 문제는 법해석 시 누구의 표상을 기 준으로 삼을 것인가 입니다.

A: 법문의 의미 해석은 입법자의 의도가 최우선의 기준일 수밖에 없습니다. 법의 적용은 법률의 기초자(起草者) 가 법률과 결부하려고 했던 표상을 기준으로 삼는 것 이 옳습니다.

P: 시간이 흐르면서 입법자가 표상했던 것이 시대적 적실 성을 잃을 수도 있지 않을까요?

B: 법문의 해석이 문제시되는 상황과 시점에서 법 공동체 구성원의 대다수가 표상하는 바를 법문의 의미로 보는 것이 옳다고 생각합니다. 이 규정과 관련해서는 변화 된 사회 상황에서 사람들 대다수가 무엇을 '음란한' 문 서로 간주하고 있는가를 알아내야 합니다.

P: 다수의 견해가 항상 옳다고 할 수 있나요?

C: 다수의 표상보다는 당대의 시대정신을 구현하는 표상 이 법문의 의미를 결정하는 기준이 되어야 합니다. 시 대정신은 결코 머릿수의 문제가 아닙니다.

──────〈보기〉──────

ㄱ. A는 법률가가 법문의 의미를 알아내기 위해 국회 속기 록과 입법 이유서를 검토하는 것이 중요하다고 볼 것 이다.

ㄴ. B의 주장에 대해 A는 법문의 해석에서 시점과 상황 변화를 고려하는 것은 법의 불확실성을 초래한다고 반 박할 수 있다.

ㄷ. 인간은 누구나 이성을 갖고 있고 시대정신은 시대적 상황에 부합되게 이성에 의해 파악된 것이라고 한다 면, B와 C 사이의 차별성이 분명해진다.

ㄹ. B와 C는 법문의 의미가 내재적으로 고정되어 있으며 이를 발견하는 것이 법률가가 행해야 할 법해석 작업 이라고 본다.

① ㄱ, ㄴ   ② ㄱ, ㄷ   ③ ㄱ, ㄹ
④ ㄴ, ㄷ   ⑤ ㄷ, ㄹ

다음 견해들에 대한 평가로 옳은 것만을 <보기>에서 있는 대로 고른 것은?

> A: 보편적 도덕으로서의 인권이념은 강대국이 약소국을 침략하기 위한 이데올로기였다. 16세기 스페인의 아메리카 대륙 침략은 비도덕적인 관습으로 핍박받는 원주민 보호 등, 보편적 도덕 가치의 전파라는 명분으로 이루어졌다. 그러나 스페인의 인도적 개입은 자국의 이익을 도모하였던 것에 불과하였다. 인도적 군사개입은 주권국가의 자율성을 짓밟는 것으로서 정당화될 수 없다.
>
> B: 인권은 개별국가 각각의 정치적 맥락 속에서 이룩한 구체적인 산물이다. 주권국가는 고유의 문화적·도덕적 가치에 따라 인권의 구체적 모습을 발전시킬 권한을 갖는다. 그러나 이를 인정하더라도 모든 주권국가들이 보호해야 하는 최소한의 도덕적 인권조차 부정한다면 인종청소와 대량학살과 같은 사태를 막을 수 없을 것이다. 국제사회는 개별국가의 고유한 인권을 존중해야 할 의무가 있지만, 최소한의 도덕적 인권을 지키기 위해 인도적 군사개입을 할 권한을 갖는다.
>
> C: 특정 가치가 특정 국가의 자의에 따라 보편적 권리로 간주되었던 역사를 부정할 수는 없다. 그러나 역사적으로 보편적 인권이 확장되어 왔으며 법을 통해 규범성을 갖게 되었음도 인정해야 한다. 오늘날 대부분의 나라들은 '세계인권선언'에 동참하고 인권 규약을 비준하는 등 인권 이념을 국제법적으로 승인하고 있다. 인권은 보편적인 법적 권리인 것이다. 따라서 인도적 군사개입은 국제법으로 정한 요건과 한계를 준수하였을 때에만 인정될 수 있다.

〈보기〉

ㄱ. A와 B는 보편적 인권을 부정하지만 C는 인정한다.

ㄴ. 만약 "어떠한 국가도 다른 규정에 정한 바가 없을 경우 무력을 사용하여 다른 주권국가를 침략할 수 없다."라는 국제법 규정이 있다면, 이러한 규정은 C를 약화한다.

ㄷ. B와 C는 어떤 국가가 종교적 가치에 따라 사상·표현의 자유를 억압하고 있다는 근거만으로는 인도적 군사개입을 인정할 수 없다고 본다.

① ㄱ   ② ㄷ   ③ ㄱ, ㄴ

④ ㄱ, ㄷ   ⑤ ㄴ, ㄷ

A와 B 두 사람의 토론을 분석한 것으로 적절하지 <u>않은</u> 것은?

A₁: 최근 과학 연구 결과에 따르면, 자유의지가 있다면 그에 해당하는 신경생물학적 실체가 반드시 있어야 한다. 하지만 현재까지의 과학적 증거에 비추어 볼 때 특정 시점의 뇌 상태는 바로 이전의 뇌 상태에 의해 완전히 결정되는 것 같다. 그렇다면 우리가 일상 경험에서 아무리 생생하게 느끼더라도 자유의지는 착각에 불과하다.

B₁: 그것은 좀 성급하다. 왜냐하면 뇌 상태가 결정론적이지 않은 방식으로 작동할 수도 있기 때문이다. 양자역학에 따르면, 특정 시점의 물리계 상태는 이전 시점의 상태에 의해 완전히 결정되지 않는다. 이러한 양자적 특징은 자유의지를 해명하는 데 도움을 줄 수 있다.

A₂: 그 주장은 양자역학의 비결정성과 자유의지의 비결정성 사이의 중대한 차이를 간과하고 있다. 우리에게 진정한 자유의지가 있다면, 여러 선택지 중 주체의 의지로 하나를 택할 수 있어야 하고 행동의 마지막 순간까지도 그 선택을 번복할 수 있어야 한다. 하지만 미시 세계에서 주로 발견되는 양자역학의 비결정성은 이런 특징을 보이지 않는다.

B₂: 미시적 요소가 모여 복합체를 이룰 때 구성 요소의 특징과 복합체의 특징이 반드시 일치하지는 않는다. 탁자는 원자로 구성되어 있지만 표면의 매끄러움에 대응되는 원자적 속성은 없다. 그럼에도 불구하고 매끄러움은 엄연히 존재하는 탁자의 속성이다. 그러므로 복합체인 인간에게 자유의지가 나타날 가능성은 양자역학을 따르더라도 여전히 남아 있다.

A₃: 양자역학이 자유의지가 정말로 존재한다는 것을 보여 준 것은 아니지 않는가? 그러므로 자유의지 논의에 양자역학을 끌어들이는 것은 문제 해결에 도움이 되지 않는다.

B₃: 양자역학은 적어도 비결정론적 특징이 우리 세계에 존재할 수도 있음을 확인해 준다. 만약 어떤 비결정성도 없다면 자유의지는 논리적으로 불가능할 것이다. 양자역학은 미시적 비결정성으로부터 자유의지의 비결정성을 얻어 내는 일이 우리가 해결해야 할 문제의 핵심임을 시사한다.

① B₁은 A₁의 자유의지의 신경생물학적 실체에 대한 주장은 문제 삼지 않고 뇌 상태가 결정되는 방식에 대한 주장을 문제 삼으며 A₁의 결론에 이의를 제기하고 있다.

② A₂는 B₁이 A₁을 논박하기 위해 사용한 과학 이론이 거짓이라고 주장하고 있다.

③ A₂는 B₁이 제시한 과학 이론의 비결정성과 일상 경험에서 발견되는 비결정성 사이의 불일치를 지적하며 A₁이 지적한 문제가 B₁에 의해 해결되지 않는다고 주장하고 있다.

④ B₂는 A₂의 주장과 모순되지 않으면서도 자유의지가 진정으로 존재할 수 있는 가능성을 제시함으로써 A₁의 결론이 틀릴 수 있는 가능성을 보여 주고 있다.

⑤ A₃에 대해 B₃은 앞으로 탐구할 과제를 제시함으로써 자신의 입장을 좀 더 분명하게 해명하고 있다.

📝 **Note**

A~C에 대한 평가로 옳은 것만을 <보기>에서 있는 대로 고른 것은?

우리는 나무나 별과 같은 물리적 대상이 존재한다는 점은 모두 인정한다. 수나 집합과 같은 수학적 대상도 마찬가지로 존재한다고 할 수 있을까? 물리적 대상은 특정 시점과 특정 장소에 존재한다고 말할 수 있지만, 수학적 대상은 그렇지 않다는 점에서 비시간적이고 비공간적인 대상으로 생각된다. 또한 나무나 별은 우리의 감각에 직간접으로 어떤 영향을 미친다는 점에서 인과적 대상인 반면, 수나 집합과 같은 수학적 대상은 인과적 영향을 전혀 미치지 않는다는 점에서 비인과적 대상으로 생각된다. 이처럼 비시간적이고 비공간적이고 비인과적인 대상을 '추상적' 대상이라 부르기도 한다.

A: "2는 소수이다."를 참으로 받아들이면서 2의 존재를 부정할 수는 없다. 이는 우리가 "저 나무는 파랗다."를 참으로 받아들이면서 저 나무의 존재를 부정할 수는 없는 이치와 같다. 따라서 수학적 대상은 추상적 대상일 뿐 존재한다는 점에서는 물리적 대상과 다르지 않다.

B: 수학적 대상은 추상적 대상이므로 그것은 비인과적 대상이다. 그러므로 그러한 대상이 있건 없건 우리의 구체적이고 물리적인 세계는 아무런 차이 없이 그대로 유지될 것이다. 따라서 수학적 대상이 존재한다고 볼 이유는 전혀 없는 것이고, 수학적 대상은 존재하지 않는다고 결론 내려야 한다.

C: 추상적 대상이 우리와 어떤 인과적 관계도 맺을 수 없다면, 우리는 그 대상이 어떤 성질을 가졌는지도 알 수 없다. 우리가 나무나 별에 대한 지식을 가질 수 있는 이유는 감각을 통해 그러한 대상과 인과적 관련을 맺을 수 있다는 사실에 근거하고 있기 때문이다. 그런데 우리가 많은 수학적 지식을 가지고 있다는 것은 틀림없는 사실이다. 그렇다면 도리어 수학적 대상은 추상적 대상이 아니라고 결론 내려야 한다.

〈보기〉

ㄱ. A는 물리적 대상만 존재한다는 것을 부정하지만 B는 그것을 받아들인다.

ㄴ. B는 수학적 대상이 추상적 대상이라고 보는 반면 C는 이를 부정한다.

ㄷ. C는 우리가 인과적 대상에 대해서만 지식을 가질 수 있다고 전제하고 있다.

① ㄴ   ② ㄷ   ③ ㄱ, ㄴ

④ ㄱ, ㄷ   ⑤ ㄱ, ㄴ, ㄷ

다음 글에 대한 평가로 옳은 것만을 <보기>에서 있는 대로 고른 것은?

특정 학생이 공부를 잘 할 것이라거나 못할 것이라는 교사의 기대와 그 학생의 실제 성적 간에는 유의미한 관계가 나타난다. A와 B는 그 관계를 설명하는 견해이다.

A: 교사가 공부를 잘 할 것이라 믿는 학생의 성적은 향상되지만 공부를 못할 것이라 믿는 학생의 성적은 떨어진다. 교사의 기대 효과는 교사와 학생 간 상호작용을 통해 실현된다. 예를 들어 성적이 좋아질 것이라고 생각되는 학생에게 질문 기회를 더 많이 주고 칭찬과 격려를 아끼지 않는 등 긍정적으로 반응하는 것은 그 기대에 부응하고자 하는 학생의 노력을 유도함으로써 성적 향상으로 이어진다. 반대로 성적이 좋지 않을 것이라고 생각되는 학생에게는 긍정적인 반응을 적게 하고 부정적인 반응을 많이 함으로써 해당 학생의 학업에 대한 관심은 낮아지고 이는 성적 하락으로 귀결된다.

B: 교사의 기대가 높은 학생의 성적이 높게 나타나는 것은 교사의 예측 능력이 뛰어나기 때문이다. 교사는 특정 학생에 대한 정보나 상징적 상호작용을 통해 학업에 대한 기대를 형성하는데, 과거의 교육 경험에 기반을 둔 이러한 기대는 매우 예측력이 높다. 따라서 교사의 기대 효과는 존재하지 않으며, 교사의 기대가 높은 학생의 성적이 높고 기대가 낮은 학생의 성적이 낮은 것은 학생의 지적 능력에 대한 교사의 정확한 예측을 반영하는 것일 뿐이다.

⟨보기⟩

ㄱ. 질병으로 휴직한 담임교사 후임으로 새로운 교사가 부임해옴에 따라 이전만큼 담임교사로부터 높은 기대와 관심을 받지 못하게 된 학생들의 성적이 크게 하락했다면, A는 강화된다.

ㄴ. 학생에 대한 교사의 기대 수준과 학생의 실제 성적을 비교하였을 때 그 값의 편차가 교육 경험이 없는 새내기 교사보다 경험이 매우 많은 교사에게서 더 크게 나타났다면, B는 강화된다.

ㄷ. 교사가 학생들에 대해 가지고 있는 기대치와 학생들의 실제 성적을 동일 시점에서 측정하여 비교하였을 때 기대치가 높은 학생들의 성적은 높았고 기대치가 낮은 학생들의 성적은 낮았다면, A는 강화되고 B는 약화된다.

① ㄱ   ② ㄴ   ③ ㄱ, ㄷ
④ ㄴ, ㄷ   ⑤ ㄱ, ㄴ, ㄷ

A와 B의 논쟁에 대한 판단으로 옳지 않은 것은?

A$_1$: 유기체란 특정 유전자가 더 많은 복제본을 만들어 내는 영속적인 과업을 위해 이용하고 버리는 꼭두각시이다. 유기체는 유전자로 알려진 '이기적' 분자들을 보존하기 위해 프로그램된 생존 기계에 불과하기 때문이다.

B$_1$: 우리는 누구나 '이기적'이라는 말이 부정적인 의미의 용어임을 잘 알고 있다. 바이러스도 유전자와 마찬가지로 자기 복제의 경향을 강하게 지니고 있다. 그러면 바이러스도 이기적인가? 유전자가 이기적이라는 것은 바이러스가 부끄러움을 많이 탄다고 말하는 것과 같은 말장난에 지나지 않는다.

A$_2$: 유전자가 심성을 지닌 목적 지향적 존재라는 것은 아니다. 내가 의도한 바는, 유기체란 유전자가 자기 복제본의 수를 늘리는 과정의 한 부분으로서 기획, 구축, 조작하는 수단이자 도구라는 것이다. 만약 개코원숭이의 어떤 행동이 자신의 생존 및 번식 가능성을 낮추고 다른 존재의 생존 기회를 증진하는 결과를 낳았다면, 그 행동을 이타적이라 말할 수 있을 것이다. '이기적인'이라는 말도 마찬가지 방식으로 이해될 수 있다.

B$_2$: 이기적이라는 말을 그렇게 이해한다고 하자. 그런데 과학자인 내가 나 자신의 복제본을 만들어 냈다고 가정해 보자. 이때 내 복제본은 '내 이기심'이 귀속되는 대상이 아니다. 그것은 나에게 만족감은 줄지 모르지만, 자기 복제를 하는 주체인 나의 수명은 단 1초도 늘려주지 못한다.

A$_3$: 여기서 내가 말하는 이기적 유전자란 DNA의 한 특수한 물리적 조각이 아니라 그것의 '모든 복제'를 통칭한다. 특정의 물리적 DNA 분자는 생명이 매우 짧지만, 자신의 복사본 형태로는 1억 년을 생존하는 것도 가능하다.

B$_3$: 그렇다면 같은 논리로, 예컨대 마이클 잭슨과 똑같은 복제 마이클 잭슨을 만들 수 있다면, 마이클 잭슨이 지금도 생존하고 있다고 말할 수 있는가? 만약 그렇다면, 우리는 자신을 복제한 존재를 계속 만들어 냄으로써 영생을 누릴 수 있을 것인가? 이는 '생존'이라는 말의 의미 또한 바꾸자는 소리이다.

① B$_1$은 유전자와 바이러스의 유비를 통하여 유기체가 유전자의 꼭두각시라는 주장을 비판하고 있다.

② A$_2$는 '이기적'의 개념을 재정의함으로써 B$_1$에 대응하고 있다.

③ B$_2$는 A$_1$이 특정 유전자와 그것의 복제 유전자는 서로 구분되는 독립적인 존재라는 사실을 무시하고 있음을 비판하고 있다.

④ A$_3$은 '이기적임'의 성질이 적용되는 대상의 수준이 유기체의 경우와 유전자의 경우에 서로 다름을 들어서 B$_2$에 대응하고 있다.

⑤ B$_3$은 A$_1$의 주장과 반대로 유전자가 유기체의 꼭두각시일 수 있음을 주장하고 있다.

정답 및 해설 p.174

II. 규정·조문형

PART 1에서 학습한 내용을 적용하여 유형별 연습문제를 풀이해 봅시다.

01

2010학년도 LEET 문4

다음 <규정>과 <사실관계>를 근거로 판단할 때 국제형사재판소의 관할권 행사가 가능한 경우를 <보기>에서 고른 것은?

〈규정〉

제12조【관할권 행사의 전제조건】

제13조 (가)와 (나)의 경우, 집단살해죄 혐의 행위가 발생한 영역국이나 그 범죄혐의자의 국적국 중, 어떤 국가가 이 규정의 회원국이거나 국제형사재판소의 관할권을 수락한 경우에만 국제형사재판소는 관할권을 행사할 수 있다.

제13조【관할권의 행사】

국제형사재판소는 다음 어느 하나에 해당하는 경우, 집단살해죄에 대하여 관할권을 행사할 수 있다.

(가) 회원국이 집단살해죄 혐의사건을 국제형사재판소의 검사에게 회부한 경우

(나) 국제형사재판소의 검사가 집단살해죄 혐의사건에 대하여 수집한 정보를 근거로 독자적으로 수사를 개시한 경우

(다) 국제연합 안전보장이사회가 집단살해죄 혐의사건을 국제형사재판소의 검사에게 회부한 경우

〈사실관계〉

국제형사재판소의 검사는 A 국의 대통령 갑이 집단살해죄의 혐의가 있다는 정보를 수집하였다. 대통령 갑의 집단살해의 대상은 A 국에 거주하고 있는 B 국 국적의 사람들이고, 그 행위가 발생한 영역국은 A 국이었다. A 국은 위 규정의 회원국이 아니었으나 B 국과 C 국은 회원국이었다.

〈보기〉

ㄱ. A 국이 국제형사재판소의 관할권을 수락한 후 C 국이 이 사건을 국제형사재판소의 검사에게 회부하였다.

ㄴ. B 국이 이 사건을 국제형사재판소의 검사에게 회부하였다.

ㄷ. 국제형사재판소의 검사가 이 사건에 대하여 수집한 정보를 근거로 독자적으로 수사를 개시하였다.

ㄹ. 국제연합 안전보장이사회가 이 사건을 국제형사재판소의 검사에게 회부하였다.

① ㄱ, ㄷ   ② ㄱ, ㄹ   ③ ㄴ, ㄷ

④ ㄴ, ㄹ   ⑤ ㄷ, ㄹ

📝 Note

〈비행기준〉에 따를 때, 신고와 비행승인이 모두 없어도 비행이 허용되는 경우만을 〈보기〉에서 있는 대로 고른 것은?

〈비행기준〉

1. 무인비행장치는 사람이 탑승하지 아니하는 것으로 연료의 중량을 제외한 자체 중량(이하 '자체 중량')이 150kg 이하인 무인비행기와 자체 중량이 180kg 이하이고 길이가 20m 이하인 무인비행선을 말한다.
2. 무인비행장치를 소유한 자는 무인비행장치의 종류, 용도, 소유자의 성명 등을 행정청에 신고하여야 한다. 다만 군사 목적으로 사용되는 무인비행장치와 자체 중량이 18kg 이하인 무인비행기는 제외한다.
3. 오후 7시부터 이튿날 오전 6시 사이에 무인비행장치를 비행하려는 자는 미리 행정청의 비행승인을 받아야 한다.
4. 무인비행장치를 사용하여 비행장 및 이착륙장으로부터 반경 3km 이내, 고도 150m 이내인 범위에서 비행하려는 사람은 미리 행정청의 비행승인을 받아야 한다. 다만 군사목적으로 사용되는 무인비행장치와 자체 중량이 10kg 이하인 무인비행기는 제외한다.

〈보기〉

ㄱ. 자체 중량이 120kg인 공군 소속 무인비행기를 공군 비행장 내 고도 100m 이내에서 오전 10시부터 오후 2시까지 군수물자 수송을 위하여 비행하려는 경우
ㄴ. 택배회사가 영업을 위하여 새로 구입한 자체 중량 160kg, 길이 15m인 무인비행선을 오후 4시부터 오후 5시 사이에 대학병원 헬기 이착륙장 반경 200m에 있는 사무실로 물품 배달을 위하여 비행하려는 경우
ㄷ. 육군 항공대가 자체 중량이 15kg인 농업용 무인비행기를 빌려서 군사훈련 보조용으로 공군 비행장 반경 2km 이내에서 오후 2시부터 오후 3시까지 고도 100m로 비행하려는 경우
ㄹ. 대학생들이 자체 중량이 8kg인 무인비행기를 김포공항 경계선 2km 지점에서 15m 이내의 높이로 오후 8시부터 30분 동안 취미로 비행하려는 경우

① ㄱ, ㄷ   ② ㄱ, ㄹ   ③ ㄴ, ㄹ
④ ㄱ, ㄴ, ㄷ   ⑤ ㄴ, ㄷ, ㄹ

Note

다음은 특허 부여에 대하여 회원국이 지켜야 할 최소한의 기준을 규정하고 있는 T협정 및 각국의 관련 규정에 대한 설명이다. (가)~(다)국과 A~C국을 바르게 짝지은 것은?

〈T협정 제27조(특허 대상)〉

제1항 제2항을 조건으로, 모든 기술 분야에서 물건 또는 방법에 관한 어떠한 발명도 신규성, 진보성 및 산업상 이용가능성이 있으면 특허 획득이 가능하다.

제2항 각 회원국은 인간 또는 동물에 대한 치료, 진단 및 수술하는 방법을 특허의 보호 대상에서 제외할 수 있다.

〈(가)~(다)국의 관련 규정에 대한 설명〉

(가)국: 의료행위는 인간 또는 동물의 존엄과 생존에 깊이 관련되어 있으므로, 인간 또는 동물을 대상으로 치료, 진단 및 수술하는 방법의 신규성, 진보성 및 산업상 이용가능성이 인정되는 경우에도 이러한 방법에 대해서는 특허가 부여되지 않는다.

(나)국: 치료, 진단 및 수술하는 방법을 포함하여 새롭고 유용한 방법, 기계, 제조물, 합성물 또는 이들의 유용한 개량을 발명한 자에게 특허가 부여된다.

(다)국: 인간의 질병을 치료, 진단 및 수술하는 방법을 사용하는 의료행위에 관한 발명은 산업에 이용될 수 있는 발명으로 인정되지 않는다. 그러나 동물을 대상으로 치료, 진단 및 수술하는 방법에 대해서는 특허가 부여된다.

〈특허 부여에 대한 판단〉

○ A~C국의 관련 규정은 모두 T협정에 부합한다.

○ 동물의 치료를 위해 동물로부터 채취한 혈액을 정제한 후 다시 주입하는 방법은 A국과 B국에서 특허를 받을 수 있다.

○ 인간 유전자의 발현을 변화시킴으로써 질병을 치료, 예방하는 유전자 치료 방법은 B국과 C국에서 서로 다른 이유로 특허를 받을 수 없다.

	(가)	(나)	(다)
①	A	B	C
②	A	C	B
③	B	A	C
④	C	A	B
⑤	C	B	A

〈규정〉에 따라 〈사례〉의 갑이 추가로 갖추어야 할 최소 주차대 수는?

〈규정〉

제1조 주차수요를 유발하는 건축물 등('시설물')을 건축하거나 설치하려는 자는 〈표〉의 용도별 설치기준에 따라 부설주차장을 설치하여야 한다.

제2조 ① 부설주차장에 설치된 기계식주차장치가 노후·고장 등의 이유로 작동이 불가능하거나 안전상 철거가 불가피한 경우 이를 철거할 수 있다.

② 시설물의 소유자는 제1항에 따라 기계식주차장치를 철거함으로써 제1조에 따른 부설주차장의 설치기준에 미달하게 되는 경우에는 부설주차장을 추가로 설치하여야 한다.

③ 구청장은 제1항에 따라 기계식주차장치를 철거하는 경우 〈표〉의 부설주차장 설치기준을 2분의 1로 완화하여야 한다.

④ 제3항에 의해 완화된 설치기준에 따라 부설주차장을 설치한 이후 해당 시설물이 증축되거나 부설주차장 설치기준이 강화되는 용도로 변경될 때에는 그 증축 또는 용도변경하는 부분에 대해서만 〈표〉의 부설주차장 설치기준을 적용한다.

제3조 시설물의 용도를 변경하는 경우 용도변경 시점의 부설주차장 설치기준에 따라 변경 후 용도의 최소 주차대수를 갖추도록 부설주차장을 설치하여야 한다.

〈표〉

시설물의 용도	설치기준(최소 주차대수)
위락시설	시설면적 100㎡당 1대
판매시설	시설면적 150㎡당 1대

〈사례〉

갑은 판매시설로 사용되는 시설면적 6,000㎡의 시설물의 소유자이다. 40대를 수용하는 기존 기계식주차장치가 고장으로 작동이 불가능하자 갑은 이 기계식주차장치를 전부 철거하고, 구청장으로부터 부설주차장 주차기준을 2분의 1로 완화 적용받아 20대를 수용하는 부설주차장을 설치하였다. 갑은 이 시설물의 시설면적 중 3,000㎡를 위락시설로 용도변경하려 한다.

① 0대
② 5대
③ 10대
④ 15대
⑤ 20대

<X법>을 <사례>에 적용할 때 갑이 지급받을 수 있는 보상금의 총합은?

〈X법〉

제1조(재해 등에 대한 보상) 국가의 업무 수행 중에 부상을 입거나 사망하면 재해 보상금을 지급하고, 치료로 인하여 생업에 종사하지 못하면 그 기간 동안 휴업 보상금을 지급한다. 다만, 다른 법령에 따라 국가의 부담으로 같은 종류의 보상금을 받은 자에게는 그 보상금에 상당하는 금액은 지급하지 아니한다.

제2조(재해 보상금의 지급) ① 제1조에 따른 재해 보상금은 사망 보상금과 장애 보상금으로 구분하며, 그 지급액은 다음과 같다.

1. 사망 보상금은 고용노동부에서 공표하는 전체 산업체 월평균임금총액(사망한 해의 전년도를 기준으로 한다)의 36배에 상당하는 금액

2. 장애 보상금은 장애등급에 따라 다음과 같이 정한다.

가~마. 장애등급 1급~5급: (생략)

바. 장애등급 6급: 사망 보상금의 $\frac{1}{2}$

제3조(휴업 보상금의 지급) 제1조에 따른 휴업 보상금은 통계청이 매년 공표하는 도시 및 농가가계비를 평균한 금액(전년도를 기준으로 한다)의 100분의 60에 해당하는 금액을 월 30일을 기준(31일이 말일인 경우에도 같다)으로 하여 1일 단위로 계산한 금액에 치료로 인하여 생업에 종사하지 못한 기간의 일수를 곱한 금액으로 한다.

〈사례〉

자영업자 갑은 2016년 8월 예비군 훈련 중 자신의 과실 없이 사고로 부상을 입어 60일간의 입원 치료로 생업에 종사하지 못하였고, 장애등급 6급 판정을 받았다. 갑의 월평균 수입은 360만 원이고, 고용노동부에서 공표하는 전체 산업체 월평균임금총액은 2015년 240만 원, 2016년 250만 원이다. 통계청이 공표하는 도시 및 농가가계비를 평균한 금액은 2015년 월 100만 원, 2016년 월 120만 원이다. 한편, 갑은 위 부상과 관련하여 X법이 아닌 다른 법령에 따라 국가로부터 재해 보상금으로 400만 원을 지급받았다.

① 4,040만 원 ② 4,120만 원 ③ 4,440만 원

④ 4,464만 원 ⑤ 4,840만 원

정답 및 해설 p.176

III. 가설·실험형

PART 1에서 학습한 내용을 적용하여 유형별 연습문제를 풀이해 봅시다.

01

2012학년도 LEET 문15

<관찰>을 토대로 <이론>을 평가한 것으로 옳은 것은?

〈이론〉

　미국의 '경찰 하위문화(subculture)'는 '업무 수행 및 구성원들과의 인간관계와 관련하여 경찰관 사이에 공유되는 비공식적 규범'으로, 경찰관들의 고립적이고 위험한 생활 방식에 대한 반응으로서 발전한 것이다. 남성중심주의와 남자다움의 숭배, 범죄에 대한 강경 대응을 강조하는 통제 지향적 태도, '우리'와 '그들'을 구분하는 배타주의, 변화에 대한 저항 등이 경찰 하위문화의 대표적 속성들이다. 경찰 하위문화의 속성들은 서로 밀접한 관련이 있어, 한 속성을 받아들이면 나머지 속성들도 모두 받아들이는 특징이 있다. 경찰 하위문화를 많이 받아들일수록 업무로부터 야기되는 직무 스트레스나 심리적 소진(과업 수행과 관련된 동기와 헌신의 상실)은 더 많이 감소한다.

〈관찰〉

○ 경찰 하위문화의 수용 정도는 남자는 중간계급이 가장 높고, 여자는 계급이 높을수록 높다.

○ 경찰 하위문화 수용 정도가 상위계급에서는 여자가 남자보다 높지만, 하위계급에서는 성별에 따른 차이가 없다.

○ 성별과 계급이 동일할 경우, 수사부서 경찰관이 대민부서 경찰관보다 범죄에 대한 통제 지향적인 태도를 더 많이 보인다.

* 경찰 하위문화를 고려하지 않을 때의 직무 스트레스나 심리적 소진의 정도는 모든 경찰관이 동일하다고 가정한다.

① 대민부서에 근무하는 상위계급 여자 경찰관이 수사부서에 근무하는 중간계급 남자 경찰관보다 심리적 소진의 정도가 높다면 〈이론〉은 약화될 것이다.

② 수사부서에 근무하는 중간계급 여자 경찰관이 대민부서에 근무하는 하위계급 남자 경찰관보다 직무 스트레스가 낮다면 〈이론〉은 약화될 것이다.

③ 수사부서에 근무하는 중간계급 남자 경찰관이 대민부서에 근무하는 상위계급 남자 경찰관보다 직무 스트레스가 낮다면 〈이론〉은 약화될 것이다.

④ 중간계급 남자 경찰관이 같은 부서의 하위계급 여자 경찰관보다 심리적 소진의 정도가 높다면 〈이론〉은 약화될 것이다.

⑤ 하위계급 남자 경찰관이 같은 부서의 상위계급 여자 경찰관보다 직무 스트레스가 높다면 〈이론〉은 약화될 것이다.

 Note

(가)와 (나)를 모두 설명할 수 있는 가설로 가장 적절한 것은?

> (가) 정가가 1,900만 원인 자동차가 인기가 높아져 물량이
>   달리자 자동차 회사에서 가격을 2,000만 원으로 인
>   상했다. 이에 대해 소비자의 29%는 납득할 수 있다고
>   답한 반면 71%는 불공정하다고 답했다. 반면, 정가가
>   2,000만 원이지만 100만 원을 할인해 1,900만 원에
>   팔다가 인기가 높아져 물량이 달리자 자동차 회사에
>   서 가격을 2,000만 원으로 환원한 경우에 대해서는
>   소비자의 58%가 납득한다고 답하고 42%가 불공정하
>   다고 답했다.
>
> (나) 어느 수업에서 학생들 중 반을 무작위로 골라 학교 로
>   고를 새긴 머그잔을 나눠준 후 머그잔을 받은 학생과
>   받지 못한 학생을 한 명씩 무작위로 짝지어 머그잔을
>   거래하도록 했다. 그런데 머그잔을 가진 학생이 최소
>   한 받아야겠다고 생각하는 금액이 머그잔을 사려 하
>   는 학생이 제시하는 금액보다 훨씬 높은 경우가 많아
>   서 거래가 잘 이루어지지 않았다.

① 사람들은 이득이나 손실의 크기가 작을 때는 변화에 매우
  민감하지만 이득이나 손실의 크기가 커지면 변화에 덜 민감
  해진다.

② 사람들이 물건에 부여하는 가치는 자신이 현재 그 물건을
  소유하고 있는지 여부에 따라 달라진다.

③ 사람들은 이득에 관해서는 모험적인 선택을 하지만 손실에
  관해서는 안정적인 선택을 한다.

④ 사람들은 명시적으로 지불하지 않는 암묵적 비용에 대해 훨
  씬 덜 민감하게 반응한다.

⑤ 사람들의 태도는 어떤 것을 초기 상황으로 인식하는지에 따
  라 달라진다.

Note

03

2018학년도 LEET 문34

㉠을 평가한 것으로 적절한 것만을 <보기>에서 있는 대로 고른 것은?

종양억제유전자는 정상세포가 암세포로 전환되는 것을 억제한다. 대표적인 종양억제유전자인 p53 유전자는 평상시에는 소량 발현되지만, DNA 손상 등의 외부 자극에 반응하여 발현량이 증가한다. p53 유전자의 발현에 의해 생성되는 p53 단백질은 세포 내에서 세포자살 유도, 세포분열 정지, 물질대사 억제 등의 기능을 수행한다. ㉠ 발현량이 증가된 p53 단백질의 물질대사 억제 기능이 암 발생을 억제한다는 가설을 검증하려 한다.

〈실험〉

A, B, C 형태의 p53 돌연변이 단백질을 각각 발현하는 생쥐 실험군 a, b, c와 함께, 대조군으로 정상 생쥐와 p53 유전자가 제거된 생쥐 x를 준비하였다. 모든 실험 대상 생쥐에 대해 DNA를 손상시키는 조작을 가하였고 실험 대상 생쥐에서 p53 단백질의 발현량을 측정하고, 발현된 p53 단백질의 세포 내 기능을 확인하였다. 이후 일정 기간 동안의 암 발생률을 확인하였다.

〈실험 결과〉

○ DNA를 손상시키는 자극에 반응하여 정상 생쥐의 p53 단백질과 생쥐 실험군 a, b의 A, B 돌연변이 p53 단백질의 발현량은 증가한 반면, 생쥐 실험군 c의 C 돌연변이 p53 단백질의 발현량은 변화가 없었다.

○ 생쥐 실험군 a는 암 발생률이 정상 생쥐와 동일하였고, 생쥐 실험군 b, c와 x는 정상 생쥐에 비해 암 발생률이 높았다.

〈보기〉

ㄱ. 실험군 a의 p53 단백질에서 세포자살 유도 기능은 사라졌지만 세포분열 정지, 물질대사 억제 기능은 여전히 남아 있다면 가설은 약화된다.

ㄴ. 실험군 b의 p53 단백질에서 물질대사 억제 기능은 사라졌지만 세포자살 유도, 세포분열 정지 기능은 여전히 남아 있다면 가설은 강화된다.

ㄷ. 실험군 c의 p53 단백질에서 세포자살 유도, 물질대사 억제 기능은 사라졌지만 세포분열 정지 기능은 여전히 남아 있다면 가설은 강화된다.

① ㄱ ② ㄴ ③ ㄱ, ㄷ
④ ㄴ, ㄷ ⑤ ㄱ, ㄴ, ㄷ

Note

㉠에 대한 평가로 옳은 것만을 <보기>에서 있는 대로 고른 것은?

초파리의 장에는 많은 종류의 세균이 존재하는데, 이들 세균은 초파리를 죽이는 병독균, 병독균의 성장을 저해하여 초파리에게 도움을 주는 유익균, 그 외의 일반균으로 구분된다. 이들 세균의 성장은 초파리의 장세포가 분비하는 활성산소에 의해 조절되며, 활성산소의 분비는 세균이 분비하는 물질에 의해 조절된다. 활성산소가 적정량 분비될 때는 초파리에게 해를 끼치지 않지만 다량 분비될 때는 초파리의 장세포에 염증을 일으킨다. 초파리 장내세균의 종류와 이를 조절하는 메커니즘을 알기 위해 장내세균이 전혀 없는 무균 초파리에 4종류의 세균 A~D 혹은 이들 세균이 분비하는 물질 X를 주입하여 다음과 같은 실험 결과를 얻었다. 단, 세균 B와 D는 물질 X를 분비한다.

장내 주입물	활성산소 분비	초파리 생존
물질 X	분비됨	건강하게 생존
세균 A	분비되지 않음	건강하게 생존
세균 B	적정량 분비됨	건강하게 생존
세균 C	분비되지 않음	죽음
세균 D	다량 분비됨	생존했으나 만성 염증
세균 A+세균 C	분비되지 않음	죽음
세균 B+세균 C	적정량 분비됨	건강하게 생존

이 실험 결과로부터 ㉠'초파리의 장세포가 분비하는 활성산소는 병독균의 성장을 저해한다'는 가설을 도출하고 추가 실험을 실시하였다.

〈보기〉

ㄱ. 세균 A와 세균 B를 주입했을 때 활성산소가 적정량 분비되고 초파리는 건강하게 생존했다는 추가 실험 결과는 ㉠을 강화한다.

ㄴ. 물질 X와 세균 C를 주입했을 때 활성산소가 적정량 분비되고 초파리는 건강하게 생존했다는 추가 실험 결과는 ㉠을 강화한다.

ㄷ. 세균 C와 세균 D를 주입했을 때 활성산소가 다량 분비되고 초파리는 생존했지만 만성 염증이 발생했다는 추가 실험 결과는 ㉠을 강화한다.

① ㄱ   ② ㄴ   ③ ㄱ, ㄷ
④ ㄴ, ㄷ   ⑤ ㄱ, ㄴ, ㄷ

Note

다음 글을 평가한 것으로 옳은 것만을 <보기>에서 있는 대로 고른 것은?

아이에게 생기는 자폐증의 주요한 원인 중 하나는 임신 중 엄마의 비정상적인 면역 활성화로 여겨지고 있다. 엄마의 장에 존재하는 수지상 세포(dendritic cell, DC)는 체내에 바이러스가 감염되면 활성화된다. 이 DC는 장에 존재하는 T_H17 면역 세포를 활성화시키는데, 이때 T_H17에서 분비되는 IL-17 단백질이 태아에 전달되어 뇌 발달을 저해한다는 것이다. 최근 ㉠ 엄마의 장에 공생하는 특정 장내 세균의 존재 유무가 이러한 비정상적 면역 활성화에 중요하다는 가설이 제기되었다. 장내 세균의 명확한 역할은 알 수 없지만, 엄마에게 특정 장내 세균이 없을 때에는 위와 같은 면역 활성화가 일어나지 않는다는 것이다. 이를 검증하기 위해 다음 실험을 계획하였다.

〈실험〉

○ 다음과 같이 네 종류의 임신한 생쥐 군(X1, X2, Y1, Y2)을 준비하였다.

생쥐 군	장내 특정 공생 세균	바이러스 감염 여부
X1	있음	감염됨
X2	있음	감염되지 않음
Y1	없음	감염됨
Y2	없음	감염되지 않음

○ 일정 시간 후 각 생쥐의 장에서 DC와 T_H17 세포를 분리하였다. 각 세포에는 바이러스나 세균이 섞이지 않도록 하였다. 분리된 각 DC와 T_H17을 섞어 배양한 후 IL-17의 분비량을 측정하였다.

○ 각 생쥐에서 태어난 새끼들의 자폐 성향을 분석하였다.

〈보기〉

ㄱ. X1의 DC를 X2의 T_H17과 배양했을 때 IL-17이 생산되고 X1의 DC를 Y2의 T_H17과 배양했을 때 IL-17이 생산되지 않는다면, ㉠이 강화된다.

ㄴ. X1의 DC를 Y2의 T_H17과 배양했을 때 IL-17이 생산되고 Y1의 DC를 Y2의 T_H17과 배양했을 때 IL-17이 생산되지 않는다면, ㉠이 강화된다.

ㄷ. X1에서 태어난 새끼들은 자폐 성향을 보이고 Y2에서 태어난 새끼들은 자폐 성향을 보이지 않는다면, ㉠이 강화된다.

① ㄱ   ② ㄷ   ③ ㄱ, ㄴ
④ ㄴ, ㄷ   ⑤ ㄱ, ㄴ, ㄷ

정답 및 해설 p.177

IV. 지문형

PART 1에서 학습한 내용을 적용하여 유형별 연습문제를 풀이해 봅시다.

01

2019학년도 LEET 문1

다음으로부터 추론한 것으로 옳은 것만을 <보기>에서 있는 대로 고른 것은?

> 국가는 국민의 기본권을 보장할 의무가 있다. 이를 위하여 국가는 입법·사법·행정의 활동을 행한다. 그중 행정은 법률에 근거해서 국민의 기본권을 적극적으로 실현하고, 때로는 다수 국민의 안전, 질서 유지, 공공복리를 위하여 국민의 권리를 제한하기도 한다. 그러나 원칙적으로 행정의 역할은 국민의 기본권을 실현하는 것이므로, 여하한 이유로 국민의 기본권을 제한함에 있어서는 선행 조건을 갖춰야 한다. 즉 행정으로 인하여 직접적으로 기본권을 제한받는 당사자 본인에게는 사전에 그 행정이 필요한 이유와 내용 및 근거를 알려야 한다.
>
> 행정은 다양하고 복합적인 형태로 이루어진다. 행정은 한 개인에게 권리를 갖게 하거나 권리를 제한하기도 하고, 한 개인을 대상으로 권리를 갖게 하는 동시에 일정 권리를 제한하기도 한다. 또한 행정은 국민 사이에 이해관계의 대립을 초래하기도 한다. 예컨대 신발회사가 공장설치 허가를 신청하고 행정청이 허가하는 경우에, 회사 측과 공장이 설치되는 인근 지역의 주민들은 대립할 수 있다. 회사는 공장설치 허가를 통해 영업의 자유라는 기본권을 실현하게 되는 반면, 주민들 입장에서는 환경권·건강권 등의 침해를 주장할 수 있다. 이러한 경우에도 행정 활동을 함에 있어 갖춰야 할 선행 조건은 엄격하게 요구된다.

〈보기〉

ㄱ. 주유소 운영자 갑에게 주유소와 접하는 도로의 일부에 대해 행정청으로부터 점용 허가 처분과 점용료 납부 명령이 예정된 경우, 행정청은 사전에 갑에게 점용 허가 처분 및 점용료 납부 명령 각각의 이유와 내용 및 근거를 알려야 한다.

ㄴ. 행정청이 을 법인에게 원자로시설부지의 사전승인을 할 때 환경권·건강권의 침해를 직접 받게 되는 인근 주민 병이 있는 경우, 행정청은 원자로시설부지의 사전승인에 앞서 병에게 그 사전승인의 이유와 내용 및 근거를 알려야 하지만, 을 법인에게는 사전승인에 앞서 알릴 필요가 없다.

ㄷ. 대리운전기사 정이 음주운전으로 적발되어 행정청이 정의 운전면허를 취소하려는 경우, 행정청은 사전에 정과 그 가족에게 운전면허취소의 이유와 내용 및 근거를 알려야 한다.

① ㄱ   ② ㄴ   ③ ㄱ, ㄷ

④ ㄴ, ㄷ   ⑤ ㄱ, ㄴ, ㄷ

Note

다음으로부터 추론한 것으로 옳은 것만을 <보기>에서 있는 대로 고른 것은?

X협회는 전국의 소상공인들이 결성한 단체로서, 회원총회와 대의원회를 두고 있다. 회원총회는 X협회의 재적회원 전원으로 구성된다. 대의원회는 소관 전문위원회와 전원위원회를 둔다. 전문위원회는 대의원회의 의장이 필요하다고 인정하거나 전문위원회 재적위원 4분의 1 이상의 요구가 있을 때에만 개최될 수 있다. 전문위원회는 재적위원 과반수의 출석과 출석위원 과반수의 찬성으로 의결한다.

대의원회는 전문위원회의 심사를 거친 안건 중 협회 구성, 회비 책정, 회칙 변경, 회원 징계, 협회 해산 등 주요 사항의 심사를 위하여 대의원회 재적의원 4분의 1 이상이 요구할 때에만 대의원 전원으로 구성되는 전원위원회를 개최할 수 있다. 전원위원회는 재적위원 4분의 1 이상의 출석과 출석위원 과반수의 찬성으로 의결한다.

회칙의 변경, 회원의 징계, 협회의 해산에 관한 사항은 대의원회 전원위원회를 거쳐서만 회원총회에 상정된다. 회원총회는 재적회원 과반수의 출석과 출석회원 과반수의 찬성으로 의결한다.

〈사례〉

X협회는 재적회원이 10,000명이다. 대의원회는 재적의원이 300명이고, 각 전문위원회는 재적위원이 20명이다. 대의원회 재적의원의 종사 업종 비율은 A업종 40%, B업종 35%, C업종 15%, D업종 10%이다. 이 협회의 재적회원 및 각 전문위원회의 재적위원의 종사 업종 비율도 위와 동일하다. 단, 각 회원, 의원, 위원은 하나의 업종에만 종사하고 있다. 회칙의 변경을 위한 안건(이하 안건이라 한다)이 대의원회 소관 전문위원회에서 의결된 후 전원위원회를 거쳐 회원총회에 상정되었다. 각 회의의 표결 결과 무효표나 기권표는 없는 것으로 한다.

〈보기〉

ㄱ. 회비 인상에 대한 사항이 소관 전문위원회의 심사를 거친 때에는 대의원회의 의장이 필요하다고 인정하면 그 사항을 심사하기 위한 전원위원회가 개최될 수 있다.

ㄴ. A업종 종사 전문위원들만 안건 심사를 위한 전문위원회의 개최를 요구하고 다른 업종 종사 전문위원들이 그에 반대한다면, 전문위원회는 열리지 못한다.

ㄷ. 전문위원회에서 A업종 종사 전문위원 전원과 B업종 종사 전문위원 전원만 출석하여 투표하고 A업종 종사 전문위원 전원이 안건에 찬성한다면, 안건은 가결된다.

ㄹ. 회원총회에서 재적회원 전원이 출석하여 투표하고 A업종에 종사하는 회원 전원과 D업종에 종사하는 회원 전원만 안건에 찬성한다면, 안건은 부결된다.

① ㄱ, ㄴ ② ㄱ, ㄹ ③ ㄴ, ㄷ
④ ㄴ, ㄹ ⑤ ㄷ, ㄹ

Note

PART 2

유형별 연습문제 해커스 LEET 전진명 추리논증 기초

〈이론〉에 대한 분석으로 옳은 것만을 〈보기〉에서 있는 대로 고른 것은?

'지금은 여름이지만 지금은 여름이 아니다'라고 주장하는 것은 난센스로 들린다. 이는 이 문장이 참인 것이 불가능하며, 그런 점에서 모순을 내포한다는 사실로부터 쉽게 설명된다. 이번에는 '나는 지금이 여름이라고 믿지만 지금은 여름이 아니다'라는 주장을 생각해 보자. 이런 주장 역시 난센스로 들린다. 그러나 이런 주장의 내용 자체에는 아무런 모순이 없다. 내가 지금이 여름이라고 믿음에도 불구하고 실제로는 지금이 여름이 아닌 것이 얼마든지 가능하기 때문이다. 그럼에도 불구하고 왜 이런 주장이 난센스로 들리는지를 설명하기 위해 〈이론〉이 제시되었다.

〈이론〉

'나는 p라고 믿는다'라고 주장하는 것은 많은 경우에 나의 심리상태를 보고하는 것이 아니라, 대화 상대방을 고려하여 p를 완곡하게 주장하는 것이다. 가령, 상대방이 "지금이 여름입니까?"라고 물을 때, 나는 이를 완곡하게 긍정하는 방식으로 "나는 그렇게 믿습니다."라고 말할 수 있다. 따라서 '나는 지금이 여름이라고 믿지만 지금은 여름이 아니다'라는 주장은 사실상 '지금은 여름이지만 지금은 여름이 아니다'라는 모순된 내용을 표현하게 되며, 그래서 난센스로 들리는 것이다.

〈보기〉

ㄱ. 〈이론〉이 옳다면, '너는 지금이 여름이라고 믿지만 지금은 여름이 아니다'라고 주장하는 것 역시 난센스로 들려야 할 것이다.

ㄴ. 〈이론〉이 옳다면, '나는 지금이 여름이라고 믿지만 지금은 여름이 아니라고도 믿는다'라고 주장하는 것 역시 난센스로 들려야 할 것이다.

ㄷ. 〈이론〉이 옳다면, '나는 지금이 여름이라고 믿지만 지금은 여름이 아니다'라고 마음속으로 말없이 판단하는 것 역시 난센스로 여겨져야 할 것이다.

① ㄱ　　　　② ㄴ　　　　③ ㄱ, ㄷ

④ ㄴ, ㄷ　　　⑤ ㄱ, ㄴ, ㄷ

다음으로부터 추론한 것으로 옳지 <u>않은</u> 것은?

존재하는 것 중에는 '좋은 것'도 있고, '나쁜 것'도 있으며, '좋지도 나쁘지도 않은 것'도 있다. 덕, 예컨대 분별력과 정의는 좋은 것이다. 이것의 반대, 즉 우매함과 부정의는 나쁜 것이다. 반면에 유익하지도 해롭지도 않은 것은 덕도 아니며 덕의 반대도 아니다. 건강, 즐거움, 재물, 명예, 그리고 이것들의 반대인 질병, 고통, 가난, 불명예가 바로 그런 것이다. 이것들은 선호되거나 선호되지 않을 수는 있어도, 좋은 것도 아니고 나쁜 것도 아니다. 오히려 이것들은 차이가 없는 것이다. 여기서 '차이가 없는 것'은 행복에 대해서도, 불행에 대해서도 어떤 기여도 하지 않는 것을 의미한다. 왜냐하면 이런 것이 없어도 행복할 수 있기 때문이다. 이런 것을 얻는 과정에서 행복하거나 불행할 수는 있을지라도 말이다. 차갑게 만드는 것이 아니라 뜨겁게 만드는 것이 뜨거운 것의 고유한 속성인 것처럼, 해를 끼치는 것이 아니라 유익하게 하는 것이 좋은 것의 고유한 속성이다. 그런데 건강과 재물은 해를 끼치지도 않고 유익하게 하는 것도 아니다. 건강과 재물은 좋게 사용될 수도 또한 나쁘게 사용될 수도 있다. 좋게 사용될 수도 있고 나쁘게 사용될 수도 있는 것은 좋은 것이 아니다.

— 디오게네스, 『철학자 열전』 —

① 건강의 반대, 즉 질병은 좋은 것이 아니다.

② 재물을 얻는 과정에서 행복할 수 있다.

③ 나쁜 것이 아닌 것은 좋은 것이다.

④ 건강과 재물은 좋은 것이 아니다.

⑤ 분별력은 나쁘게 사용될 수 없다.

다음으로부터 추론한 것으로 가장 적절한 것은?

'지금', '여기', '오늘', '어제'와 같은 단어들을 지표사라고 부른다. 내가 어느 날 "오늘 비가 온다."라고 말한다고 하자. 다음 날도 "오늘 비가 온다."라고 말하면 어제 한 말과 같은 말을 한 것인가? "오늘 비가 온다."라고 한 날이 화요일이었다고 해보자. 그러면 이때 '오늘'은 화요일을 가리킨다. 그런데 다음 날 내가 "오늘 비가 온다."라고 말한다면 여기서 '오늘'은 수요일을 가리킬 것이며, 따라서 어제와 같은 말을 한 것이 아니다. 첫 번째 발화의 경우 '오늘'은 화요일을 가리키나 두 번째 발화에서는 같은 단어가 수요일을 가리킨다. 우리는 '오늘'이라는 표현을 이틀 연속 사용해서 같은 날을 가리킬 수 없다.

내가 화요일에 한 말과 같은 말을 수요일에도 하려면 "어제 비가 왔다."라고 말해야 한다. 하지만 '오늘'과 '어제'라는 두 단어는 같은 날을 가리킬 때조차 언어적으로 다른 의미를 지닌다. 그런데도 화요일에 "오늘 비가 온다."라고 말하고 다음 날인 수요일에 "어제 비가 왔다."라고 말했을 때 두 문장이 같은 말이라는 것은 직관적으로 분명하다. 따라서 두 문장이 언어적 의미가 같아서 같은 말이 된 것은 아니다. 확실히 "오늘 비가 온다."와 "어제 비가 왔다."라는 문장은 언어적으로 같은 의미를 갖지 않는다. '오늘'과 '어제'가 두 문장에서 같은 대상을 가리킨다는 점이 중요하지만, 두 표현이 가리키는 대상이 같다고 해서 두 표현을 바꿔 쓴 문장이 같은 말을 하는 문장임이 보장되는 것은 아니다. 같은 대상을 가리키는 '세종의 장남'과 '세조의 형'이라는 두 표현을 고려해 보자. 누군가가 "세종의 장남은 총명하다."라고 말한 것을 세조의 형은 총명하다고 말했다고 다른 사람이 보고한다면 다른 말을 전하는 셈이 될 것이다. '세종의 장남'과 '세조의 형'은 언어적 의미가 다르기 때문이다. 하지만 날짜와 관련한 지표사의 경우, 같은 말을 하려면 먼저 사용한 단어인 '오늘'과 언어적 의미가 다른 단어인 '어제'를 사용해야 한다.

① 다른 말을 하는 두 문장에 사용된 표현은 같은 대상을 가리킬 수 없다.

② 한 문장에 사용된 어떤 단어를, 가리키는 대상은 같지만 언어적 의미가 다른 단어로 바꿔 쓰더라도, 여전히 같은 말을 할 수 있다.

③ 한 문장에 사용된 어떤 단어를 다른 단어로 바꿔 써서 발화자의 맥락에 따라 같은 말을 했다면, 그 두 단어의 언어적 의미는 같다.

④ 한 문장에 사용된 어떤 단어를, 가리키는 대상은 다르지만 언어적으로 의미가 같은 다른 단어로 바꿔 쓰더라도, 여전히 같은 말을 할 수 있다.

⑤ 한 문장에 사용된 어떤 단어를, 가리키는 대상도 같고 언어적 의미도 같은 단어로 바꿔 쓰더라도, 발화자의 맥락에 따라 다른 말을 할 수 있다.

📝 Note

㉠을 입증하는 실험결과에 포함될 수 없는 것은?

> 사회과학에서 고전적 실험연구는 실험결과를 현실 세계로 일반화시킬 수 없을 가능성이 있다. 예를 들어 '흑인이 영웅으로 등장하는 영화 관람'(실험자극)이 '흑인에 대한 부정적 편견 정도'를 줄이는지를 알아보고자 실험연구를 수행한 결과 다음과 같은 사실이 관찰되었다고 하자. 첫째, 실험자극을 준 실험집단의 경우 사전조사보다 사후조사에서 편견 정도가 낮았다. 둘째, 실험자극을 주지 않은 통제집단에서는 사전과 사후조사에서 편견 정도의 변화가 없었다. 이 경우 영화 관람이 실험집단 피험자들의 편견 정도를 줄였다고 볼 수 있다. 그러나 그 영화를 일상생활 중 관람했다면 동일한 효과가 나타날 것이라고 확신할 수는 없다. 실험에서는 사전조사를 통해 피험자들이 이미 흑인 편견에 대한 쟁점에 민감해져 있을 수 있기 때문이다. 이 문제를 해결하기 위해서는 사전조사를 하지 않는 실험을 추가한 〈실험설계〉를 해야 한다. 이를 통해 ㉠ 영화 관람이 편견 정도를 줄였다는 것을 입증하는 실험결과를 발견한다면 일반화 가능성을 높일 수 있다.

〈실험설계〉

○ 집단1: 사전조사 ⟶ 실험자극 ⟶ 사후조사

○ 집단2: 사전조사 ⟶ 사후조사

○ 집단3: 사전조사 없음 ⟶ 실험자극 ⟶ 사후조사

○ 집단4: 사전조사 없음 ⟶ 사후조사

　단, 집단1~4의 모든 피험자는 모집단에서 무작위로 선정되었다.

① 집단1에서 사후조사 편견 정도가 사전조사 편견 정도보다 낮게 나타났다.

② 집단1의 사후조사 편견 정도가 집단2의 사후조사 편견 정도보다 낮게 나타났다.

③ 집단3의 사후조사 편견 정도가 집단2의 사전조사 편견 정도보다 낮게 나타났다.

④ 집단3의 사후조사 편견 정도가 집단4의 사후조사 편견 정도보다 낮게 나타났다.

⑤ 집단4의 사후조사 편견 정도가 집단1의 사후조사 편견 정도보다 낮게 나타났다.

다음으로부터 추론한 것으로 옳지 <u>않은</u> 것은?

인터넷 신문에 배치되어 있는 배너 광고들의 효과가 크지 않다는 연구 결과가 있다. 이 결과의 가장 근본적인 원인은 배너 광고가 독자들이 수행하고자 하는 과제(인터넷 신문 기사를 읽는 것)와 관련되지 않는 일종의 방해 자극이기 때문이다. 우리의 지각 시스템은 어떤 과제를 보다 잘 수행하기 위해 과제와 관련된 자극의 정보는 더 정교하고 빠르게 처리하는 반면, 관련 없는 자극은 방해 자극으로 간주하여 처리되지 않도록 억제하는데, 이를 주의 통제 기제라고 한다.

하지만 몇몇 연구들에 따르면 방해 자극의 정보도 처리되는 경우가 있다고 한다. 예를 들어 학자 甲은 방해 자극의 선명도에 따라 방해 자극의 정보가 처리되는 정도가 달라지며 그 결과 과제 수행이 영향을 받는다고 주장하였다. 甲은 연구 대상자들로 하여금 빠르게 제시되는 영어 알파벳 안에 숨겨져 있는 두 개의 숫자를 보고하도록 하면서 주변에 방해 자극을 주어 그것이 과제 수행을 방해하는 정도를 측정하였다. 그 결과, 방해 자극이 쉽게 지각될 수 있을 정도로 선명하면 과제 수행에 영향을 끼치지 못하지만, 방해 자극이 쉽게 지각되지 않는 역치하(subliminal) 수준일 때는 과제 수행을 효과적으로 방해하였다.

甲은 이 결과 또한 주의 통제 기제의 작용으로 설명하였다. 방해 자극의 선명도가 높을 경우 방해 자극에 주의가 가게 되어 방해 자극의 정보 처리가 효과적으로 억제됨으로써 과제 수행이 저하되지 않지만, 그 정도로 선명하지 않은 방해 자극인 경우에는 방해 자극에 주의를 기울일 수가 없어서 과제 수행이 저하될 수 있다는 것이다. 한편, 과제의 난이도를 높일수록 선명한 방해 자극의 정보가 처리될 가능성이 높아진다.

① 방해 자극의 지각 정도와 방해 자극이 과제 수행을 방해하는 정도는 역의 상관관계를 보인다.
② 만일 甲의 실험에서 과제의 난이도를 높이면, 선명한 방해 자극은 과제 수행을 방해할 것이다.
③ 방해 자극의 선명도를 매우 높게 해서 아주 쉽게 지각되도록 하면, 그 방해 자극의 정보는 처리될 것이다.
④ 방해 자극이 과제의 수행과 연관성이 높아 보여 방해 자극으로 보이지 않게 되면, 그 방해 자극의 정보는 처리될 것이다.
⑤ 방해 자극의 선명도를 역치하 수준으로 낮게 해도 방해 자극 자체에 의도적으로 주의를 가게 하면, 그 방해 자극의 정보 처리가 억제될 것이다.

08

다음으로부터 추론한 것으로 옳은 것만을 <보기>에서 있는 대로 고른 것은?

소득곡선과 생존선을 함께 나타낸 그래프를 이용하면 경제성장의 역사를 간단하게 설명할 수 있다. 소득곡선은 인구가 생산에 투입되어 얻을 수 있는 소득을 보이는 것으로, 인구와 소득을 각각 가로축과 세로축에 표시한 평면에 나타내면 그림과 같다. 생존선은 주어진 인구가 생존하기 위해 필요한 최소한의 소득을 나타낸 것이다. 소득에 기여하는 요소는 인구, 자본, 기술이 있는데, 이 중 인구와 자본은 한계소득체감의 법칙을 따른다. 이 법칙은 다른 요소가

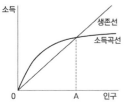

일정할 때 해당 요소가 증가할수록 소득이 증가하지만 소득의 증가 정도는 점점 줄어드는 법칙이다. 소득을 인구로 나눈 1인당 소득은 인구가 증가할수록 감소하는 것을 그림에서 알 수 있다. 기술은 한계소득체감의 법칙을 따르지 않는다.

두 선이 교차할 때의 인구 수준 A를 기준으로 인구가 적을 때는 소득곡선이 생존선 위에 있고 인구가 많을 경우에는 반대가 된다. 학자 M은 한 사회의 소득 수준이 생존 수준을 상회하면 인구가 늘어나고 하회하면 인구가 감소하는 경향이 있기 때문에 A를 중심으로 인구가 주기적으로 늘거나 주는 움직임이 반복된다고 주장했다. 이를 'M의 덫'이라고 하며, 자본과 기술이 일정할 때 일어나는 전근대적 현상이라 볼 수 있다. 이와 대조적으로 학자 K는 '근대적 경제성장'의 시기에는 인구와 소득이 함께 늘어날 수 있다고 설파했다. 이것은 소득곡선의 이동으로 설명할 수 있다. 예를 들어 자본이 축적되면 소득곡선이 위로 이동하여 생존선과 교차하는 점이 오른쪽 위로 바뀌고 소득과 인구가 동시에 증가하는 것이 가능해진다.

〈보기〉

ㄱ. 'M의 덫'에 빠져 있을 때 인구와 1인당 소득 사이에는 양(+)의 상관관계가 나타날 것이다.

ㄴ. 다른 요소가 일정할 때 자본이 축적될수록 추가되는 자본 단위당 소득곡선이 위로 이동하는 정도는 점점 줄어들 것이다.

ㄷ. 인구의 증가만으로는 K의 '근대적 경제성장'을 이룰 수 없을 것이다.

① ㄱ   ② ㄴ   ③ ㄱ, ㄷ

④ ㄴ, ㄷ   ⑤ ㄱ, ㄴ, ㄷ

다음 글로부터 추론한 것으로 옳지 않은 것은?

> 증거는 가설을 입증하기도 하고 반증하기도 한다. 물론, 어떤 증거는 가설에 중립적이기도 하다. 이렇게 증거와 가설 사이에는 입증·반증·중립이라는 세 가지 관계만이 성립하며, 이 외의 다른 관계는 성립하지 않는다. 그럼 이런 세 관계는 어떻게 규정될 수 있을까? 몇몇 학자들은 이 관계들을 엄격한 논리적인 방식으로 규정한다. 이 방식에 따르면, 어떤 가설 H가 증거 E를 논리적으로 함축한다면 E는 H를 입증한다. 또한 H가 E의 부정을 논리적으로 함축한다면 E는 H를 반증한다. 물론 H가 E를 함축하지 않고 E의 부정도 함축하지 않는다면, E는 H에 대해서 중립적이다. 이런 증거와 가설 사이의 관계는 '논리적 입증·반증·중립'이라고 불린다.
>
> 그러나 증거와 가설 사이의 관계는 확률을 이용해 규정될 수도 있다. 가령 우리는 "E가 가설 H의 확률을 증가시킨다면 E는 H를 입증한다."고 말하기도 한다. 이와 비슷하게 우리는 "E가 H의 확률을 감소시킨다면 E는 H를 반증한다."고 말한다. 물론 E가 H의 확률을 변화시키지 않는다면 E는 H에 중립적이라고 하는 것이 자연스럽다. 이런 증거와 가설 사이의 관계에 대한 규정은 '확률적 입증·반증·중립'이라고 불린다.
>
> 그렇다면 논리적 입증과 확률적 입증은 어떤 관계가 있을까? 흥미롭게도 H가 E를 논리적으로 함축한다면 E가 H의 확률을 증가시킨다는 것이 밝혀졌다. 반면에 그 역은 성립하지 않는다. 우리는 이 점을 이용해 입증에 대한 두 규정들 사이의 관계를 추적할 수 있다.

① E가 H를 논리적으로 반증하지 않고 H에 논리적으로 중립적이지도 않다면, E는 H에 확률적으로 중립적이지 않다.

② E가 H를 논리적으로 입증한다면 E의 부정은 H를 논리적으로 반증한다.

③ E가 H를 논리적으로 반증한다면 E의 부정은 H를 확률적으로 입증한다.

④ E가 H에 확률적으로 중립적이라면 E는 H를 논리적으로 입증하지 않는다.

⑤ E가 H를 확률적으로 입증하지 않는다면 E는 H를 논리적으로 반증한다.

㉠~㉢에 대한 평가로 적절한 것만을 <보기>에서 있는 대로 고른 것은?

대뇌피질에는 운동을 전담하는 영역, 시각을 전담하는 영역 등이 있다. 그럼 대뇌피질 속 이런 전담 영역들을 결정하는 것은 무엇인가? 최근 연구 결과에 따르면, 각 영역의 겉모습이나 구조에 의해 그 전담 영역이 결정되는 것이 아니다. 그보다 대뇌피질 영역들 사이의 연결 방식과 대뇌피질 영역과 중추신경계의 다른 영역 사이의 연결 방식에 따라 각 대뇌피질의 전담 영역이 결정된다. 즉 ㉠ 대뇌피질의 전담 영역은 각 영역이 가진 고유한 물리적 특징에 의해 결정되는 것이 아니라 다른 영역들과의 연결 양상에 의해 결정된다.

㉡ 대뇌피질로 들어오는 입력의 유형은 근본적으로 똑같다. 물론 청각과 시각은 그 성질이 다르다. 소리는 파동의 형태로 공기를 통해 전달되고, 시각은 빛의 형태로 전달된다. 그리고 시각은 색깔·결·형태를, 청각은 음조·리듬·음색을 지닌다. 이런 점들 때문에, 각 감각기관들은 서로 근본적으로 분리된 상이한 실체로 생각되곤 한다. 그러나 그런 상이한 감각이 관련 기관에서 활동전위로 전환되고 나면, 각 기관이 뇌로 전달한 신호는 모두 똑같은 종류의 활동전위 패턴에 불과해진다. 우리 뇌가 아는 것이라곤 이들 패턴들뿐이며, 우리 자신을 비롯하여 우리가 인식한 외부 세계의 모습은 모두 그런 패턴들로부터 구축된다.

결국, ㉢ 뇌에 의해 파악된 외부 세계와 몸 사이의 경계는 바뀔 수 있다. 활동전위의 패턴이 전달되면, 뇌는 전달된 패턴들에 정합성을 주는 방식으로 몸의 경계를 파악한다. 이때 패턴이 흔히 몸의 일부라고 여겨지는 것에서 유래되었는지 그렇지 않은지는 중요하지 않다. 패턴이 정합적으로 전달되기만 하면, 뇌는 그 패턴만을 이용해서 그것이 유래된 것을 몸의 일부로 통합하게 된다. 외부 세계와 우리 몸에 대한 지식은 모두 패턴들로부터 구축된 하나의 모형일 뿐이다.

───────〈보기〉───────

ㄱ. 대뇌피질 전체가 겉모습이나 구조면에서 놀라울 정도로 균일하다는 사실은 ㉠을 강화한다.

ㄴ. 뇌기능 영상촬영 기법들을 이용하여 특정 과제가 수행될 때 평소보다 더 활성화되는 부위를 검출함으로써 얼굴인식 영역, 수학 영역 등과 같은 특화된 영역들을 확인하였다는 사실은 ㉡을 약화한다.

ㄷ. 다른 감각을 차단한 채, 작은 갈퀴를 손에 쥐고 무엇인가를 건드리도록 한다면 뇌는 작은 갈퀴를 우리 몸의 일부로 여긴다는 사실은 ㉢을 강화한다.

① ㄱ　　　　② ㄴ　　　　③ ㄱ, ㄷ

④ ㄴ, ㄷ　　　⑤ ㄱ, ㄴ, ㄷ

정답 및 해설 p.179

V. 논증구조·도식형

PART 1에서 학습한 내용을 적용하여 유형별 연습문제를 풀이해 봅시다.

01

2020학년도 LEET 문20

다음 논증의 구조를 가장 적절하게 파악한 것은?

ⓐ 선(善)을 정의하려는 시도는 성공할 수 없다. ⓑ 선을 정의할 수 있으려면 그것을 자연적 속성과 동일시하거나, 아니면 형이상학적 속성과 동일시해야 한다. ⓒ 선을 쾌락이라는 자연적 속성과 동일시하여 "선은 쾌락이다"라고 정의를 내릴 수 있다고 한다면, "선은 쾌락인가?"라는 물음은 "선은 선인가?"라는 물음과 마찬가지로 동어반복으로서 무의미한 것이 되어야 한다. ⓓ 그러나 "선은 쾌락인가?"라는 물음은 무의미하지 않다. ⓔ 쾌락 대신에 어떠한 자연적 속성을 대입하더라도 결과는 마찬가지이므로, ⓕ 선을 자연적 속성과 동일시하는 모든 정의는 오류이다. ⓖ 선을 형이상학적 속성과 동일시하는 정의들은 사실 명제로부터 당위 명제를 추론한다. ⓗ 즉 어떠한 형이상학적 질서가 존재한다는 사실로부터 "선은 무엇이다"라는 정의를 이끌어 낸다. ⓘ 그런데 당위는 당위로부터만 도출되기 때문에 사실로부터 당위를 끌어내는 것은 가능하지 않다. ⓙ 따라서 선을 형이상학적 속성과 동일시하는 정의들은 모두 오류이다.

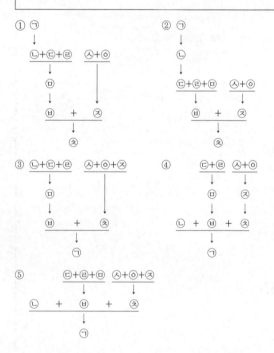

다음 논증의 구조를 가장 적절하게 분석한 것은?

ⓐ 행복을 추구하는 인간의 성향도, 자비심과 같은 도덕적 감정도 보편적 윤리의 토대가 될 수 없다. ⓑ 행복 추구의 동기가 올바른 삶을 살아야 하는 당위의 근거가 될 수는 없다. ⓒ 우선 윤리적으로 살면 언제나 행복해진다는 것은 참이 아니다. ⓓ 더욱이 행복한 삶을 산다는 것과 올바른 삶, 선한 삶을 산다는 것은 완전히 다른 것이기에, ⓔ 옳고 그름의 근거를 구할 때 자기 행복의 원칙이 기여할 부분은 없다. ⓕ 가장 중요한 점은 행복 추구의 동기가 오히려 도덕성을 훼손하고 윤리의 숭고함을 파괴해 버린다는 것이다. ⓖ 자기 행복의 원칙에 따라 행하라는 명법은 이해타산에 밝아지는 법을 가르칠 뿐 옳고 그름의 기준과 그것의 보편성을 완전히 없애버리니 말이다. ⓗ 인간 특유의 도덕적 감정은 자기 행복의 원칙보다는 윤리의 존엄성에 더 가까이 있긴 하지만 여전히 도덕의 기초로서 미흡하다. ⓘ 개인에 따라 무한한 차이가 있는 인간의 감정을 옳고 그름의 보편적 잣대로 삼을 수는 없다.

①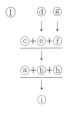

②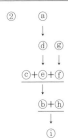

③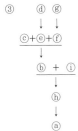

④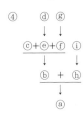

⑤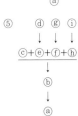

다음 논증의 구조를 분석한 것으로 적절하지 <u>않은</u> 것은?

ⓐ 공간에 대한 인간의 요구와 반응이 각 환경에서 어떤 형태로 나타나는지를 알기 위해서는 동물과의 비교 연구가 도움이 된다. ⓑ 이용 가능한 공간의 크기에 따른 행동의 변화를 동물을 대상으로 관찰할 경우 인간 행동의 관찰에서는 기대하기 어려운 것까지도 발견할 수 있기 때문이다. ⓒ 동물의 세대 간격은 비교적 짧기 때문에 동물을 이용하면 시간을 가속화할 수 있다. ⓓ 예컨대 한 과학자가 40년 동안 관찰할 수 있는 생쥐는 440세대에 이르지만 인간은 고작 2세대에 그친다. ⓔ 그리고 동물의 생명에 대해서는 비교적 냉정한 태도를 취할 수 있다. ⓕ 게다가 동물 관찰에서는 변덕과 자기합리화로 뒤범벅인 행동을 해석하느라 골치를 썩일 필요도 없다. ⓖ 동물은 자연스러운 상태에서 놀라우리만큼 일관적인 태도로 반응하고, 따라서 동물에게서는 반복적인 행위, 사실상 동일한 행위가 관찰된다.

ⓗ 특히 동물이 공간을 다루는 방식을 관찰한 결과를 인간의 상황에 적용함으로써 얻을 수 있는 지식은 자못 크다. ⓘ 동물의 행동을 연구하는 데 기본 개념이 되는 것 중의 하나가 영토권이다. ⓙ 영토권이란 동물 개체가 특징적으로 설정하고 있는 영역을 일컫는 것으로, 개체는 동일종의 다른 구성원이 그 영역을 침범하면 방어 행동을 보인다. ⓚ 동물의 영토권에 대한 연구는 인간의 생활에 대한 기존 관념들을 많이 바꾸어 놓고 있다. ⓛ 흔히 자신은 사회에 감금되어 있지만 동물은 그렇지 않다고 생각해서 "새처럼 자유롭다."는 표현을 우리는 쓴다. ⓜ 그러나 우리는 영토권 연구를 통하여 오히려 그 역이 진실에 가깝다는 것을 알게 된다. 다시 말해 동물은 자신의 영토에 갇혀 있는 경우가 많으며 그에 비한다면 인간은 매우 자유로운 존재인 셈이다.

① 최종 결론인 ⓐ가 ⓑ와 ⓗ로부터 도출되는 것이 이 논증의 큰 줄기이다.

② ⓑ를 지지하는 근거로 ⓒ, ⓔ, ⓕ가 사용되고 있다.

③ ⓓ는 ⓒ를, ⓖ는 ⓕ를 지지하는 근거로 사용되고 있다.

④ ⓚ는 ⓙ를, ⓙ는 ⓘ를, ⓘ는 ⓗ를 지지하는 근거로 사용되고 있다.

⑤ ⓛ과 ⓜ은 ⓚ를 지지하는 근거로 사용되고 있다.

다음 논증의 지지 관계를 분석한 것으로 적절하지 <u>않은</u> 것은?

　　㉠ 자연권이란 개개인이 자신의 생명을 보존하기 위해 원할 때는 언제나 자신의 힘을 사용할 수 있는 자유를 의미하는 것으로, 모든 사람에게 동등하게 보장된 것이다. 반면 ㉡ 자연법이란 이성에 의해 발견된 계율 또는 일반규칙으로서, 그러한 규칙의 하나에 따르면 인간은 자신의 생명을 보존하는 수단을 박탈하거나, 자신의 생명 보존에 가장 적합하다고 생각되는 행위를 포기하는 것이 금지된다. 권리는 자유를 주는 반면, 법은 자유를 구속한다.

　　㉢ 인간의 자연 상태는 만인에 대한 만인의 전쟁 상태이며, ㉣ 이 상태에서 모든 이성적 인간은 적에 맞서 자신의 생명을 보존하는 데 도움이 되는 것은 어떤 것이든 사용할 수 있다. 따라서 ㉤ 그런 상태에서는 모든 사람은 모든 것에 대해, 심지어는 상대의 신체에 대해서도 권리를 갖게 된다. ㉥ 상대의 신체에 대한 권리는 그 신체를 훼손할 권리까지 포함하므로, ㉦ 모든 것에 대한 이러한 자연적 권리가 유지되는 한 인간은 누구도 안전할 수 없다. 그런데 자연법은 생명의 안전한 보존에 가장 적합하다고 생각되는 행위를 결코 포기해서는 안 된다고 명하고 있으므로, ㉧ 모든 사람은 평화를 이룰 희망이 있는 한 그것을 얻기 위해 노력하지 않으면 안 된다. 그렇다면 이성이 우리에게 명하는 또 하나의 계율은 이렇게 요약될 수 있다. ㉨ 평화와 자기 방어에 필요하다고 생각하는 한 우리는 모든 사물에 대한 자연적 권리를 기꺼이 포기하고, 우리가 다른 사람에게 허용한 만큼의 자유에 스스로도 만족해야 한다.

① ㉠이 ㉣의 근거로 제시되고 있다.

② ㉢과 ㉣이 ㉤의 근거로 제시되고 있다.

③ ㉤이 ㉥의 근거로, 그리고 이 ㉥이 다시 ㉦의 근거로 제시되고 있다.

④ ㉡이 ㉧의 근거로 제시되고 있다.

⑤ ㉦과 ㉧이 ㉨의 근거로 제시되고 있다.

다음 글을 분석한 것으로 옳지 않은 것은?

가장 강한 자라고 하더라도 자기의 힘을 권리로, 복종을 의무로 바꾸지 않고서는 언제나 지배자 노릇을 할 수 있을 만큼 강하지는 않다. 따라서 '강자의 권리'라는 구절이 언뜻 반어적인 의미를 가진 것으로 보이면서도 실제로 하나의 근본 원리인 것처럼 여겨지는 것에 대하여 뭔가 설명이 필요하다. ⓐ 힘이란 물리력인데, 물리력이 어떻게 도덕적 결과를 가져올 수 있는지 나는 이해할 수 없다. ⓑ 힘에 굴복하는 것은 어쩔 수 없어서 하는 행동이요 기껏해야 분별심에서 나온 행동이지 의무에서 나온 행동은 아니다.

ⓒ 만일 강자의 권리라는 것이 있어서, 힘이 권리를 만들어낸다고 해보자. 그렇다면, 원인이 바뀜에 따라 결과도 달라지므로, 최초의 힘보다 더 강한 힘은 최초의 힘에서 생긴 권리까지도 차지해 버릴 것이다. 힘이 있어서 불복한다면 그 불복종은 정당한 것이 되며 강자는 언제나 정당할 터이므로 오직 중요한 점은 강자가 되는 것뿐이다. ⓓ 힘이 없어질 때 더불어 없어지고 마는 권리란 도대체 무엇인가? ⓔ 강도가 덮쳤을 때 내가 강제로 지갑을 내주어야 할 뿐만 아니라 지갑을 잘 감출 수 있을 때에도 강도의 권총이 권력이랍시고 양심에 따라 지갑을 내줄 의무가 있는 것은 아니다. ⓕ 어쩔 수 없어서 복종해야 한다면 의무 때문에 복종할 필요는 없으며 복종을 강요받지 않을 경우에는 복종할 의무도 없다. 권리에 복종하라는 말이 만약 힘에 복종하라는 말이라면, 이는 좋은 교훈일지는 몰라도 하나마나한 말로서, ⓖ 나는 그러한 교훈이 지켜지지 않는 일은 결코 없으리라고 장담할 수 있다. ⓗ '강자의 권리'라는 말에서 '권리'는 '힘'에 덧붙이는 것이 없으며, 따라서 공허한 말이다.

— 루소, 「사회계약론」 —

① ⓑ가 ⓐ를 뒷받침하려면 '물리적인 것'과 '도덕적인 것'의 구별이 전제되어야 한다.

② ⓒ~ⓗ에서 글쓴이는 '강자의 권리'라는 구절로부터 불합리한 귀결이 나옴을 보임으로써 '강자의 권리'를 부정하는 논증을 펴고 있다.

③ ⓔ는 ⓑ의 예시이다.

④ ⓖ에서 글쓴이가 '장담'하는 근거는 ⓕ이다.

⑤ ⓓ와 ⓗ는 둘 다 힘에서 나오는 '권리'라는 것은 무의미한 말임을 지적하고 있다.

정답 및 해설 p.181

VI. 논리·수리퀴즈형

PART 1에서 학습한 내용을 적용하여 유형별 연습문제를 풀이해 봅시다.

01

2009학년도 LEET 예비 문1

다음의 논증이 타당하기 위해서 보충되어야 할 전제는?

> 참을 깨달은 자는 배움이 있는 자이다. 책임의 소중함을 느끼는 자가 아니라면 겨레를 위해 희생을 각오한 자가 아니다. 진정한 지도자는 겨레를 위해 희생을 각오한 자이다. 그러므로 진정한 지도자는 배움이 있는 자이다.

① 참을 깨달은 자는 책임의 소중함을 느끼는 자이다.
② 책임의 소중함을 느끼는 자는 참을 깨달은 자이다.
③ 배움이 있는 자는 책임의 소중함을 느끼는 자이다.
④ 참을 깨달은 자는 겨레를 위해 희생을 각오한 자이다.
⑤ 참을 깨달은 자는 책임의 소중함을 느끼는 자가 아니다.

📝 Note

02

2009학년도 LEET 문24

어느 과학자는 자신이 세운 가설을 입증하기 위해서 다음과 같은 논리적 관계가 성립하는 여섯 명제 A, B, C, D, E, F의 진위를 확인해야 한다는 것을 발견하였다. 그러나 그는 이들 중 F가 거짓이라는 것과 다른 한 명제가 참이라는 것을 이미 알고 있었기 때문에, 나머지 명제의 진위를 확인할 필요가 없었다. 이 과학자가 이미 알고 있었던 참인 명제는?

○ B가 거짓이거나 C가 참이면, A는 거짓이다.
○ C가 참이거나 D가 참이면, B가 거짓이고 F는 참이다.
○ C가 참이거나 E가 거짓이면, B가 거짓이거나 F가 참이다.

---

① A   ② B   ③ C
④ D   ⑤ E

Note

다음 글로부터 추리한 것으로 옳은 것은?

> 어떤 회사의 사원 평가 결과 모든 사원이 최우수, 우수, 보통 중 한 등급으로 분류되었다. '최우수'에 속한 사원은 모두 45세 이상이었다. 그리고 35세 이상의 사원은 '우수'에 속하거나 자녀를 두고 있지 않았다. '우수'에 속한 사원은 아무도 이직 경력이 없다. '보통'에 속한 사원은 모두 대출을 받고 있으며, 무주택자인 사원 중에는 대출을 받고 있는 사람이 없다. 이 회사의 직원 A는 자녀를 두고 있으며 이직 경력이 있는 사원이다.

① A는 35세 미만이고 무주택자이다.

② A는 35세 이상이고 무주택자이다.

③ A는 35세 미만이고 주택을 소유하고 있다.

④ A는 45세 미만이고 무주택자이다.

⑤ A는 45세 이상이고 주택을 소유하고 있다.

📝 Note

04

한국화학회는 <시상규칙>에 따라 학술상을 수여한다. 어느 해 같은 계절에 유기화학과 무기화학 분야에 상을 수여하였다면, 그해의 시상에 대한 진술 중 참일 수 <u>없는</u> 것은?

〈시상규칙〉

○ 매년 물리화학, 유기화학, 분석화학, 무기화학의 네 분야에 대해서만 수여한다.

○ 봄, 여름, 가을, 겨울에 수여하며 매 계절 적어도 한 분야에 수여한다.

○ 각각의 분야에 매년 적어도 한 번 상을 수여한다.

○ 매년 최대 여섯 개까지 상을 수여한다.

○ 한 계절에 같은 분야에 두 개 이상의 상을 수여하지 않는다.

○ 두 계절 연속으로 같은 분야에 상을 수여하지 않는다.

○ 물리화학 분야에는 매년 두 개의 상을 수여한다.

○ 여름에 유기화학 분야에 상을 수여한다.

---

① 봄에 분석화학 분야에 수여한다.

② 여름에 분석화학 분야에 수여한다.

③ 여름에 물리화학 분야에 수여한다.

④ 가을에 무기화학 분야에 수여한다.

⑤ 겨울에 유기화학 분야에 수여한다.

다음으로부터 추론한 것으로 옳은 것만을 <보기>에서 있는 대로 고른 것은?

한 아파트에서 발생한 범죄 사건의 용의자로 유석, 소연, 진우가 경찰에서 조사를 받았다. 사건이 발생한 아파트에서 피해자와 같은 층에 사는 사람은 이 세 사람뿐인데, 이들은 각각 다음과 같이 차례로 진술하였다. 이 중 진우의 두 진술 ⓔ와 ⓕ는 모두 참이거나 또는 모두 거짓이다.

유석 ┌ ⓐ: "범행 현장에서 발견된 칼은 진우의 것이다."
     └ ⓑ: "나는 피해자를 만나본 적이 있다."

소연 ┌ ⓒ: "피해자와 같은 층에 사는 사람은 모두 피해자를 만난 적이 있다."
     └ ⓓ: "피해자와 같은 층에 사는 사람 중에서 출근이 가장 늦은 사람은 유석이다."

진우 ┌ ⓔ: "유석의 두 진술은 모두 거짓이다."
     └ ⓕ: "소연의 두 진술은 모두 참이다."

─────────〈보기〉─────────

ㄱ. ⓑ가 거짓이면, 범행 현장에서 발견된 칼은 진우의 것이다.

ㄴ. ⓒ가 참이면, 범행 현장에서 발견된 칼은 진우의 것이다.

ㄷ. ⓐ가 거짓이고 ⓓ가 참이면, 소연과 진우 중 적어도 한 사람은 피해자를 만난 적이 없다.

① ㄱ   ② ㄴ   ③ ㄱ, ㄷ
④ ㄴ, ㄷ   ⑤ ㄱ, ㄴ, ㄷ

Note

빨간색, 노란색, 파란색의 물감을 다양한 비율로 혼합하여 여러 가지 색의 물감을 만든다. 혼합된 물감에서 빨간색, 노란색, 파란색 물감이 차지하는 비율을 각각 $x\%$, $y\%$, $z\%$라고 하자. 그림에서 점 P, Q, R, S는 빨간색, 노란색, 파란색 물감을 혼합하여 만든 4가지 물감의 x값과 y값을 각각 나타낸 것이다.

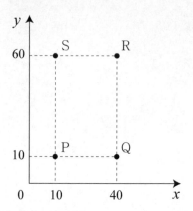

이에 대한 설명으로 옳은 것을 <보기>에서 모두 고른 것은?

〈보기〉

ㄱ. S가 나타내는 색의 물감에 포함된 파란색 물감의 비율은 20%이다.

ㄴ. R가 나타내는 색은 P, Q, S가 나타내는 색의 물감을 어떠한 비율로 혼합하여도 만들 수 없다.

ㄷ. Q가 나타내는 색의 물감 10g과 S가 나타내는 색의 물감 10g을 혼합한 물감에 포함된 파란색 물감의 비율은 40%이다.

① ㄱ   ② ㄴ   ③ ㄷ

④ ㄱ, ㄴ   ⑤ ㄴ, ㄷ

다음은 '갑', '을', '병' 세 사람이 벌인 탁구 시합의 진행 방법과 결과이다. 이에 대한 추론으로 옳은 것만을 <보기>에서 있는 대로 고른 것은?

〈진행 방법〉

○ 첫 시합을 할 두 선수는 제비뽑기로 정한다.

○ 두 사람이 시합을 하고 나머지 한 사람은 대기한다.

○ 시합에서 이긴 사람은 대기한 사람과 시합을 한다.

○ 7번을 이긴 사람이 처음 나올 때까지 시합을 계속한다.

○ 무승부는 없다.

〈결과〉

　갑과 병이 첫 시합을 하였다. 모든 시합이 끝났을 때, 갑은 7번을, 을은 6번을, 병은 2번을 이겼다. 을과 병 두 사람 사이의 시합에서는 서로 이긴 횟수가 같았다.

─────〈보기〉─────

ㄱ. 총 시합 수는 30이다.

ㄴ. 갑은 병과 모두 4번 시합을 하였다.

ㄷ. 을과 병 사이의 전적은 2승 2패이다.

① ㄴ　　　　② ㄷ　　　　③ ㄱ, ㄴ

④ ㄱ, ㄷ　　　⑤ ㄴ, ㄷ

다음 글로부터 추론한 것으로 옳은 것만을 <보기>에서 있는 대로 고른 것은?

번역사 P는 고객 A, B, C로부터 문서를 의뢰받아 번역 일을 한다. P는 하루에 10쪽씩 번역한다. 모든 번역 의뢰는 매일 아침 업무 시작 전에 접수되며, A, B, C가 의뢰를 처음 시작하는 날짜는 동일하다. 고객들은 다음과 같이 일정한 주기로 일정한 분량을 의뢰하고, 모든 문서에는 각각 작업 기한이 있다.

○ A는 3일 주기로 10쪽의 문서를 의뢰하고, 기한은 3일이다.
○ B는 4일 주기로 20쪽의 문서를 의뢰하고, 기한은 4일이다.
○ C는 5일 주기로 10쪽의 문서를 의뢰하고, 기한은 5일이다.

P는 다음 원칙에 따라 번역한다.

○ 남은 기한이 짧은 문서를 우선 번역한다.
○ 남은 기한이 같으면 먼저 의뢰받은 문서를 우선 번역한다.
○ 우선순위가 더 높은 문서가 들어오면 현재 번역 중인 문서는 보류하고 우선순위가 높은 문서를 먼저 번역한다.

〈보기〉

ㄱ. P는 5일째 되는 날 A의 두 번째 문서를 번역한다.
ㄴ. P는 8일째 되는 날 C의 문서를 번역한다.
ㄷ. P는 60일째 되는 날, 그날까지 의뢰받은 A, B, C의 모든 문서를 번역할 수 있다.

---

① ㄱ   ② ㄴ   ③ ㄱ, ㄴ
④ ㄱ, ㄷ   ⑤ ㄴ, ㄷ

📝 **Note**

다음으로부터 추론한 것으로 옳은 것만을 <보기>에서 있는 대로 고른 것은?

A, B, C, D 네 팀이 서로 한 번씩 상대하여 총 6번 경기를 치르는 축구 리그전에서 각 팀이 2번씩 경기를 치렀다. 각 팀은 다음 〈규칙〉에 따라 승점을 얻는다.

〈규칙〉
○ 이기면 승점 3점, 비기면 승점 1점, 지면 승점 0점을 얻는다.
○ 승부차기는 없다.

4번의 경기를 치른 결과가 다음과 같다.

팀	승점	득점	실점
A	4	3	2
B	4	2	1
C	3	3	2
D	0	0	3

〈보기〉
ㄱ. A와 B는 0 : 0으로 비겼다.
ㄴ. B는 C와 아직 경기를 하지 않았다.
ㄷ. C는 D에 2 : 0으로 이겼다.

① ㄱ ② ㄴ ③ ㄱ, ㄷ
④ ㄴ, ㄷ ⑤ ㄱ, ㄴ, ㄷ

10

다음으로부터 추론한 것으로 옳은 것만을 <보기>에서 있는 대로 고른 것은?

> 심사단 100명이 가수 A, B, C, D의 경연을 보고 이중 제일 잘했다고 생각하는 한 명에게 투표한다. 각 심사자는 1표를 행사하며 기권은 없다. 이런 경연을 2번 실시한 뒤 2번의 투표 결과를 합산하여 최종 순위가 결정되고, 최하위자는 탈락한다. 1차와 2차 경연에 대해 다음 사실이 알려져 있다.
>
> ○ 1차 경연 결과 순위는 A, B, C, D 순이고, A는 30표, C는 25표를 얻었다.
> ○ 2차 경연 결과 1등은 C이고 2등은 B이며, B는 30표, 4등은 15표를 얻었다.
> ○ 각 경연에서 동점자는 없었다.

〈보기〉

ㄱ. 탈락자는 D이다.
ㄴ. A의 최종 순위는 3등이다.
ㄷ. 2차 경연에서 C가 얻은 표는 35표를 넘을 수 없다.

---

① ㄱ   ② ㄷ   ③ ㄱ, ㄴ
④ ㄴ, ㄷ   ⑤ ㄱ, ㄴ, ㄷ

정답 및 해설 p.182

Note

PART 3
필수 기초 논리학

I. 추리논증과 논리

추리논증은 그 이름에서도 알 수 있듯 '논증 능력'을 평가한다. '논증 능력'이라 함은, 특정한 주제에 대해 적절한 논증을 펼칠 수 있는 능력을 의미한다. 적절한 논증을 펼치기 위해서는 당연히 '논리적 사고'가 뒷받침되어야 할 것이다. 따라서 우리는 '논리'란 무엇인지, '논리'에 기반한 사고는 어떻게 기를 수 있는지에 대해 고민할 필요가 있다. 최근까지도 추리논증의 주류 학습법은 형식 논리에 기반한 논리학 학문 연구에 가까웠다. 대부분의 학원에서 기초 기본 수준의 커리큘럼에서 논리학에 많은 차수를 배정하고 있는 현실이 이를 잘 보여준다. 실제 시험에서 형식적 사고가 차지하는 비중을 고려할 때, 이는 실전적이지도, 효과적이지도 않은 학습법이다. 논리학 지식은 최소한의 범위에서, 문제 풀이에 활용할 수 있는 방식으로 학습하여야 한다. 본 장에서는 추리논증에 필요한 최소한의 논리적 지식을 학습한다.

논리학의 분류

(1) 형식 논리

　일상적 표현을 추상화하여 논리 규칙에 따라 형식적으로 판단하는 것

　　일상적 표현 - 만일 <u>오늘이 일요일</u>이라면, <u>내일은 월요일</u>이다.

　　추상화　ⓐ 만일 … 이라면, … 이다. ➜ … → …

　　　　　　ⓑ 오늘이 일요일 ➜ P

　　　　　　ⓒ 내일은 월요일 ➜ Q

　　형식적 표현 -　　　P　　　→　　　Q

　① 명제 논리: 명제 혹은 문장들을 추상화하여 그 논리적 관계를 체계화하는 학문
　② 술어 논리: 명제의 세부 요소까지 추상화하여 그 논리적 관계를 체계화하는 학문
　③ 양상 논리: 양상(Modality)을 추상화하여 그 논리적 관계를 체계화하는 학문

(2) 비형식 논리

　일상적 표현과 그 논증의 타당성을 평가하는 것

Ⅱ. 형식 논리

표준적인 형식 논리에서는 ① 동일률($\phi \rightarrow \phi$), ② 배중률($\phi \vee \neg \phi$), ③ 무모순율($\neg(\phi \wedge \neg \phi)$) 등의 전통적인 법칙들이 성립한다.[1] 이러한 법칙들은 항진식(tautology)의 일종이다.

1) 기호는 다음 절에서 설명한다.

① 동일률($\phi \rightarrow \phi$)은 "A이면 A이다"로 해석된다. 이는 존재론적 동일성을 표상하며, '모든 대상(ϕ)은 그 자신과 동일(ϕ)하며, 다른 대상($\neg \phi$)과는 다르다'는 것을 의미한다.

> 사과는 사과다.

② 배중률($\phi \vee \neg \phi$)은 "A이거나 A가 아니다"로 해석된다. 즉, '어떤 대상(ϕ)과 그것이 아닌 모든 것($\neg \phi$)'의 집합이 곧 전체 집합임을 의미한다.

> 사과이거나 사과가 아니다.

③ 무모순율($\neg(\phi \wedge \neg \phi)$)은 "A이면서 동시에 A가 아닌 것은 불가능하다"로 해석된다. 즉, 어떤 속성을 가짐과 가지지 않음이 동시에 있을 수 없음을 의미한다.

> 사과이면서 동시에 사과가 아닐 수는 없다.

1 명제 논리

국내에서 일반적인 교육과정을 거친 수험생이라면 고등학교에서 명제에 대해 학습하였을 것이다. 교과과정에서 명제의 핵심은 참 또는 거짓의 진리계와 집합과 명제 사이의 관계 파악이다. 우리는 더 나아가 명제 논리에서 사용되는 기호의 의미를 이해하고, 기본적인 논리 규칙들을 학습하는 것을 목표로 한다. 명제 논리는 표준 논리의 일종으로, 각 문장, 언명, 명제에 대해 참 또는 거짓의 진릿값을 할당하고 이를 형식적으로 해석한다.

1. 명제 논리의 기본 가정

명제 논리에서는 결정 가능한(decidable) 대상만을 다룬다. 여기서 대상에 대해 결정하여야 할 것은 그것의 진위이다. 진위(眞僞)는 참 또는 거짓을 의미한다. 이러한 진위를 가지는 대상들을 명제라 부르고, 그 진위를 진릿값이라 부른다.

> 명제: 진릿값을 가지는 대상

교과과정에서는 참·거짓을 명백히 판단할 수 있는 것을 명제로 정의한다. 따라서 조건에 따라 진릿값이 달라지는 문장은 명제가 아니다.

2. 명제 논리의 기호

형식 논리에서는 문장 표현을 추상화한 기호들이 다수 사용된다. 명제 논리에서 사용되는 기호는 다음과 같다.

연결사	기능	일상적 표현		종류	수리적 해석
~ ¬	부정	… 가 아니다.	not …	부정문	부정
∧ & ·	연언	그리고	and	연언문	논리곱
∨	선언	또는	or	선언문	논리합
→	단순함축	만일 … 이라면, … 이다.	if … , then …	조건문	
↔	단순동치	… 일 경우 그리고 그 경우에만 …	if and only if	쌍조건문	

3. 진리표

진리표는 명제들 사이의 관계를 시각화하기 위한 수단이다. 각 명제의 참·거짓(진릿값)과 연결사(연산자)를 활용해 도식적으로 진릿값을 연산하는 것이다. 명제 논리의 진리표는 논리연산의 그것과 동일하다. 모든 연산과 마찬가지로 논리연산에도 투입(input)과 산출(output)이 있다. 투입을 피연산자라 할 때, 임의의 연결사와 n개의 서로 다른 피연산자로 이루어진 진리표는 2^n의 행을 갖게 된다.

P	Q	P □ Q
T	T	α
T	F	β
F	T	γ
F	F	δ

P와 Q 2개의 피연산자에 대해 $4(2^2)$개의 행이 형성된다.

P	Q	P □ Q
1	1	α
1	0	β
0	1	γ
0	0	δ

진리표와 논리 연산을 통해 각 연결사를 설명하면 다음과 같다.

(1) 부정(NOT; ¬) Negative

P	¬P
T	F
F	T

- ¬P는 'P가 아니다.'라는 뜻이다.
- P가 '참'이라면, ¬P는 '참이 아닌 것'이 된다. 따라서 ¬P는 '거짓'이 된다.
- P가 '거짓'이라면, ¬P는 '거짓이 아닌 것'이 된다. 따라서 ¬P는 '참'이 된다.

(2) 연언(AND; ∧) Conjunction

P	Q	P∧Q
T	T	T
T	F	F
F	T	F
F	F	F

P	Q	P∧Q
1	1	1
1	0	0
0	1	0
0	0	0

- P∧Q는 'P이고 Q이다.'라는 뜻이다.
- P가 '참'이고 동시에 Q도 '참'일 때에만 성립한다.

(3) 선언(OR; ∨) Disjunction

P	Q	P∨Q
T	T	T
T	F	T
F	T	T
F	F	F

P	Q	P∨Q
1	1	1
1	0	1
0	1	1
0	0	0

- P∨Q는 'P 또는 Q이다.'라는 뜻이다.
- P가 '참'이거나 Q가 '참'일 때에 성립한다. 다시 말해, 'P와 Q 모두 거짓인 경우'가 아님을 의미한다.
- P와 Q가 모두 '거짓'인 경우에만 '거짓'이다(배타적 의미의 '또는'인 XOR과의 구분이 중요하다).

(4) 배타적 선언(XOR; ⊻, ⊕) Exclusive OR

P	Q	P⊻Q
T	T	F
T	F	T
F	T	T
F	F	F

P	Q	P⊻Q
1	1	0
1	0	1
0	1	1
0	0	0

- P⊻Q는 'P 또는 Q 둘 중 하나만 참이다.'라는 뜻이다.
- P가 '참'이고 Q가 '거짓'이거나 Q가 '참'이고 P가 '거짓'인 때에 성립한다.
- P와 Q가 모두 '참'이거나 '거짓'인 경우 모두 '거짓'이다.

(5) 부정 논리곱(NAND; ⊼) Negative AND

P	Q	P⊼Q
T	T	F
T	F	T
F	T	T
F	F	T

P	Q	P⊼Q
1	1	0
1	0	1
0	1	1
0	0	1

- P⊼Q는 '(P이고 Q이다.)는 거짓이다'라는 뜻이다.
- 즉, ¬(P∧Q)를 의미한다.

(6) 부정 논리합(NOR; ▽) Negative OR

P	Q	P▽Q
T	T	F
T	F	F
F	T	F
F	F	T

P	Q	P▽Q
1	1	0
1	0	0
0	1	0
0	0	1

- P▽Q는 '(P 또는 Q이다.)는 거짓이다'라는 뜻이다.
- 즉, ¬(P∧Q)를 의미한다.

(7) 조건문(If …, then … ; →, ⊃) Conditional

P	Q	P→Q
T	T	T
T	F	F
F	T	T
F	F	T

P	Q	P→Q
1	1	1
1	0	0
0	1	1
0	0	1

- P→Q는 'P이면 Q이다.'라는 뜻이다.
- 이때 P를 전건(前件_antecedent), Q를 후건(後件_consequent)이라 한다.
- P가 '참'이면 반드시 Q가 '참'이고, P가 '거짓'인 경우 Q는 어떤 진릿값을 가지건 무방하다.
- 즉, P→Q는 ¬P∨Q와 동일한 의미이다(P→Q ≡ ¬P∨Q).

(8) 쌍조건문(If and only if, EQV ; ↔, ≡) Biconditional

P	Q	P↔Q
T	T	T
T	F	F
F	T	F
F	F	T

P	Q	P↔Q
1	1	1
1	0	0
0	1	0
0	0	1

- P ↔ Q는 '오직 P인 경우에만 Q이다.'라는 뜻이다.
- 'P이면 Q이고, Q이면 P이다.' 또는 'P와 Q는 동치이다.'와 같은 의미이다.
- P가 '참'이면 반드시 Q가 '참'이고, P가 '거짓'인 경우 Q는 어떤 진릿값을 가지건 무방하다.
- 즉, P → Q는 ¬P∨Q와 동일한 의미이다(P → Q ≡ ¬P∨Q).

4. 명제 논리의 추론규칙

교과과정에서의 명제 단원을 떠올려 보자. 우리는 (p→q)라는 조건문의 추론규칙을 이미 학습한 바 있다. (p→q) 즉, 'p이면 q이다.'라는 조건명제에 대해 역·이·대우의 관계를 살펴본 것이다. 이를 정리하면 다음과 같다.

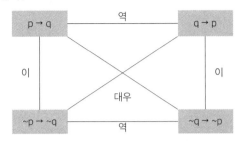

역(Converse)
원 조건명제의 전건과 후건의 순서를 뒤집어 만든 조건문

이(Inverse)
원 조건명제의 전건과 후건 각각을 부정하여 만든 조건문

대우(Contrapositive)
원 조건명제의 전건과 후건의 순서를 뒤집고, 각각을 부정하여 만든 조건문
이때, 기준이 되는 조건명제의 진릿값과 대우명제의 진릿값은 항상 같다.

---

(1) 전건 긍정(Modus Ponens)

P, P → Q ⊢ Q	P이면 Q이다. P이다. 따라서 Q이다.

'P이면 Q이다'와 'P이다'가 동시에 참이라면 반드시 Q가 참이 된다.

(2) 후건 부정(Modus Tollens)

¬Q, P → Q ⊢ ¬P	P이면 Q이다. ~Q이다. 따라서 ~P이다.

'P이면 Q이다'가 참이고 'Q이다'가 거짓이라면 반드시 P도 거짓이 된다.

(3) 선언 도입(∨I)

P ⊢ P∨Q	P이다. 따라서 P 또는 Q이다.

P가 참이라면, 'P 또는 Q이다.'는 항상 참이 된다.

(4) 선언 제거(∨E)

P∨Q, P ⇒ R, Q ⇒ R ⊢ R	P 또는 Q이다. P이면 R이다. Q이면 R이다. 따라서 (어떠한 경우에도) R이다.

P가 참이라면, P ⇒ R에 의해 R이다. 또한 Q가 참이라면 Q ⇒ R에 의해 R이다. P 또는 Q인 경우에만 참이므로 어떠한 경우에고 R이 된다. 선언적 삼단논법(P∨Q, ¬P⊢Q) 또는 복합양도논법(P∨Q, P⇒R, Q⇒S⊢R∨S)의 논리와 유사하다.

(5) 연언 도입(∧I)

P, Q ⊢ P∧Q	P이다. Q이다. 따라서 P이고 Q이다.

P가 참이라면, 'P 또는 Q이다.'는 항상 참이 된다.

(6) 연언 제거(∧E)

P∧Q ⊢ P	P이고 Q이다. 따라서 P이다.
P∧Q ⊢ Q	P이고 Q이다. 따라서 Q이다.

'P이고 Q이다.'가 참이라면 P도 참이고 Q도 참이다.

(7) 조건 도입(→I)

P⇒Q ⊢ P→Q	P가 Q를 수반할 때, 'P이면 Q이다.'

P를 가정하면 반드시 Q가 따라나올 때, 이는 조건문과 동일하다.

(8) 직접 귀류법(¬I)

P ⇒ ⊥ ⊢ ¬P	P이면 모순이다. 따라서 P가 아니다.

⊥는 모순을 뜻하는 기호이다. 명제 논리에서 모순은 무조건 거짓인 상황을 의미한다. P가 '참' 상황이 무조건 거짓이라면, ¬P는 무조건 '거짓'이 된다.

(9) 간접 귀류법 ¬E

¬P ⇒ ⊥ ⊢ P	P가 아니라면 모순이다. 따라서 P이다.

P가 '거짓'인 상황이 무조건 거짓이라면, P는 무조건 참이 된다. 이는 이중부정(¬¬P⊢ P) 또는 간접 추리(P→¬P⊢ ¬P)의 논리와 유사하다.

5. 명제 논리의 형식적 오류

형식적 오류란 부당한 추론이나 전제가 일관적이지 않은 경우를 의미한다. 명제 논리의 추론 규칙을 잘못 사용한 경우는 다음과 같다.

(1) 선언지 긍정의 오류

P∨Q, P ⊢ ¬Q	P 또는 Q이다. P이다. 따라서 Q가 아니다.

'P 또는 Q'가 참인 경우, P와 Q가 동시에 참일 수 있다. 이를 배타적 선언으로 오해하는 경우 선언지 긍정의 오류가 발생한다.

(2) 전건부정의 오류와 후건긍정의 오류

P→Q, ¬P ⊢ ¬Q	P이면 Q이다. P가 아니다. 따라서 Q가 아니다.
P→Q, Q ⊢ P	P이면 Q이다. Q이다. 따라서 P이다.

'P이면 Q이다.'가 성립하는 경우는 P가 참일 때, 반드시 Q가 참임을 의미한다. 앞서 제시한 조건문의 진리표를 검토하면 쉽게 이해할 수 있다.

(3) 매개념 부주연의 오류

P→R, Q→R	P이면 R이다. Q이면 R이다.
⊢ P→Q (Q→P)	따라서 P이면 Q이다. (또는 Q이면 P이다.)

'P이면 R이다.'와 'Q이면 R이다.'가 동시에 성립하더라도, P와 Q의 관계는 알 수 없다. 부당한 가언적 삼단논법의 오류라고도 한다.

(4) 사개명사의 오류

$P \rightarrow Q, R \rightarrow p \vdash R \rightarrow Q$	P이면 Q이다. R이면 p이다. R이면 Q이다.

'P이면 Q이다.'와 'R이면 P이다.'가 모두 참인 경우라면 당연히 'R이면 Q이다.'가 성립할 것이다. 그러나 P와 일견 동일하지만 서로 다른 개념에 해당하는 p를 제시하는 경우가 문제 된다. 예를 들어 'X는 한국 사람이다.'라는 문장에서 '한국 사람'은 X의 속성에 해당한다. 한편 '한국 사람은 김치를 좋아한다.'라는 문장에서는 '한국 사람'이 일반화된 군체로서의 의미로 사용되고 있다. 따라서 예의 두 문장이 모두 참인 경우에도 'X가 김치를 좋아한다.'는 따라 나오지 않는다.

6. 정언 명제(Categorical)

유형	표준명제	양	질
A	모든 S는 P이다.	전칭(주연)	긍정(부주연)
E	모든 S는 P가 아니다. 어떤 S도 P가 아니다.	전칭(주연)	부정(주연)
I	어떤 S는 P이다.	특칭(부주연)	긍정(부주연)
O	어떤 S는 P가 아니다.	특칭(부주연)	부정(주연)

정언 명제는 어떤 개념 S가 개념 P와 맺는 관계를 제시하는 명제이다. 이때 주부의 개념에 대해서는 양(quantity)을 술부의 개념에 대해서는 질(quality)을 기준으로 구분한다. 양은 전칭(全稱)과 특칭(特稱)으로 구분된다. 전칭은 개념에 속하는 모든 대상을, 특칭은 개념에 속하는 대상 중 일부를 지칭한다. 질은 긍정과 부정으로 구분된다.

(1) 표준명제의 유형

① A유형의 표준명제는 '모든 S는 P이다.'로 나타낸다. 이는 S에 속하는 모든 대상이 P에도 속함을 의미한다. → All S is P

② E유형의 표준명제는 '모든 S는 P가 아니다.'이다. 일반적으로 '어떤 S도 P가 아니다.'로 제시한다. S에 속하는 모든 대상이 P에 속하지 않음을 의미한다. → No S is P

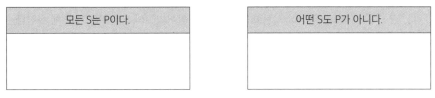

모든 S는 P이다.	어떤 S도 P가 아니다.

③ I유형의 표준명제는 '어떤 S는 P이다.'로 나타낸다. 이는 S에 속하는 대상 중 P에 속하는 것이 반드시 하나 이상 있음을 의미한다. → Some S is P

④ O유형의 표준명제는 '어떤 S는 P가 아니다.'이다. 이는 S에 속하는 대상 중 P에 속하지 않는 것이 반드시 하나 이상 있음을 의미한다. → Some S is not P

어떤 S는 P이다.	어떤 S도 P가 아니다.

(2) 대당사각형

S와 P를 집합으로 생각하자. 집합에 원소가 1개 이상 있는 경우를 가정할 때, 존재함축이라한다. 존재함축 여부에 따라 인정되는 대당 관계의 종류가 달라진다.

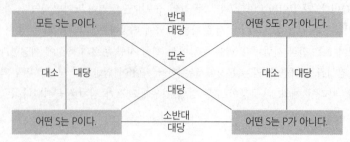

(3) 반대 대당

A와 E는 동시에 참일 수 없다. 존재함축이 인정된다면, A는 $n(S) \geq 1$인 S에 대해, $S \subset P$가 성립함을 의미한다. 반면, E는 $n(S) \geq 1$인 S에 대해, $S \subset P^c$가 성립함을 의미한다. 당연히 동시에 참일 수 없다.[2]

하지만 존재함축이 인정되지 않는다면, $n(S) = 0$인 경우에는 S는 공집합이 된다. 공집합은 P와 P^c의 부분집합이다. 이때 반대 대당은 성립하지 않게 된다.

(4) 소반대 대당

I와 O는 동시에 거짓일 수 없다. 존재함축이 인정된다면 I는 S의 원소 s_n에 대해, $s_n \in P$인 s_n이 하나 이상임을 의미한다. 반면, O는 S의 원소 s_m에 대해, $s_m \in P^c$인 s_m이 하나 이상임을 의미한다. I와 O가 둘 다 거짓인 경우는 s_n과 s_m 모두 존재하지 않음을 뜻한다. P와 P^c 어디에도 속하는 원소가 없으므로, $n(S) = 0$이 된다. 이때 $n(S) \geq 1$과 모순이다. 따라서 동시에 거짓일 수 없다. 하지만 존재함축이 인정되지 않는다면, $n(S) = 0$이 가능하므로 소반대 대당은 부정된다.

(5) 대소 대당

A와 I, E와 O 사이의 함축 관계를 의미한다. A가 참이면 I는 참이고, E가 참이면 O가 참이지만, I가 참이어도 A가 참임이 보장되지는 않으며, O가 참이어도 E가 참임이 보장되지 않는다. 이를 대소 대당이라 한다. 존재함축이 인정된다면 A가 참이면 S의 모든 원소가 P에 속한다. $\exists s_n \in P$, 즉 I는 당연히 성립할 것이다. E가 참이면 S의 모든 원소가 P^c에 속한다. $\exists s_m \in P^c$, 즉 O는 당연히 성립할 것이다. 반대로 $\exists s_n \in P$이나 $\exists s_m \in P^c$가 참이라 하여도 $S \subset P$나 $S \subset P^c$의 관계가 성립하는지 알 수 없다.

존재함축이 부정된다면, A가 참이면서 I가 거짓이거나 E가 참이면서 O가 거짓인 경우가 가능하다. S가 공집합인 경우 A, E는 무조건 참이 되지만, I와 O는 거짓이 되므로 대소 대당 관계는 사라진다.

(6) 모순 대당

A와 O, E와 I는 동시에 참일 수도, 동시에 거짓일 수도 없다. A가 참이면 $S \subset P$이다. 이때 $\exists s_m \in P^c$, 즉 O는 참일 수 없다. O가 참일 경우에도 A는 참일 수 없다. E가 참이면 $S \subset P^c$이다. 이때 $\exists s_n \in P$, 즉 I는 참일 수 없다. I가 참일 때에도 E는 참일 수 없다. 이는 존재함축의 인정 여부와 무관히 성립한다.

2) $\forall$는 All을 나타내는 기호(양화사)이며, $\exists$는 Exit를 나타내는 기호이다.
$S \subset P$를 양화사를 사용하여 표시한다면 다음과 같이 쓸 수 있다.
$\forall x \in S: x \in P$

(7) 정언삼단논법

삼단논법이란 대전제, 소전제, 결론으로 이루어진 3개의 식으로 구성된 논법을 의미한다.

대전제	모든 A는 B이다.
소전제	C는 A이다.
결론	C는 B이다.

정언삼단논법은 "p=q이고 q=r이다. 따라서 p=r이다."의 구조를 가진다. 이때 결론의 주부(여기서는 p, 주사)를 소명사, 술부(여기서는 r, 빈사)를 대명사라 하며, 둘 사이를 연결하는 명사를 중명사(M)라 한다. 소명사를 포함한 명제를 소전제, 대명사를 포함한 명제를 대전제라 한다. 중명사의 위치에 따라 격이 나누어진다.

	I격	II격	III격	IV격
대전제	M P	P M	M P	P M
소전제	S M	S M	M S	M S
결론	S P	S P	S P	S P

대·소전제와 결론이 각각 A, E, I, O형 중 무엇이냐에 따라 서로 다른 조합의 삼단논법을 구성할 수 있다. 이때 대전제, 소전제, 결론에 쓰인 정언명제의 유형에 따라 AAA 등으로 나타낸다.

256 = 4 × 4 × 4 × 4 (대전제의 형식 × 소전제의 형식 × 결론의 형식 × 격)

고전적, 현대적 해석에 따라 타당한 정언삼단논법의 사례를 정리하면 다음과 같다.

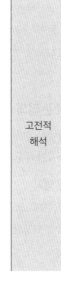

	I격	II격	III격	IV격	
현대적 해석	AAA				고전적 해석
		AEE		AEE	
	AII		AII		
		AOO			
	EAE	EAE			
	EIO	EIO	EIO	EIO	
			IAI	IAI	
			OAO		
	AAI		AAI	AAI	
		AEO		AEO	
	EAO	EAO	EAO	EAO	

다음 삼단논법을 증명해 보자.

AAA-1	모든 M은 P이다. 모든 S는 M이다. 따라서 모든 S는 P이다.
AEE-2	모든 P는 M이다. 어떤 S도 M이 아니다. 따라서 모든 S는 P가 아니다.
AEE-4	모든 P는 M이다. 어떤 M도 S가 아니다. 따라서 모든 S는 P가 아니다.
AII-1	모든 M은 P이다. 어떤 S는 M이다. 따라서 어떤 S는 P이다.
AII-3	모든 M은 P이다. 어떤 M은 S이다. 따라서 어떤 S는 P이다.
AOO-2	모든 P는 M이다. 어떤 S는 M이 아니다. 따라서 어떤 S는 P가 아니다.
EAE-1	어떤 M도 P가 아니다. 모든 S는 M이다. 따라서 어떤 S도 P가 아니다.
EAE-2	어떤 P도 M이 아니다. 모든 S는 M이다. 따라서 어떤 S도 P가 아니다.
EIO-1	어떤 M도 P가 아니다. 어떤 S는 M이다. 따라서 어떤 S는 P가 아니다.
EIO-2	어떤 P도 M이 아니다. 어떤 S는 M이다. 따라서 어떤 S는 P가 아니다.
EIO-3	어떤 M도 P가 아니다. 어떤 M은 S이다. 따라서 어떤 S는 P가 아니다.
EIO-4	어떤 P도 M이 아니다. 어떤 M은 S이다. 따라서 어떤 S는 P가 아니다.
IAI-3	어떤 M은 P이다. 모든 M은 S이다. 어떤 S는 P이다.
IAI-4	어떤 P는 M이다. 모든 M은 S이다. 어떤 S는 P이다.
OAO-3	어떤 M은 P가 아니다. 모든 M은 S이다. 어떤 S는 P가 아니다.

2 술어 논리

명제 논리가 가진 결정적인 한계는 분석의 기본 단위가 '명제'로 제한된다는 점이다. 술어 논리는 명제를 구성하는 대상과 술어 사이의 관계까지 기호화한다. 술어 논리 또는 양화 이론은 명제의 내적인 논리 구조에서부터 사실상 모든 형식의 논증을 기호화할 수 있다. 다만, 술어 논리를 사용하기에 앞서 전제되어야 하는 것은 기호화에 대한 엄밀한 기준을 세우는 것이다. 개별 구성성분의 언어적 의미를 명확히 이해하지 못한 상태에서 기호화를 사용하는 것은 의미가 없다.

1. 술어 논리의 기호화

앞서 언급한 것처럼 술어 논리는 문장의 구성 성분마저 기호화한다. 이는 명사와 술어에 대한 기호화 규칙이 필요함을 의미한다.

(1) 단칭 명사

단칭(單稱) 명사는 하나의 대상에 대해서만 참이 될 수 있는 명사로, 이름, 지시적 표현 등이 여기에 해당한다. 단칭 명사는 영어 소문자로 표현한다. 이를 개체상항이라 한다.

(2) 술어

술어는 직관적으로 이해할 수 있는 영어 대문자로 표현한다. 이를 술어상항이라 한다.

(3) 단칭 명제

(1)과 (2)를 조합하면 다음과 같은 형식으로 단칭 명제를 기호화할 수 있다.

ex. 전진명은 로스쿨에 다니고 있다. → Lj

(4) 개체변항

앞서 제시된 개체상항, 술어상항은 고정된 값을 가진다. 이는 단칭 명제만을 기호화할 수 있을 뿐 일반 명제를 기호화할 수 없다. 이를 위해 변항을 도입한다. 개체변항은 일반 명제를 기호화하기 위해 필요하다. 이때 개체상항 대신 변수를 나타내는 기호인 x, y, z를 이용해 개체변항을 나타낼 수 있다. 이렇게 만들어진 일반 명제를 열린 문장이라 한다.

ex. 사과는 맛있다. → Da   ⇒   x는 맛있다. → Dx

(5) 양화사

열린 문장은 참, 거짓을 따질 수 없는 문장이다. 양화사를 통해 개체변항을 제한하면 열린 문장을 참, 거짓을 따질 수 있는 식으로 바꿀 수 있다. 양화사는 한량자라 부르기도 한다.

존재양화사	∃	∃xistential quantifier	(∃x) ~ 한 것이 존재한다.
보편양화사	∀	∀niversal quantifier	(∀x) 모든 것이 ~ 하다.

2. 일항술어 - 일차술어논리

개체변항이 1개인 것을 일항 또는 일차술어논리라 한다. 개체변항의 수가 늘어나면 n차 술어논리가 된다.

(1) 정언 명제

A	모든 S는 P이다.	$\sim\exists x(Sx \cdot \sim Px)$
E	어떤 S도 P가 아니다.	$\sim\exists x(Sx \cdot Px)$
I	어떤 S는 P이다.	$\exists x(Sx \cdot Px)$
O	어떤 S는 P가 아니다.	$\exists x(Sx \cdot \sim Px)$

(2) 양화사의 부정

$\sim(\exists x)Sx \leftrightarrow (\forall x)\sim Sx$ ⇒ $(\exists x)Sx \leftrightarrow \sim(\forall x)\sim Sx$

$\sim(\forall x)Sx \leftrightarrow (\exists x)\sim Sx$ ⇒ $(\forall x)Sx \leftrightarrow \sim(\exists x)\sim Sx$

(3) 보편 예화

$(\forall x)\phi x \vdash \phi a$ ⇒ 모든 x가 φ하다면, x 중 어느 하나인 a도 당연히 φ한다.

(4) 존재 일반화

$\phi a \vdash (\exists x)\phi x$ ⇒ 어떤 a가 φ하다면, φ한 x가 존재한다.

(5) 보편 일반화와 존재 예화

시험의 범위를 넘어가므로 생략한다.

3 양상 논리

양상 논리는 비표준 논리의 일종이다. 가능성이나 필연성 등의 다양한 양상을 형식적으로 체계화하는 것을 목적으로 한다. 본서에서는 양상 논리가 다루고자 하는 영역만을 간단히 검토하도록 한다.

1. 연산자

각 연산자의 의미는 다루는 양상에 따라 달라진다.

□P	필연적이다	마땅하다	$\Box \phi \leftrightarrow \neg \Diamond \neg \phi$
◇P	가능하다	허용된다	$\Diamond \phi \leftrightarrow \neg \Box \neg \phi$

2. 양상 논리에서의 공리틀

공리는 하나의 체계 내에서 변동이 없다. 그러나 양상 논리는 다루는 양상에 따라 공리 체계가 달라질 수 있다. 아래는 추가될 수 있는 공리틀의 예시이다.

□(A→B) → (□A→□B): A이면 B가 필연적이라면, A가 필연적일 때, B도 필연적이다.

□A → ◇A : A가 필연적이라면, A는 가능한 것이다.
□A → A : A가 필연적이라면, A는 사실이다.

III. 논리적 추론

1 논증

논증: 전제1+전제2+전제3+ ... → 결론

논증이란 일정한 근거를 들어 주장을 펼치는 것이다. 이때 근거를 전제, 주장을 결론이라 할 수 있다. 모든 논증에는 적어도 하나 이상의 결론과 전제가 포함되어 있으며, 어느 한 결론이 다른 논증의 전제가 되거나, 어느 한 결론의 전제가 다른 논증의 결론이 되기도 한다. 모든 논증이 전제와 결론을 전부 명시적으로 드러내는 것은 아니며, 전제나 결론을 일부 생략하기도 한다. 이때 빠진 전제를 암묵적 전제라 부른다.

2 논증의 유형

논증을 통해 전제에서 결론을 도출하는 방법은 다양하다. 이를 성격에 따라 연역논증 또는 귀납논증으로 구분한다. 전제가 참일 때 결론도 항상 참이 되는 논증을 연역논증이라 부르며, 전제가 모두 참이더라도 결론이 항상 참이 되는 것이 아닌, 즉, 연역논증이 아닌 논증들을 귀납논증이라 부른다.

1. 연역논증

보편적 사실로부터 구체적 사실을 추론하는 것을 연역논증이라 부른다. 앞에서 살펴본 형식 논리는 연역논증의 추론규칙에 해당한다. 전제가 모두 참이면서 타당한 규칙을 사용하였다면 언제나 그 결론이 필연적으로 참이어야 하는 것이다. 혹자는 연역논증을 형식에 호소하는 논증이라 평가하기도 한다. 새로운 정보를 도출하는 것이 아닌 이미 알고 있는 정보를 형식적으로 가공하는 것에 불과하다는 것이다.

예시: 수학적 증명, 형식 논리 등

2. 귀납논증

구체적 사실로부터 보편적 사실을 추론하는 것을 귀납논증이라 한다. 귀납논증은 절대적 참을 보장하지 않는다. 귀납논증은 참인 전제들이 많을수록 결론이 참일 확률이 높아진다. 때문에 귀납논증을 '전제가 결론을 개연적으로 뒷받침하는' 논증이라고도 한다. 결론이 전제의 범위를 벗어나기 때문에, 기존의 정보를 뛰어넘는 새로운 정보를 생산한다. 인식론적 관점에서 귀납논증이 연역논증과 대비되는 핵심적인 영역이다. 그러나 사례에 기반하는 만큼, 반증되는 것 또한 쉽다. 귀납논증은 그 자체로도 다양한 쟁점을 담고 있고, 과학철학 문제로도 자주 출제되고 있으므로 상세히 알아둘 필요가 있다.

(1) 귀납적 일반화

귀납적 일반화란 반복된 사례/관측을 일반화하여 결론을 도출하는 것을 의미한다.

> A_1은 까마귀인데 검다.
> A_2도 까마귀인데 검다.
> A_3도 까마귀인데 검다.
> ....
> A_n도 까마귀인데 검다.
> ─────────────────────────
> 그러므로, 모든 까마귀는 검다.

(2) 통계적 삼단 논법

통계적 삼단 논법은 연역논증의 삼단논법 형식에 확률적 표현을 넣어 확률적 결론을 끌어낸다. 전제에서 확률적 요소가 들어가는 것이 핵심이다.

> 대부분의 A는 B이다.
> a는 A이다.
> ─────────────────────────
> 따라서, a는 아마도 B일 것이다.

(3) 유비추론

유비추론은 일치법을 활용하여 판단한 결과, 여러 속성이 일치하는 대상들은 다른 속성도 일치할 것이라고 추측하는 것이다.

> A는 B와 p_1, p_2, ... p_n이라는 점에서 비슷하다.
> A가 Q라는 속성을 가졌다.
> ─────────────────────────
> 그러므로, B 또한 Q라는 속성을 가질 것이다.

(4) 가설추리

가설추리는 어떤 사건을 설명하기 위한 최선의 가설을 선정하는 것을 의미한다.

> E라는 사건이 있다.
> E를 설명하는 H_1 ~ H_n의 가설이 있다.
> H_k 가설이 E를 가장 잘 설명한다.
> ─────────────────────────
> 따라서, H_k 가설은 참이다.

(5) 귀납추론의 문제점(한계)

귀납추론은 연역추론과 달리 결론이 참임이 보장되지 않는다. 단 하나의 반례로 전체 논증이 부정될 수 있기 때문이다. 귀납추론의 한계를 지적하는 예시로는 러셀의 흑조 논변, 헴펠의 까마귀의 역설 등이 있다. 이 자체로 과학철학사를 관통하는 주제인 만큼 기본 과정에서 더 깊이 다룰 예정이다.

연역과 귀납의 비교

연역논증	귀납논증
• 전제가 모두 참이면 결론도 반드시 참이다. • 전제가 모두 참임에도 결론이 참이 아니라면 오류를 범한 것이다. • 결론은 전제로부터 필연적으로 도출된다. • 연역논증으로 제시된 결론은 새로운 정보를 제공하지 못한다. • 결론이 전제에 내포되어 있다. • 분석적, 설명적 논증	• 참인 전제의 수가 결론이 참일 확률을 높인다. • 결론이 참임을 보장할 수 없다. • 전제와 결론은 개연적 관계이다. • 귀납논증으로 제시된 결론은 새로운 정보를 제공한다. • 결론은 전제를 넘어선다. • 확장적 논증

3 논증의 타당성과 건전성

논증에는 좋은/올바른 논증과 나쁜/잘못된 논증이 있다. '어떤 논증이 좋은 논증이고, 올바른 논증인지'를 판단하는 능력은 모든 적성시험에서 요구하는 핵심 요소이다. 적성시험에 제시된 선지의 정오를 평가하기 위해 선지와 본문 사이의 논리적 연관성을 검토하거나, 논증적 대립 관계를 분석하는 것은 필수적이다. 그렇다면 어떤 논증이 좋은 논증인가? 이를 판단하는 두 가지 기준이 바로 논증의 타당성과 건전성이다.

1. 타당성

타당성은 논증에 형식적 오류가 없는 것을 의미한다. 논증의 결론이 전제로부터 유도되기만 한다면, 그 내용의 진릿값과는 관계없이 타당한 논증이 된다. 즉, 논증의 전제와 결론이 모두 거짓이라도 타당할 수 있다. 다음의 사례를 보자.

아돌프 히틀러는 여대생이다.	F	
따라서 아돌프 히틀러는 여자이다.	F	타당한 논증

아주 특수한 상황을 고려하지 않는다면, 두 문장은 형식적으로 타당하다. 아돌프 히틀러가 아닌 어떤 대상이 들어가더라도 여대생이면 여자라는 추론이 가능할 것이다. 두 문장 모두 당연히 거짓이지만, 형식적으로는 타당한 논증이 된다.

아돌프 히틀러는 미대생이다.	T	
따라서 아돌프 히틀러는 여자이다.	F	부당한 논증

위의 경우는 어떠한가? 미대생에서 여자임을 추론할 수는 없다. 따라서 부당한 논증이 된다. 마지막으로 다음의 사례를 보자.

아돌프 히틀러는 미대생이다.	T	
따라서 아돌프 히틀러는 남자이다.	T	부당한 논증

이 경우 각각의 문장은 역사적 사실이다. 그러나 앞선 사례와 같이 미대생에서 남자임을 추론할 수는 없다. 따라서 부당한 논증이다. 타당한 논증의 성질을 정리하면 다음과 같다.

ⓐ **전제들이 결론을 잘 지지한다.**
전제와 결론 사이에 지지 관계가 존재하지 않는다면, 당연히 부당한 논증이다. 전제와 결론 사이에 지지 관계가 존재한다면, 전제가 거짓인 경우에도 타당한 논증이 가능하다.

ⓑ **전제들이 참이면 곧 결론도 참이어야 한다.**
형식적 추론규칙을 따를 때 전제가 참이면 결론이 참인 것은 '반드시' 따라 나온다. 그러나 전제와 결론이 참인 것만으로는 논증이 타당한지 알 수 없다.

ⓒ **전제들이 모두 참이면 결론이 거짓일 수 없다.**
반례가 제시될 수 없는 논증이 타당한 논증이다. 반례를 제시하는 것이 논리적으로 불가능하다면 전제가 참일 때 반드시 결론이 참이 된다.

2. 건전성

논증이 타당하다고 해서 언제나 좋은/올바른 논증은 아니다. 타당성의 성질에서 언급한 것처럼 전제가 거짓인 경우에도 타당한 추론이 가능하기 때문이다. 건전성은 좋은/올바른 논증을 평가하기 위해 타당성에 더하여 '전제가 모두 참일 것'을 요건으로 제시한다. 이는 곧, 타당한 논증의 전제가 모두 참일 경우 결론이 진리임이 보장되기 때문이다.

---

cf. 연구방법론에서의 타당성과 신뢰성

① 타당성

　방법론에서의 타당성은 척도가 설계자의 목적에 부합하는 결론을 얼마나 잘 반영하는지를 의미한다.

② 신뢰성

　방법론에서의 신뢰성은 척도의 분산이 최소화되는 것을 의미한다.

---

3. 반론의 기술

논증에 있어서 약화는 곧 '반론의 기술'이다. 눈치챘겠지만 앞서 제시한 타당성과 건전성을 공략하는 것이 반론의 기술이다. ⓐ 형식적/비형식적 부당성을 입증하거나 ⓑ 전제의 일부가 거짓임을 밝히기만 한다면 더 이상 그 논증은 절대적 진리가 아니게 된다. 수험생의 입장에서 논리학을 학습해야 할 이유가 있다면 바로 이 반론의 기술을 습득하기 위함이다. 앞 장에서 학습한 명제 논리는 형식적 타당성을 검증하는 가장 기초적인 수단이다. 여기에 더하여 술어 논리와 양상 논리의 핵심적인 개념을 습득하는 것으로 형식적 타당성을 검증하기 위한 준비는 되었다. 남은 것은 비형식적 오류를 학습하는 것이다.

Ⅳ. 비형식적 오류

비형식적 오류는 논증의 내용으로 인해 논증의 타당성을 해하는 오류를 의미한다. 주어진 논증이 형식적으로는 무결한 경우라 하더라도, 그 의미론적 측면에서 부당한 경우를 의미한다. 크게 관계의 오류, 추정의 오류, 애매의 오류로 구분할 수 있다.

1 관계의 오류

논증과 관계없는 내용을 근거로 삼아 논증을 전개한다. 대표적인 사례로 범죄자가 본인의 불우한 가정사를 언급하며 선처를 주장하는 경우와 같이 연민에 호소하는 것으로, 관계가 없는 근거에 의존하는 오류이다. 관계의 오류에는 다음의 사례가 있다.

상황 호소	인간에 대한 논증	인식적 오류
• 연민에의 호소 • 군중에의 호소 • 권위에의 호소 • 힘에의 호소	• 인신공격 • 정황적 논증 • 발생적 오류 • 피장파장의 오류 • 우물물에 독 뿌리기	• 무지로부터의 논증 • 실용주의적 오류 • 논점 일탈

2 추정의 오류

논리적으로 추정할 수 있는 범위를 넘어서는 경우 발생하는 오류로 귀납추론과 인과추론에서 주로 발생한다.

귀납추론의 오류	인과추론의 오류	언어/의미론적 오류
• 우연의 오류 • 성급한 일반화	• 선후인과의 오류 • 인과역전의 오류 • 제3의 공통원인 • 선결문제의 오류	• 지향적 오류 • 자연주의적 오류 • 복합질문

3 애매의 오류

논증에 사용된 용어의 애매함, 문장 해석의 애매함 등 의미론적 관점에서 다층적 해석이 가능하거나, 오해가 발생한 경우를 의미한다. 매개념 부주연의 오류도 애매어로 인한 오류라 볼 수 있다.

애매어의 오류	문장의 오류
• 애매어 • 의미 vs 내용 • 속성 vs 관계 • 기호 vs 지시대상 • 실체화 • 범주착오 • 은밀한 재정의 • 미끄런 비탈길	• 애매구 • 강조의 오류 • 분해 vs 결합

한 번에 합격, 해커스로스쿨
lawschool.Hackers.com

PART 4
연구방법론

I. 연구방법론의 이해

1 연구방법론과 법학적성시험

연구방법론이란 과학적 탐구 과정 전반의 절차와 방법을 탐구하는 학문이다. 연구문제와 이에 따른 가설을 설정하고, 검증을 위한 적절한 연구 설계와 표집틀을 만드는 것이 방법론의 핵심 주제이다. 연구방법론은 크게 ⓐ 연구 설계의 구조와 논리, ⓑ 관찰의 방식, ⓒ 철학적 배경으로 나누어 설명할 수 있다. 또한 연구 방식에 따라 ⓧ 양적방법론과 ⓨ 질적방법론으로 나뉜다. 우리 시험에서는 통계 분석은 진행하지 않으므로 제한적인 범위 내에서의 양적방법론과 질적방법론을 활용하는 것으로 이해하면 된다. 특히 추리논증에서는 연구문제와 가설이 주어진 상태에서 선지에 제시된 사례가 방법론적으로 올바른지, 방법론에서 활용하는 추론 방식이 적절한지 등을 평가하는 수준에 그친다. 아래는 대표적인 연구방법론 소재의 출제 사례이다.

㉠을 입증하는 실험결과에 포함될 수 없는 것은?   2021학년도 LEET 문25

> 사회과학에서 고전적 실험연구는 실험결과를 현실 세계로 일반화시킬 수 없을 가능성이 있다. 예를 들어 '흑인이 영웅으로 등장하는 영화 관람'(실험자극)이 '흑인에 대한 부정적 편견 정도'를 줄이는지를 알아보고자 실험연구를 수행한 결과 다음과 같은 사실이 관찰되었다고 하자. 첫째, 실험자극을 준 실험집단의 경우 사전조사보다 사후조사에서 편견 정도가 낮았다. 둘째, 실험자극을 주지 않은 통제집단에서는 사전과 사후조사에서 편견 정도의 변화가 없었다. 이 경우 영화 관람이 실험집단 피험자들의 편견 정도를 줄였다고 볼 수 있다. 그러나 그 영화를 일상생활 중 관람했다면 동일한 효과가 나타날 것이라고 확신할 수는 없다. 실험에서는 사전조사를 통해 피험자들이 이미 흑인 편견에 대한 쟁점에 민감해져 있을 수 있기 때문이다. 이 문제를 해결하기 위해서는 사전조사를 하지 않는 실험을 추가한 〈실험설계〉를 해야 한다. 이를 통해 ㉠ 영화 관람이 편견 정도를 줄였다는 것을 입증하는 실험결과를 발견한다면 일반화 가능성을 높일 수 있다.
>
> 〈실험설계〉
> ○집단 1: 사전조사 ──────→ 실험자극 ──────→ 사후조사
> ○집단 2: 사전조사 ──────────────────→ 사후조사
> ○집단 3: 사전조사 없음 ──→ 실험자극 ──────→ 사후조사
> ○집단 4: 사전조사 없음 ────────────────→ 사후조사
>
> 　단, 집단 1~4의 모든 피험자는 모집단에서 무작위로 선정되었다.

① 집단 1에서 사후조사 편견 정도가 사전조사 편견 정도보다 낮게 나타났다.
② 집단 1의 사후조사 편견 정도가 집단 2의 사후조사 편견 정도보다 낮게 나타났다.
③ 집단 3의 사후조사 편견 정도가 집단 2의 사전조사 편견 정도보다 낮게 나타났다.
④ 집단 3의 사후조사 편견 정도가 집단 4의 사후조사 편견 정도보다 낮게 나타났다.
⑤ 집단 4의 사후조사 편견 정도가 집단 1의 사후조사 편견 정도보다 낮게 나타났다.

② 연구방법론의 핵심 개념

연구의 시작과 끝은 지식의 획득 과정이다. 이러한 지식의 획득 방법에는 여러 가지가 있으나, 아래에서 학습할 과학적 방법론은 논리적이며 합리적이고, 또한 경험으로 검증 가능한 것이다.

1. 지식획득방법의 유형

① 권위적 방법: 권위에 호소하는 cf. 전문가의 지식
　　권위적, 계층적으로 구성된 지식 생산자의 정보를 받아들이는 경우
　　　예 봉건사회의 군주, 신권정치사회의 성직자, 기술관료 사회의 과학자
② 신비적 방법: 초자연적 권위에 호소하는
　　예언가, 영매 등 초자연적 권위를 가진 자들의 정보를 받아들이는 경우
　　지식소비자의 심리(믿음)상태가 핵심적인 기반
③ 논리적·합리적 방법
　　논리와 규칙을 바탕으로 의문을 해결하고 지식을 획득함
　　연역적·형식적 방법론 (삼단논법 등) → 전제에 기반하여 판단하므로 귀납적 증거가 필요(한계)
④ 경험적 방법
　　관찰에 근거한 경험만을 지식으로 간주
　　→ 일상적 경험 또는 관측 도구의 한계, 선험적, 추상적 개념에 대한 거부의 문제
⑤ 과학적 방법
　　논리적 연구 과정을 경험적 관찰로 검증하는 합리주의와 경험주의의 결합
　　특징: ⓐ 재현가능성, ⓑ 지각가능성, ⓒ 도구객관성
　　　　　→ 모두가 합의에 도달할 수 있는 규칙이 필요 → 연구방법론의 필요성
　　과학적 방법의 단계: 관찰 - 가설 - 검증 - 이론화

위 지식획득방법에서 모든 지식이 과학에 근거해 창조되어 온 것은 아니라는 점을 알 수 있다. 과학적 방법이 개발되기 전에는 비과학적인 방법으로 새로운 지식을 창조해 왔다. 그러나 검증 가능한 지식획득 과정과 절차를 통해 만들어진 과학적 지식만이 조직적인 이론체계로서 작동할 수 있다.

2. 과학적 연구의 일반적 절차

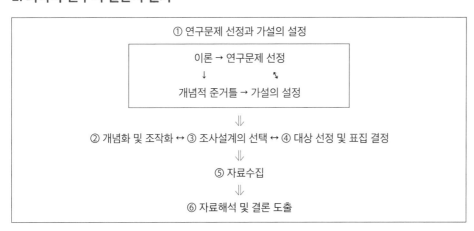

(1) 연구문제의 선정

경험적 연구를 위해 연구자의 관심, 아이디어, 이론 등 다양한 원천에서 문제를 선정하는 것을 연구문제의 선정이라 한다. 우리 시험에서는 연구문제를 사전에 결정하여 제시한다. 시의 성과 소재의 중요성, 출제 용이성을 고려하여 연구문제를 예측하는 것도 필요하다.

(2) 가설설정

제기된 문제에 대한 잠정적 해답으로, 과학적 지식에 도달하기 위한 기준이 된다. 우리 시험에서는 많은 경우 가설을 제시하고 이를 평가케 하는 문제가 출제되는데, 가설이 어떤 연구 문제에 대한 대답인지를 파악하는 것이 문제 풀이의 핵심적인 요소가 될 수 있다.

(3) 연구대상 선정

모집단과 표본의 크기를 결정하고, 그 추출법을 결정하는 과정이다. 지난 절에서 본 것과 같이 우리 시험에서도 표본 추출과 관련한 문제가 출제된 바 있다.

A의 계획에 대한 평가로 옳은 것만을 <보기>에서 있는 대로 고른 것은? 2018학년도 LEET 문19

연구자 A는 우리나라 기독교인들의 특성을 알아보기 위해 설문조사를 시행하려고 한다. 이를 위해서는 우리나라 기독교인을 대표할 수 있는 표본을 뽑아야 한다. 이 표본으로부터 얻은 정보에서 모집단인 우리나라 전체 기독교인의 정보를 추론하려는 것이다. 이를 위해서는 A가 뽑은 표본의 총체적 특성이 모집단인 전체 기독교인의 총체적 특성에 거의 근접해야 하며, 이러한 표본을 대표성 있는 표본이라고 한다. 표본의 대표성을 확보하기 위해서는 전국의 모든 기독교인들이 표본으로 뽑힐 확률을 동일하게 해야 한다. 또한 표본의 대표성은 많은 수의 기독교인을 뽑을수록 높아질 것이다. 만약 우리나라 모든 기독교인의 명단이 있다면, 이로부터 충분히 많은 수의 교인을 무작위로 뽑으면 된다. 하지만 그러한 명단은 존재하지 않는다. 대신 초대형교회부터 소형교회까지 전국의 모든 교회를 포함하는 교회 명단은 존재하므로, A는 이 명단으로부터 일정 수의 교회를 무작위로 뽑기로 하였다. 다음 단계로 이 교회들의 교인 명단을 확보하여 이 명단으로부터 각 교회 당 신도 일정 명씩을 무작위로 뽑기로 하였다. 이렇게 하여 A는 1,000명의 표본을 대상으로 설문조사를 실시하려고 계획한다. 여기서 고려할 점은 집단의 구성원들이 동질적일수록 그 집단으로부터 뽑은 표본은 그 집단을 더 잘 대표할 것이며, 교회처럼 자연스럽게 형성된 집단에 속한 사람들은 전체 모집단에 속한 사람들과 비교할 때 일반적으로 더 동질적이라는 사실이다.

〈보기〉

ㄱ. 이 표본은 전국의 모든 기독교인들이 뽑힐 확률을 동일하게 하였으므로 대표성이 높다.
ㄴ. 뽑을 교회의 수를 늘리고 각 교회에서 뽑을 신도의 수를 줄이는 것보다, 뽑을 교회의 수를 줄이고 각 교회에서 뽑을 신도의 수를 늘리는 것이 표본의 대표성을 더 높인다.
ㄷ. 표본의 대표성을 높이기 위해서는 교회가 뽑힐 확률을 교인 수에 비례하여 정해야 한다.

① ㄱ   ② ㄷ   ③ ㄱ, ㄴ
④ ㄴ, ㄷ   ⑤ ㄱ, ㄴ, ㄷ

---

(4) 개념화 및 조작화

연구에 사용되는 주요 개념들의 의미를 분명히 밝히고(개념화), 관찰을 통해 측정할 수 있도록 조작적으로 정의(조작화)하는 것을 의미한다. 조작적으로 정의된 개념은 측정도구로서 타당성과 신뢰성이 문제된다.

(5) 조사설계

조사설계란 연구문제의 해답에 필요한 경험적 증거를 수집하기 위해 사용하는 조사 계획을 의미한다. 양적연구에서는 자료분석에 통계기법을 활용하고, 질적연구에서는 단어형태로 수집된 자료를 주제와 범주로 분석하게 된다. 각각의 연구문제와 목적에 따라 조사설계가 달라진다. 이때, 분석단위 선정과 관련된 오류가 발생할 수 있으며, 아래와 같은 오류들은 연구방법론의 주요 문제이자 동시에 우리 시험의 핵심 논제이기도 하다.

분석단위 해석의 오류
① 생태적 오류: 집단 → 개인
② 환원주의적 오류: ⓐ 개인 → 집단 / ⓑ 변수선정의 단순화

---

3. 연구의 종류

(1) 자료의 가공 수준에 따른 구분

자료를 수집하는 것 또한 연구의 범주에 들어가며, 자료의 가공 수준에 따라 연구를 분류할 수도 있다.

(2) 자료수집 환경에 따른 구분

실험실 연구와 현장 연구로 나누어 볼 수 있다. 대부분의 경우 실험실 연구로 이루어지지만, 우리 시험에서는 사회 단위의 거대 실험을 문제로 출제하는 경우도 있다.

(3) 자료수집 형태에 따른 구분

양적연구와 질적연구를 구분하는 기준이 바로 자료의 형태이다.

(4) 시간에 따른 구분

연구가 다루는 시간적 범위에 따라 횡단적 연구와 종단적 연구로 나눌 수 있는데, 횡단적 연구는 단일 시점에서 다수의 분석단위를 연구하는 것이며, 종단적 연구는 여러 시점에서 다수의 분석단위를 연구하는 것이다. ① 시계열 연구, ② 코호트 연구, ③ 패널 연구가 있다.

> ① 시계열 연구: 연구대상을 여러 시점에서 관찰한 다음 비교하는 연구 - 모집단, 표본 불일치
> ② 코호트 연구: 특정 경험을 같이하는 집단 연구 - 모집단 일치, 표본 불일치
> ③ 패널 연구: 동일 집단을 반복적으로 연구 - 모집단 일치, 표본 일치

(5) 기타 연구

참고자료로 제시된 기술적 연구에 대응되는 개념으로 규범적 연구 또한 검토할 필요가 있다.

4. 이론

이론은 둘 이상의 상호 관련된 개념들이 가지는 연결관계 또는 규칙성을 연역적, 또는 귀납적으로 나타낸 것을 의미하며, 정확하고, 일반적이며, 간명하여야 한다. 또한 다른 변수에 의해 설명력을 잃지 않아야 좋은 이론이라 할 수 있다.

※ 이론과 개념적 준거틀에 대한 구체적인 설명은 시험과 관련이 없으므로 생략한다.

5. 개념과 변수

변수는 추상적인 개념을 구체화하여 측정 가능한 형태로 정의한 것이다. 변수 사이에는 다음과 같은 세 가지 관계가 성립할 수 있다.

> **변수 사이의 관계**
> ① 대칭적 관계   A ↔ B
> ② 상호 인과적 관계   A ⇆ B
> ③ 비대칭적 관계   A → B, A ← B

변수는 이론상에서, 즉 연구과정에서 어떤 위치를 갖느냐에 따라 그 유형이 달라진다. 다음을 참고한다.

변수의 유형	
① 독립변수 ② 종속변수 ③ 조절변수 ④ 매개변수 ⑤ 선행변수 ⑥ 구성변수 ⑦ 왜곡변수 ⑧ 억제변수 ⑨ 외재적 변수 ⑩ 통제변수	선행변수 → 독립변수 → 매개변수 → 종속변수 조절변수 ↘ ⊕ 억제변수 통제변수 왜곡변수

(1) 독립변수

연구자가 연구 가설에서 종속변수의 변화를 초래하는 원인으로 추정한 변수를 뜻한다.

(2) 종속변수

독립변수의 변화에 따른 결과로 변화하게 되는 변수를 뜻한다. 독립변수와 종속변수가 함께 변화하면 상관성이 있는 것으로 파악한다.

(3) 조절변수

조절변수는 다른 변수들 사이의 관계를 조절하거나 영향을 미쳐, 상관성에 변화를 주는 제3의 변수를 뜻한다. 조절변수의 효과를 조절효과라 한다.

(4) 매개변수

독립변수와 종속변수 사이를 이어주는 변수로 독립변수의 결과가 매개변수가 되며, 매개변수의 결과가 종속변수가 되는 경우를 뜻한다. 이때 종속변수의 직접적인 원인은 매개변수가 된다.

(5) 선행변수

인과관계에서 독립변수에 앞서면서 동시에 독립변수에 대해 유효한 영향력을 행사하는 변수를 선행변수라 한다. 선행변수와 독립변수의 관계는 독립변수와 매개변수와의 관계와 유사하다. 선행변수에 대해 유의할 것은, 선행변수 통제 시 독립변수와 종속변수 사이의 관계가 사라져서는 안 되며, 독립변수 통제 시 선행변수와 종속변수 사이의 관계가 사라져야 한다는 점이다.

(6) 구성변수

개념의 조작적 정의를 통해 개념의 층위를 조절하는 과정에서, 포괄적 개념의 하위 개념이 제시되는 경우를 의미한다. 우리 시험에서는 중요하지 않다.

(7) 왜곡변수

두 변수 사이의 관계를 정반대의 인과로 나타나게 하는 제3의 변수를 뜻한다.

(8) 억제변수

두 변수 사이의 관계를 약화시키거나 없는 것으로 보이게 하는 제3의 변수를 뜻한다.

(9) 외재적 변수

독립변수와 종속변수 사이의 관계를 오해케 하는 것으로 외생적 오류의 주요 원인이 된다.

(10) 통제변수

연구 과정에서 검토하지 않기로 한 변수로, 외재적 변수 중 이미 확인된 것을 통제한다.

Ⅱ. 인과·가설·실험추론

1 인과추론

1. 인과관계의 요건과 인과추론의 종류

연구방법론에서 인과관계는 두 변인 사이의 인과(因果)에 대한 믿음, 즉 한 변인이 다른 한 변인의 원인이 된다는 믿음을 의미한다. 두 변인 X, Y 사이에 인과관계가 있다면 반드시 상관관계가 존재한다. 상관관계는 한 변인이 변화하면 다른 한 변인도 변화함을 뜻한다. J.S.Mill은 이러한 인과관계의 조건으로 다음 3가지 요건을 제시하였다.

인과관계의 요건

① 시간적 선행성
② 상관성: 상관성의 강도 및 일관성
③ 허위변인 배제 / 제3의 공통요인 배제 / 경쟁가설 배제

기출에서의 표현

ㅇ ㄱ. 여러 다른 요인들의 있고 없음이 달라지는 가운데 어떤 요인(X)이 언제나 있고 결과(Y)에 차이가 없다면 X가 Y의 원인이다.
　ㄴ. 여러 다른 요인들이 고정된 상황에서 어떤 요인(X)의 있고 없음에 따라 결과(Y)에 차이가 있다면 X가 Y의 원인이다.
　ㄷ. 다양한 요인들 가운데 크기나 양에 있어 연속적인 값을 갖는 어떤 요인(X)이 있어서 X의 정도 변화에 따라 Y의 정도가 일정한 방향으로 변화한다면 X가 Y의 원인이다.

2010학년도 LEET 문23

ㅇ 집중호우가 산사태의 원인이라는 것은 "만약 집중호우가 발생하지 않았다면 산사태가 발생하지 않았을 것이다."로 분석할 수 있다. 즉 사건 A가 B의 원인이라는 것은 A가 발생하지 않으면 B도 발생하지 않는다는 의미이다.

2012학년도 LEET 문24

ㅇ 두 사건 사이에 직접적인 인과관계가 없을 때에도 그 둘은 상관관계를 가질 수 있다. 가령 그것들이 하나의 공통 원인의 결과일 때 그런 일이 있을 수 있다. 다른 한편, 두 사건 사이에 인과 관계가 있어도 이들 사이에 긍정적 상관관계가 없을 수도 있다. 예를 들어, 흡연은 심장 발작을 촉진하지만, 흡연자들은 비흡연자들보다 저염식 식단을 선호하는 성향이 있다고 하자. 이런 경우 흡연이 심장 발작을 일으키는 성향은 흡연이 흡연자로 하여금 심장 발작을 방지하는 음식을 선호하게 만드는 성향과 상쇄되어 흡연과 심장 발작 사이에는 상관관계가 없을 수 있으며, 심지어는 부정적 상관관계가 있을 수도 있다.

2014학년도 LEET 문13

ㅇ 두 사례는 속성 C의 존재 여부를 제외한 거의 모든 측면에서 유사하다.
　속성 E를 가진다는 것을 설명할 때, 속성 C를 가진다는 것보다 더 잘 설명하는 다른 속성 P가 존재하지 않는다.
　속성 E의 결여를 설명할 때, 속성 C의 결여보다 더 잘 설명하는 다른 속성 Q가 존재하지 않는다.

2017학년도 LEET 문32

ㅇ (정의 1) '사건 Y가 사건 X에 인과적으로 의존한다'는, X와 Y가 모두 실제로 일어났고 만약 X가 일어나지 않았더라면 Y도 일어나지 않았을 것이라는 것이다.
　(정의 2) '사건 X가 사건 Y의 원인이다'는, X로부터 Y까지 이르는 인과적 의존의 연쇄가 있다는 것이다.

2021학년도 LEET 문 33

ㅇ 다음 두 조건을 모두 만족하는 경우에, 병원균 X를 질병 Y의 원인으로 추정할 수 있다.
　조건 1: Y를 앓는 모든 환자가 X의 보균자이다.

조건 2: 누구든 X의 보균자가 되면 그 때 반드시 Y가 발병한다.
2019학년도 LEET 문36

o 그러나 자유롭게 행위한다고 느낀다는 것이 우리가 실제로 자유롭다는 점을 입증하지는 못한다. 그것
은 단지 우리가 행위의 원인에 대해 인식하고 있지 못함을 보여줄 뿐이다.
2017학년도 LEET 문14

o 두 번째 원리는 만약 어떤 물리적 사건이 원인을 갖는다면 그것은 반드시 물리적인 원인을 갖는다는 원
리이다. 다시 말해 물리적인 현상을 설명하기 위해서 물리 세계 밖으로 나갈 필요가 없다는 것이다. 세
번째 원리는 한 가지 현상에 대한 두 가지 다른 원인이 있을 수 없다는 원리이다.
2020학년도 LEET 문22

o 그런 가설들은 예외적인 원인을 이용하여 기존 증거에 대해서는 놀라운 설명을 제공하지만, 그 예외적
인 원인의 뛰어난 설명력을 유지하기 위해서 복잡하고 비정합적일 수밖에 없게 되어 미래 증거에 대한
올바른 설명을 제공할 수 없기 때문이다.
2016학년도 LEET 문23

o 원리A: 임의의 사건 a, b에 대하여, a가 b의 원인이라는 것은 a가 발생하지 않았더라면 b가 발생하지
않았다는 것이다.
원리B: 임의의 사건 a, b, c에 대하여, a가 b의 원인이고 b가 c의 원인이라면, a는 c의 원인이다.
2017학년도 LEET 문16

밀은 이에 더해 5가지 인과추론을 제시하였다.

인과추론의 종류

① 일치법
ⅰ) 동일한 결과가 나타나는 여러 현상(사례)의 목록과 그 구성요소를 정리한다.
ⅱ) 공통의 요소가 동일하게 발견된다면 이것이 곧 원인이다. (집합을 활용해 생각해보자)
② 차이법
ⅰ) 결과가 나타나는 현상과 나타나지 않는 현상의 목록과 그 구성요소를 정리한다.
ⅱ) 두 구성요소의 차이 중에서 결과가 나타나는 현상에만 존재하는 요소가 곧 원인이다.
③ 일치 차이 병용법
일치법과 차이법을 동시에 적용시키는 것이다.
④ 잔여법
결과와 원인의 집합에서, 다른 사건의 원인이 아닌 나머지를 원인이 특정되지 않은 결과의 원인으로 판
단한다.
⑤ 공변법
공변법은 두 사건 사이의 변화량이 유사한 경우를 의미한다.
※ 이 중 몇몇은 Duns Scotus나 William of Ockham 등 과거의 학자들이 제시한 것이며 이를 집대성한 것이 밀이다.

인과추론은 검증의 과정을 거치는 것으로 이론화된다. 따라서 인과추론의 검증을 위한 실험설계
는 타당성이 확보되어야 한다.

2. 타당성의 유형

타당성이란 연구 방법의 적합성 또는 건전성을 평가하는 것이다. 이때 타당성은 ① 구성개념 타
당성, ② 내적 타당성, ③ 외적 타당성, ④ 통계적 타당성의 4가지로 이해할 수 있다.

타당성의 유형

① 구성개념 타당성
측정도구와 이론적 구성개념의 일치 수준 확보
② 내적 타당성
종속변수와 독립변수의 인과관계에 관한 추론의 정확성
③ 외적 타당성
연구 결과의 일반화 가능성
④ 통계적 타당성
통계적 검증행위의 정확성

---

(1) 구성개념 타당성

구성개념 타당성은 연구에 사용된 이론적 개념과 이를 측정하는 도구 사이의 일치 정도를 나타내는 개념으로서, 수집된 자료의 적절성을 평가한다. 이때, 실험 과정에서 발생할 수 있는 오염요소들이 구성개념 타당성의 저해요인이 된다.

구성개념 타당성의 저해요인

① 실험집단 오염
- 실험자 기대효과: 실험자가 기대하는 바에 따라 연구대상이 반응을 나타내는 경우
- 통제방안: 실험자에게 (연구가설을) (연구가설과 연구대상을) 알려주지 않는 방법
  실험자를 표준화하는 방법
  실험자를 두지 않는 방법
- 피험자 반응효과: 요구특성
- 통제방안: 눈가림통제 / 이중눈가림통제
  연구대상이 연구 자체를 알지 못하게 하는 방법
  관찰시점과 방법을 알려주지 않는 방법
  연구대상을 속이는 방법(윤리적 문제)

② 통제집단 오염
- 통제집단 참여자가 평시와 다르게 행동하거나 고의로 실험집단보다 더 좋은 결과가 나타나도록 노력하는 경우
- 종류: 보상적 오염, 과장적 오염

---

(2) 내적 타당성

내적 타당성은 추정된 원인과 결과 사이에 존재하는 인과적 추론의 정확성을 의미한다. 내적 타당성이 부족한 경우 인과추론 자체의 설득력이 감소한다. 이는 제3의 변수를 충분히 제거하지 못하였을 때 필연적으로 발생한다. 제3의 변수는 경쟁가설, 허위변수, 혼란변수 등으로 불린다. 내적 타당성의 위협요인은 ① 추정된 원언 이외의 사건으로 대상집단의 특성이 변화되는 경우, ② 표집과정에서 발생한 대표성의 오류, ③ 관찰 및 측정도구의 한계와 관련이 있다. 각각의 경우에 대해 타당성의 저해요인을 정리하면 다음과 같다.

내적 타당성의 저해요인

유형		의미	통제방안
제3의 요인	성숙요인	시간의 경과에 따른 대상집단의 특성변화	• 통제집단 구성 • 실험 (조사)기간의 제한 • 빠른 성숙을 보이는 표본회피
	역사요인	실험기간 중 일어난 사건에 의한 대상집단의 특성변화	• 통제집단 구성 • 실험 (조사)기간의 제한
표본의 대표성	선발요인	실험집단과 통제집단이 다르기 때문에 나타나는 차이	• 무작위배정 • 사전측정
	상실요인	실험기간 중 실험대상의 중도포기 또는 탈락 때문에 나타나는 차이	• 무작위배정 • 사전측정
	회귀요인	실험대상이 극단적인 값을 갖기 때문에 재측정 시 평균으로 회귀하려는 경향 때문에 나타나는 차이	• 극단적인 측정값을 갖는 집단 회피 • 신뢰성 있는 측정도구 사용
관찰 및 측정도구	검사요인	사전검사에 대한 친숙도가 사후측정에 미치는 영향에 따른 차이	• 사전검사를 하지 않는 통제집단과 실험집단 활용 • 사전검사의 위장 • 눈에 띄지 않는 관찰방법
	측정수단요인	측정기준과 측정수단이 변화함에 따라 나타나는 차이	• 표준화된 측정도구 사용

(3) 외적 타당성

외적 타당성은 인과추론의 결과를 일반화시킬 수 있는 범위를 결정한다. 외적 타당성이 낮을 경우 실험실 이론에 불과하여 사회과학으로서의 가치를 가지기 어렵다. 외적 타당성은 일반화가 가능한 ① 상황이나 환경, ② 대상집단, ③ 시기를 평가 요소로 삼는다. 외적 타당성을 저해하는 요인은 다음과 같다.

외적 타당성의 저해요인

유형	효과	통제방안
① 실험상황 ② 맥락	① 실험상황의 배열 요소와 결합 ② 사회적, 물리적 환경 요소와 결합	• 복수집단 실험 • 반복 연구
대상집단	연구대상 표본의 특성과 결합	• 대표성 제고 • 반복 연구
시기	최근의 사건 또는 특정 시기와 결합	• 다른 시기에 반복 연구

(4) 통계적 타당성

통계적 타당성은 인과연구의 내적 타당성을 평가하기 위한 전제 요건이다. 연구 결과에 대한 통계적 해석에 오류가 있는 경우를 해당 타당성이 저해된 것으로 판단하는데, 이는 연구 결과에 대한 평가를 의미 없게 한다. 따라서 학자에 따라 통계적 타당성을 내적 타당성의 요소로 보는 경우와 별개의 선결문제로 보는 경우가 나뉜다.

> 경험 연구에서 연구의 타당성을 확보하기 위한 노력은 매우 중요하다.
>
> 2020년 5급 PSAT 언어논리 나 문30

1종 오류와 2종 오류

구분		현실	
		O	X
판단	O	O	2종 오류
	X	1종 오류	O

※ 예시 1) 감사: 1종 비효율적 2종 비효과적
　　　 2) 채용: 1종 비효과적 2종 비효과적
　　　 3) 시약: 1종 위양성 2종 위음성
　　　 4) 탐지: 1종 오탐 2종 미탐
　　　 5) 인증: 1종 오기각 2종 오승인

부재인과

인과관계에 대한 일반 이론과 달리 어떤 사건이 일어나지 않은(부재함) 것이 다른 사건의 원인이 된다는 주장이다. 최근 LEET, PSAT 등에서 핵심 쟁점으로 삼고 있다. 부재인과의 문제점은 부재한 사건도 사건으로 볼 수 있는지, 개연성을 인정할 수 있는지 등이 있다.

2 가설추론과 실험설계

1. 가설의 개념

가설이란 '연구문제에 대한 잠정적 해답으로 경험적 연구의 검증대상인 진술'을 의미한다. 즉, 가설은 해답이므로 서술문의 형식으로 기술되며, 연구를 통해 검증되어야 한다. 가설은 다음과 같은 요건과 종류를 보인다.

가설의 요건

① 간단명료한 표현

② 최소한 두 변수 이상 제시

③ 계량화가 가능한 변수

④ 하나의 변수와 다른 변수 사이의 기대된 관계 진술

⑤ 관계 성격 진술: 상관관계 vs 인과관계

⑥ 관계 방향 진술: 긍정적(+) vs 부정적(-)

⑦ 진위 입증이 가능한 추정된 관계

⑧ 광범위하게 이용 가능한 검증결과

가설의 종류

① 기술적 가설 vs 설명적 가설
- 기술적 가설: 현상의 정확한 기술
- 설명적 가설: 인과관계의 기술

② 연구가설 vs 영가설
- 연구가설(작업가설): 연구자의 잠정적 해답
- 영가설(귀무가설): 연구가설과 논리적으로 반대인 진술

③ 1변수 vs 2변수 vs 다변수 가설
- 1변수 가설: 변수의 상태에 관한 가설
- 2변수 가설: 변수의 관계에 관한 가설
- 다변수 가설: 하나 이상의 종속변수에 대해 둘 이상의 독립변수로 설명하는 가설

가설은 검증 가능한 문장을 통해 가능한 이의의 범위를 축소하고 이론을 제시하여, 사회·자연현상을 기술한다. 우리 시험에서는 사회과학과 자연과학의 연구 소재에 대한 가설을 제시하고 그 가설의 진위에 영향을 미치는 선지를 통해 가설의 강화, 약화 여부를 평가케 한다.

가설의 제시 형태

- 사람은 자신에게 유리하지만 불공정한 행위가 상대방에게 발각되지 않을 가능성이 높다고 믿을수록, 그 행위를 할 가능성이 높아진다. 2021학년도 LEET 문34
- 호랑이 카멜레온의 조상은 원래 장소에 계속 살고 있었으나 대륙의 분리 및 이동으로 인해 외딴 섬들에 살게 되었다. 2021학년도 LEET 문36

가설, 이론, 법칙의 차이

- 가설: 연구문제에 대한 명제
- 법칙: 일반명제, 다수의 입증증거, 당위성
- 이론: 다수의 명제(가설과 법칙)의 집합

---

2. 가설의 입증: 실험·조사설계

가설을 입증하기 위해서는 가설에 대한 실험·조사연구가 필요하다. 다음은 실험 설계의 종류이다.

실험설계의 종류

① 진실험설계

  ⅰ) 요건

    • 실험집단, 통제집단의 비교

    • 실험변수의 조작

    • 경쟁적 가설 통제

  ⅱ) 종류

    • 통제집단 사후측정 설계

    • 통제집단 사전사후 측정 설계 (고전적 설계)

    • 솔로몬 4집단 실험설계

    • 기타: 요인 설계, 가실험, 블록실험

② 준실험설계

  ⅰ) 필요성

    • 무작위배정 불가

    • 과거 연구에 대한 추정

  ⅱ) 인과추론

    • 가능: 비동질적 통제집단설계, 회귀, 불연속, 시계열

    • 불가능: 단일집단사후측정, 비동질적집단 사후측정, 단일집단사전사후측정

③ 비실험설계

  ⅰ) 내용

    • 수동적 관찰

    • 인과적 추론의 세 가지 조건을 모두 갖추지 못한 설계

  ⅱ) 종류

    • 통계적 통제

    • 인과모형(경로) 평가

개념과 측정

개념과 변수	• 구체적인 것으로부터 일반화하여 형성한 추상관념, Kerlinger • 구성개념: 추상성의 정도가 낮은 개념으로부터 구성된 개념 • 개념적 정의 vs 조작적 정의 • 범주변수(명목, 서열척도) / 연속변수(등간, 비율 척도) • 잠재변수, 측정변수

측정	• 타당성 vs 신뢰성
	  - 내용타당성, 기준(예측, 동시)타당성, 구성개념(수렴, 차별) 타당성
	  - 안정성, 동등성, 코드간, 모집단 대표성 신뢰도
	• 척도구성법: 서스톤, 보가더스, 거트만, 리커트, 어의차별
	• 측정오차: 체계적 오차 vs 무작위적 오차
	• 신뢰도 추정: 재검, 복수양식, 반분, 내적일관

표본 추출

기본 개념	• 모집단, 구성요소, 표본추출단위
	• 표본추출 프레임 / 프레임 오차
	  - 일부 표본추출 단위가 목록에서 빠져 불완전한 경우
	  - 원하는 구성요소 목록은 없고, 집락 목록만 이용 가능한 경우
	  - 모집단의 범위에서 벗어나는 다른 요소가 포함되어 있는 경우
	• 표본추출비율, 표본추출오차, 비표본추출오차

확률표본추출	• 단순무작위추출: 복원표본, 비복원표본 • 계통추출: k번째 구성요소, 편견 제어, 주기성 제어 • 층화추출: 동질적 계층, 비례층화표본추출, 비비례층화표본추출 • 집락추출: 이질적 집락
비확률표본추출	• 편의추출 • 판단추출, 목적추출 • 할당추출 • 눈덩이추출, 누적추출 • 이론추출
표본 크기	• 모집단의 성격: 규모, 이질성 여부 • 연구의 목적: 표본추출방법, 통계분석기법, 동시분석 범주, 신뢰도, 허용오차 • 시간과 비용 고려

01

다음으로부터 추론한 것으로 옳은 것만을 <보기>에서 있는 대로 고른 것은? 2019학년도 LEET 문36

> 질병의 원인을 어떻게 추정할 수 있을까? 19세기 과학자 K가 제안한 단순한 초기 가설에 따르면, 어떤 병원균의 보균 상태가 아님에도 어떤 질병이 발병하거나 그 병원균의 보균 상태임에도 그 질병이 발병하지 않는다면, 그 병원균은 그 질병의 원인이 아니다. 이를테면 결핵 환자들 중에 어떤 병원균의 보균자인 사람도 있고 아닌 사람도 있다면 그 병원균을 결핵의 원인으로 추정할 수 없으며, 어떤 병원균의 보균자들 중에 결핵을 앓고 있는 사람도 있고 아닌 사람도 있다면 그 병원균 역시 결핵의 원인으로 추정할 수 없다는 것이다. 이를 엄밀하게 표현하면 아래와 같다.
>
> 다음 두 조건을 모두 만족하는 경우에, 병원균 X를 질병 Y의 원인으로 추정할 수 있다.
> 조건 1: Y를 앓는 모든 환자가 X의 보균자이다.
> 조건 2: 누구든 X의 보균자가 되면 그 때 반드시 Y가 발병한다.

―――――――――〈보기〉―――――――――

ㄱ. 질병 D를 앓는 모든 환자들이 병원균 α와 β 둘 다의 보균자이고, 누구든 α와 β 둘 다의 보균자가 되면 그 때 반드시 D가 발병하는 경우, α도 조건 2를 만족하고 β도 조건 2를 만족한다.

ㄴ. 질병 D를 앓는 환자에게서 병원균 α와 β가 함께 검출되는 경우가 없다면, α와 β 중 기껏해야 하나만 위 두 조건을 모두 만족할 수 있다.

ㄷ. 질병 D를 앓는 모든 환자에게서 병원균 α와 β 중 적어도 하나가 검출된다면, α와 β 중 적어도 하나는 조건 1을 만족한다.

① ㄱ   ② ㄴ   ③ ㄱ, ㄷ

④ ㄴ, ㄷ   ⑤ ㄱ, ㄴ, ㄷ

02

다음 논쟁에 비추어 <사례>를 평가한 것으로 옳은 것만을 <보기>에서 있는 대로 고른 것은?

2018학년도 LEET 문14

갑: 어떤 것이 없다거나 어떤 것을 행하지 않았다는 것은 원인이 될 수 없어. 예를 들어, 철수가 화초에 물을 주지 않았다는 것이 그 화초가 죽게 된 원인이라고는 할 수 없지. 다른 것의 원인이 되기 위해서는 일단 존재하는 것이어야 하니까. 만약 철수가 화초에 뜨거운 물을 주어 화초가 죽었다면, 철수가 준 뜨거운 물이 화초가 죽게 된 원인이라고 할 수 있지. 철수가 준 뜨거운 물은 존재하는 것이니까 말이야.

을: 원인이 되는 사건이 일어나지 않았더라면 결과도 일어나지 않았을 것이라고 판단할 수 있는지가 원인과 결과를 찾는 데 중요해. 철수가 화초에 물을 주었더라면 화초가 죽는 사건은 일어나지 않았을 거야. 그런 점에서 철수가 화초에 물을 주지 않았다는 것이 화초가 죽게 된 원인이라고 해야겠지.

병: 이미 일어난 사건이 일어나지 않았을 상황을 상상하라는 것은 지나친 요구가 아닐까? 어떤 사건이 다른 사건의 원인인지 여부는 경험할 수 있는 것을 토대로 밝혀져야 한다고 생각해. 어떤 사건이 일어난 시점 이후에 다른 사건이 일어나는 경우에만 앞선 사건이 뒤이은 사건의 원인일 수 있어. 물론 그것만 가지고 그 사건을 원인이라고 단정할 수는 없지만 말이야.

〈사례〉

탐험가 A는 홀로 사막으로 탐험을 떠날 예정이다. 그런데 그의 목숨을 노리는 두 사람 B와 C가 있다. A는 사막에서 생존하는 데 필수적인 물을 물통에 가득 담아 챙겨 두었다. B는 몰래 이 물통을 비우고 물 대신 소금을 넣었다. 이후 이를 모르는 C는 A가 탐험을 떠나기 직전 물통을 훔쳤다. 탐험을 떠난 A는 주변에 마실 물이 없었기 때문에 갈증 끝에 죽고 말았다.

〈보기〉

ㄱ. 갑은 A 주변에 오아시스가 없다는 것이 A가 사망한 사건의 원인이라고 보지 않을 것이다.

ㄴ. 을은 B의 행위와 C의 행위가 각각 A가 사망한 사건의 원인이라고 볼 것이다.

ㄷ. 병은 B의 행위가 A가 사망한 사건의 원인이라고 볼 것이다.

① ㄱ   ② ㄴ   ③ ㄱ, ㄷ

④ ㄴ, ㄷ   ⑤ ㄱ, ㄴ, ㄷ

A의 계획에 대한 평가로 옳은 것만을 <보기>에서 있는 대로 고른 것은?

연구자 A는 우리나라 기독교인들의 특성을 알아보기 위해 설문조사를 시행하려고 한다. 이를 위해서는 우리나라 기독교인을 대표할 수 있는 표본을 뽑아야 한다. 이 표본으로부터 얻은 정보에서 모집단인 우리나라 전체 기독교인의 정보를 추론하려는 것이다. 이를 위해서는 A가 뽑은 표본의 총체적 특성이 모집단인 전체 기독교인의 총체적 특성에 거의 근접해야 하며, 이러한 표본을 대표성 있는 표본이라고 한다. 표본의 대표성을 확보하기 위해서는 전국의 모든 기독교인들이 표본으로 뽑힐 확률을 동일하게 해야 한다. 또한 표본의 대표성은 많은 수의 기독교인을 뽑을수록 높아질 것이다. 만약 우리나라 모든 기독교인의 명단이 있다면, 이로부터 충분히 많은 수의 교인을 무작위로 뽑으면 된다. 하지만 그러한 명단은 존재하지 않는다. 대신 초대형교회부터 소형교회까지 전국의 모든 교회를 포함하는 교회 명단은 존재하므로, A는 이 명단으로부터 일정 수의 교회를 무작위로 뽑기로 하였다. 다음 단계로 이 교회들의 교인 명단을 확보하여 이 명단으로부터 각 교회당 신도 일정 명씩을 무작위로 뽑기로 하였다. 이렇게 하여 A는 1,000명의 표본을 대상으로 설문조사를 실시하려고 계획한다. 여기서 고려할 점은 집단의 구성원들이 동질적일수록 그 집단으로부터 뽑은 표본은 그 집단을 더 잘 대표할 것이며, 교회처럼 자연스럽게 형성된 집단에 속한 사람들은 전체 모집단에 속한 사람들과 비교할 때 일반적으로 더 동질적이라는 사실이다.

〈보기〉

ㄱ. 이 표본은 전국의 모든 기독교인들이 뽑힐 확률을 동일하게 하였으므로 대표성이 높다.
ㄴ. 뽑을 교회의 수를 늘리고 각 교회에서 뽑을 신도의 수를 줄이는 것보다, 뽑을 교회의 수를 줄이고 각 교회에서 뽑을 신도의 수를 늘리는 것이 표본의 대표성을 더 높인다.
ㄷ. 표본의 대표성을 높이기 위해서는 교회가 뽑힐 확률을 교인 수에 비례하여 정해야 한다.

① ㄱ   ② ㄷ   ③ ㄱ, ㄴ
④ ㄴ, ㄷ   ⑤ ㄱ, ㄴ, ㄷ

다음 글로부터 추론한 것으로 옳은 것만을 <보기>에서 있는 대로 고른 것은? 2017학년도 LEET 문32

과학자들은 "속성 C는 속성 E를 야기한다."와 같은 인과 가설을 어떻게 입증하는가? 다른 종류의 가설들과 마찬가지로 인과 가설 역시 다양한 사례들에 의해 입증된다. 예를 들어 과학자들은 '폐암에 걸린 흡연자의 사례'와 '폐암에 걸리지 않은 비흡연자의 사례'가 "흡연이 폐암을 야기한다."는 인과 가설을 입증한다고 생각한다. 'C와 E를 모두 가진 사례'와 'C와 E를 모두 결여한 사례'가 "C가 E를 야기한다."를 입증한다는 것이다. 여기서 문제의 두 사례들이 해당 인과 가설을 입증하기 위해서는 두 사례 중 하나는 다른 사례의 '대조 사례'여야 한다. 물론, C와 E를 모두 가진 사례와 C와 E를 모두 결여한 사례들이 언제나 서로에 대한 대조 사례가 되는 것은 아니며, 다음 조건들을 만족해야만 "C가 E를 야기한다."를 입증하는 대조 사례라 할 수 있다.

- 두 사례는 속성 C의 존재 여부를 제외한 거의 모든 측면에서 유사하다.
- 속성 E를 가진다는 것을 설명할 때, 속성 C를 가진다는 것보다 더 잘 설명하는 다른 속성 P가 존재하지 않는다.
- 속성 E의 결여를 설명할 때, 속성 C의 결여보다 더 잘 설명하는 다른 속성 Q가 존재하지 않는다.

예를 들어, 오랫동안 흡연한 60대 폐암 환자 갑과 담배에 전혀 노출되지 않고 폐암에도 걸리지 않은 신생아 을은 "흡연이 폐암을 야기한다."를 입증하는 좋은 대조 사례가 아니다. 갑과 을은 흡연 이외에도 많은 차이가 있으며, 흡연을 하지 않았다는 것보다 신생아라는 것이 을이 폐암에 걸리지 않았다는 것을 보다 잘 설명하기 때문이다.

〈보기〉

ㄱ. 전혀 다른 가정에 입양되어 자란 일란성 쌍둥이 갑과 을이 모두 조현병에 걸렸다면 갑과 을은 "유전자가 조현병을 야기한다."는 인과 가설을 입증하는 대조 사례이다.

ㄴ. β형 모기에 물린 이후 말라리아에 걸린 갑과 β형 모기에 물리지 않고 말라리아에 걸리지 않은 을이 "β형 모기에 물린 것이 말라리아를 야기한다."는 인과 가설을 입증하는 대조 사례가 되기 위해서는 적어도 말라리아에 대한 선천적 저항력과 관련해 갑과 을 사이에는 별 차이가 없다는 것이 밝혀져야 한다.

ㄷ. 총 식사량을 줄이면서 저탄수화물 식단을 시작한 이후 체중이 줄어든 갑과 총 식사량을 줄이지 않고 일반적인 식단을 유지하여 체중 변화가 없었던 을이 "저탄수화물 식단이 체중 감소를 야기한다."는 인과 가설을 입증하는 대조 사례가 되기 위해서는 적어도 갑의 체중 감소가 저탄수화물 식단보다 총 식사량의 감소에 의해서 더 잘 설명되지 않아야 한다.

① ㄱ
② ㄴ
③ ㄱ, ㄴ
④ ㄴ, ㄷ
⑤ ㄱ, ㄴ, ㄷ

다음 글에 대한 분석으로 옳은 것만을 <보기>에서 있는 대로 고른 것은?

우리 행위가 우리 자신의 자유로운 선택의 결과일 때에만 우리는 그 행위에 도덕적 책임을 진다. 그러나 만약 인간 행위가 결정론적 인과 법칙에 의해 전적으로 지배된다면, 어떻게 내 행위가 자유로운 행위였다 할 수 있는지의 질문이 제기될 수 있다. 이에 대해 "우리가 자유 의지를 가지고 있고 자유롭게 행위한다는 것을 우리는 누구보다 잘 알고 있습니다. 여기에는 아무 문제가 없습니다."라고 주장하는 것은 문제의 해결이 아니다. 만약 우리가 우리의 의지가 자유롭다는 것을 정말로 안다면, 우리의 의지가 자유롭다는 것은 참일 수밖에 없다. 사실이 아닌 어떤 것을 알 수는 없기 때문이다. 그러나 "우리의 의지는 자유롭지 않으므로 어느 누구도 우리 의지가 자유롭다는 것을 알지 못한다."는 주장 역시 가능하다. 사람들이 자신들이 자유롭게 행위한다고 믿는다는 것은 분명한 사실이다. 그러나 자유롭게 행위한다고 느낀다는 것이 우리가 실제로 자유롭다는 점을 입증하지는 못한다. 그것은 단지 우리가 행위의 원인에 대해 인식하고 있지 못함을 보여줄 뿐이다.

〈보기〉

ㄱ. 이 글에 따르면, 자유로운 선택에 의한 것이지만 도덕적 책임을 지지 않는 행위는 있을 수 없다.
ㄴ. 이 글에 따르면, 우리가 무언가를 안다는 것은 그것이 참임을 함축한다.
ㄷ. 우리가 자유롭게 행했다고 여기는 많은 행위들을 인과 법칙적으로 설명할 수 있다면, 이 글의 논지는 약화된다.

① ㄴ   ② ㄷ   ③ ㄱ, ㄴ
④ ㄱ, ㄷ   ⑤ ㄱ, ㄴ, ㄷ

06
다음 글에 대한 평가로 적절한 것만을 <보기>에서 있는 대로 고른 것은?　　　2021학년도 LEET 문34

다음 가설을 검증하기 위해 [실험 1]과 [실험 2]가 이루어졌다.

(가설 1) 사람은 자신의 기대 수익*을 최대화하는 행위를 선택한다.

(가설 2) 사람은 자신에게 유리하지만 불공정한 행위가 상대방에게 발각되지 않을 가능성이 높다고 믿을수록, 그 행위를 할 가능성이 높아진다.

[실험 1]

참가자를 무작위로 제안자와 반응자로 나눈다. 제안자는 실험자로부터 받을 1만 원의 돈을 반응자와 어떻게 나눌 것인지에 대해 다음 중 하나를 제안한다.

○ 5-5안: 제안자와 반응자가 5천 원씩 가진다.

○ 8-2안: 제안자는 8천 원, 반응자는 2천 원을 가진다.

○ 동전안: 공평한 동전을 던져 앞면이 나오면 5-5안, 뒷면이 나오면 8-2안에 따른다.

반응자는 제안자의 제안을 수용 또는 거부한다. 제안된 5-5안이나 8-2안을 반응자가 수용하면 제안한 안대로 금액을 나눈다. 동전안이 제안되고 반응자가 수용하면 실험자는 반응자가 보는 앞에서 동전을 던져 동전안대로 금액을 나누어 준다. 어떤 제안에 대해서든 반응자가 거부하면 제안자와 반응자 모두 0원을 받는다. 실험 규칙은 참가자들에게 미리 알려준다.

[실험 2]

다음을 제외하면 나머지는 [실험 1]과 동일하다. 제안자가 동전안을 선택하면, 실험자는 반응자가 모르게 동전을 던져 앞면이 나오면 5-5안이, 뒷면이 나오면 8-2안이 제안되었다고 반응자에게 알려준다. 예컨대 반응자는 8-2안을 제안받았을 때, 제안자가 직접 이 안을 제안한 것인지, 아니면 동전을 던져 뒷면이 나와 8-2안이 제안된 것인지 알 수 없다.

* 기대 수익: '행위로 인해 각 상황에서 얻게 될 수익'에 '해당 상황이 발생할 확률이라고 믿는 값'을 곱한 값을 모두 더한 값

〈보기〉

ㄱ. [실험 1]에서 8-2안을 제안 받은 반응자의 60%가 제안을 거부했다면, (가설 1)은 약화된다.

ㄴ. [실험 1]에서 반응자가 5-5안, 8-2안, 동전안을 수용할 확률이 각각 100%, 20%, 80%라고 믿는 제안자가 동전안을 제안했다면, (가설 1)은 강화된다.

ㄷ. 참가자들이 5-5안과 동전안은 공정하지만 8-2안은 불공정하다고 믿을 경우, [실험 1]에서보다 [실험 2]에서 8-2안을 선택하는 제안자의 비율이 더 높다면, (가설 2)는 강화된다.

---

① ㄱ　　　　　　　② ㄷ　　　　　　　③ ㄱ, ㄴ

④ ㄴ, ㄷ　　　　　　⑤ ㄱ, ㄴ, ㄷ

㉠과 ㉡에 대한 판단으로 옳은 것만을 <보기>에서 있는 대로 고른 것은? 2020학년도 LEET 문37

의태란 한 종의 생물이 다른 종의 생물과 유사한 형태를 띠는 것이다. 의태 중에서 가장 잘 알려진 것 중 하나는 베이츠 의태로, 이는 독이 없는 의태자가 독이 있는 모델과 유사한 경고색 혹은 형태를 가짐으로써 포식자에게 잡아먹히는 것을 피하는 것이다. 서로 형태가 유사하지만 독성이 서로 다른 2종의 모델, 즉 약한 독성을 가진 모델 A와 강한 독성을 가진 모델 B가 동시에 존재하는 경우에 의태자 C가 어떻게 의태할지에 대해서는 여러 가지 가설이 제시되었다. 그중 ㉠C가 A보다 B의 형태로 진화하는 것이 생존에 유리하다는 가설이 지배적이었다.

하지만 최근에 '자극의 일반화'라는 현상을 기반으로 ㉡C가 B보다 A의 형태로 진화하는 것이 생존에 유리할 것이라는 가설이 제시되었다. 자극의 일반화란 자신에게 좋지 않은 약한 자극에 노출된 경우에는 포식자가 이후에 이와 동일한 자극만 회피하려고 하지만, 자신에게 좋지 않은 강력한 자극에 노출된 경우에는 포식자가 이후에 이 자극과 동일 종류의 자극뿐 아니라 유사한 종류의 자극도 회피하려고 한다는 것이다. 이로 인해 C가 A를 의태할 경우에는 A 또는 B에 대한 학습 경험이 있는 포식자 모두로부터 잡아먹히지 않지만, B를 의태할 경우에는 B에 대한 학습 경험만 있는 포식자로부터만 잡아먹히지 않는다는 것이다.

─────〈보기〉─────

ㄱ. 독에 대한 경험이 없던 닭들이 개구리의 형태로 독성을 판단하여 강한 독을 가진 개구리는 잡아먹으려고 시도하지 않지만 약한 독을 가진 개구리는 잡아먹으려고 시도한다는 사실은 ㉠을 강화하고, ㉡을 약화한다.

ㄴ. 독에 대한 경험이 없던 닭들 중 강한 독이 있는 나방을 잡아먹은 닭들은 모두 죽었으나, 약한 독이 있는 나방을 잡아먹은 닭들은 죽지 않고 이후에 약한 독이 있는 나방과 동일하게 생긴 독이 없는 나방을 잡아먹지 않으려고 한다는 사실은 ㉠과 ㉡ 모두를 약화한다.

ㄷ. 독에 대한 경험이 없던 닭들이 아주 강력한 독이 있는 나방을 잡아먹은 이후에 이와 유사하게 생긴 독이 없는 나방은 잡아먹으려 하지 않지만, 전혀 다르게 생긴 독이 있는 개구리는 잡아먹으려고 시도한다는 사실은 ㉡을 약화한다.

① ㄱ ② ㄷ ③ ㄱ, ㄴ

④ ㄴ, ㄷ ⑤ ㄱ, ㄴ, ㄷ

다음으로부터 추론한 것으로 옳은 것만을 <보기>에서 있는 대로 고른 것은? 2019학년도 LEET 문35

가설과 증거 사이에는 다양한 관계가 성립한다. 증거는 가설을 강화하기도 하고 약화하기도 하며 그 정도는 다양하다. '구리를 가열했더니 팽창했다'는 증거가 '모든 금속은 가열하면 팽창한다'는 가설을 강화하는 정도는 그 증거가 '어떤 금속은 가열하면 팽창한다'는 가설을 강화하는 정도와 다르다.

어떤 이론가들은 이런 강화 및 약화의 정도 사이에 다음과 같은 대칭성이 성립한다고 주장한다.

○ 증거-대칭성: 증거 E가 가설 H를 강화하는 정도와 증거 E의 부정이 가설 H를 약화하는 정도는 같다.

한편, 이런 강화 및 약화의 정도에는 최댓값이 있다. 주어진 배경 지식과 함께 증거 E가 가설 H를 논리적으로 함축하면 증거 E는 가설 H를 최대로 강화한다. 마찬가지로 주어진 배경 지식과 함께 증거 E가 가설 H의 부정을 논리적으로 함축하면 증거 E는 가설 H를 최대로 약화한다. 그리고 증거 E가 가설 H를 최대로 강화하고 E의 부정이 H를 최대로 약화하면, E가 H를 강화하는 정도와 E의 부정이 H를 약화하는 정도는 같다.

〈배경 지식〉

이번 살인 사건의 용의자는 갑, 을, 병 세 사람이다. 그리고 이 중 한 사람만 범인이다.

─────〈보기〉─────

ㄱ. '갑이 범인이다'라는 증거는 '을이 범인이 아니다'라는 가설을 최대로 강화하지만, '갑이 범인이 아니다'라는 증거는 '을이 범인이 아니다'라는 가설을 최대로 강화하지 않는다.

ㄴ. 병이 범인이 아니라는 사실이 〈배경 지식〉에 추가된다면, '갑이 범인이다'라는 증거는 '을이 범인이다'라는 가설을 최대로 약화하고, '갑이 범인이 아니다'라는 증거는 '을이 범인이 아니다'라는 가설을 최대로 약화한다.

ㄷ. 병이 범인이 아니라는 사실이 〈배경 지식〉에 추가된다면, '갑이 범인이다'라는 증거와 '을이 범인이 아니다'라는 가설 사이에는 증거-대칭성이 성립한다.

① ㄱ   ② ㄴ   ③ ㄱ, ㄷ

④ ㄴ, ㄷ   ⑤ ㄱ, ㄴ, ㄷ

다음으로부터 추론한 것으로 옳지 않은 것은?

자료와 가설 사이에 성립하는 증거 관계는 자료가 가설의 확률을 어떻게 변화시키느냐에 의해 정의된다. '자료가 어떤 가설에 대해 긍정적 증거'라는 말은 그 자료가 해당 가설이 참일 확률을 높인다는 뜻이다. 마찬가지로 '자료가 어떤 가설에 대해 부정적 증거'라는 말은 그 자료가 해당 가설이 참일 확률을 낮춘다는 뜻이다. 또한 '자료가 어떤 가설에 대해 중립적 증거'라는 말은 그 자료가 해당 가설이 참일 확률을 높이지도 낮추지도 않는다는 뜻이다. 이를 통해 하나의 자료가 서로 양립할 수 없는 여러 경쟁가설들과 어떤 관계에 있는지 추적할 수 있다. 이를 위해 경쟁가설들로 이루어진 집합을 생각해 보자. 참일 수 없는 가설은 고려할 가치가 없으므로 우리가 고려하는 경쟁가설의 확률은 모두 0보다 크다고 할 수 있다. 또한 경쟁가설 집합에 속한 가설들은 동시에 참이 될 수 없으며, 그 가설들 중 하나는 참이라고 상정한다. 그러므로 경쟁가설 집합에 속한 각 가설들이 참일 확률의 합이 1이 된다. 물론 경쟁가설 집합의 크기는 다양할 수 있다. 위 정의에 따라 경쟁가설 집합에 속한 가설들과 자료 사이의 관계를 규명할 수 있다. 가령, 경쟁가설 집합에 H1과 H2라는 두 개의 가설만 있는 경우를 생각해 보자. 이 경우 H1이 참일 확률과 H2가 참일 확률의 합은 1로 고정되어 있어 하나의 확률이 증가하면 다른 것의 확률은 감소할 수밖에 없다. 따라서 H1에 대해 긍정적 증거인 자료는 H2에 대해 부정적 증거가 된다. 비슷한 이유에서, H1에 대해 중립적 증거인 자료는 H2에 대해서도 중립적 증거가 된다.

① 어떤 자료가 세 개의 가설 각각에 대해 부정적 증거라면, 이 세 가설이 속하는 경쟁가설 집합에는 또 다른 가설이 적어도 하나는 있어야 한다.

② 어떤 자료가 경쟁가설 집합에 속한 한 가설의 확률을 1로 높이면, 그 자료는 그 집합에 속한 다른 가설에 대해 중립적 증거일 수 있다.

③ 경쟁가설 집합에 속한 어떤 가설에 대해 긍정적 증거인 자료는 그 집합에 속한 적어도 한 개의 다른 가설에 대해 부정적 증거가 된다.

④ 경쟁가설 집합 중에서 어떤 자료가 긍정적 증거가 되는 경쟁가설의 수와 부정적 증거가 되는 경쟁가설의 수는 다를 수 있다.

⑤ 경쟁가설 집합에 세 개의 가설만 있는 경우, 그 집합에 속한 가설 중 단 두 개에 대해서만 중립적인 자료는 있을 수 없다.

10

A, B에 대한 평가로 옳은 것만을 <보기>에서 있는 대로 고른 것은?

2016학년도 LEET 문27

다음은 모기가 인간의 혈액을 섭취하는 과정에서 섭취한 혈액 속의 액체성분을 꽁무니로 분비하는 이유에 대한 가설들이다.

A: 인간의 혈액은 적혈구 등의 세포성분과 혈장으로 불리는 액체성분으로 구성되어 있다. 모기가 인간의 혈액을 섭취할 때 단백질 성분이 풍부한 세포성분을 더 많이 몸속에 저장할수록 알을 더 많이 생산한다. 따라서 모기가 인간의 혈액을 섭취하는 과정에서 액체성분을 분비하는 것은 더 많은 세포성분을 몸속에 저장하기 위한 행동이다.

B: 급격한 온도 변화는 곤충의 생리에 좋지 않은 영향을 미친다. 평소 인간보다 낮은 체온을 가진 모기는 인간의 혈액을 섭취할 때 고온 스트레스의 위험에 직면하게 된다. 따라서 모기가 인간의 혈액을 섭취하는 과정에서 액체성분을 분비하는 것은 증발 현상을 이용하여 체온 상승을 조절하기 위한 행동이다.

─────────〈보기〉─────────

ㄱ. 세포성분이 정상이고 모기의 체온과 같은 온도의 혈액을 섭취한 모기로부터 분비되는 액체성분의 양보다, 세포성분이 정상보다 적고 모기의 체온과 같은 온도의 혈액을 섭취한 모기로부터 분비되는 액체성분의 양이 많다면, A는 강화된다.

ㄴ. 세포성분이 없고 인간의 체온과 같은 온도의 혈액을 섭취한 모기로부터는 액체성분이 분비되지만, 세포성분이 없고 모기의 체온과 같은 온도의 혈액을 섭취한 모기로부터는 액체성분이 분비되지 않는다면, B는 강화된다.

ㄷ. 세포성분이 정상이고 모기의 체온과 같은 온도의 혈액을 섭취한 모기로부터 분비되는 액체성분의 양보다, 세포성분이 정상보다 적고 인간의 체온과 같은 온도의 혈액을 섭취한 모기로부터 분비되는 액체성분의 양이 많다면, A와 B 모두 강화된다.

① ㄱ
② ㄷ
③ ㄱ, ㄴ
④ ㄴ, ㄷ
⑤ ㄱ, ㄴ, ㄷ

11
다음으로부터 추론한 것으로 옳은 것만을 <보기>에서 있는 대로 고른 것은?   2018학년도 LEET 문35

염색체에는 짧은 염기서열 단위가 여러 번 반복되는 STR(short tandem repeat)이라는 부위들이 존재한다. STR의 반복횟수는 개인에 따라 다양하며, 부모로부터 자식에게 유전된다. STR의 반복횟수를 검사 및 대조하여 유전자 감식에 이용한다. 예를 들어, 두 검체를 가지고 상염색체 STR을 통해 아버지와 자식 관계를 검사할 때, 부모의 STR 한 쌍 중 자식은 한쪽만을 받으므로 동일한 STR 부위에서 한 쌍 중 하나의 반복횟수는 반드시 동일해야 한다. 만약 그렇지 않으면 친자관계의 가능성은 배제된다. 성염색체인 Y염색체는 상염색체와는 달리 쌍을 이루지 않고 1개만 존재하며 아버지의 것이 아들에게 그대로 유전된다. 그러므로 아버지와 아들의 Y염색체 STR의 검사 결과는 동일하다. 반면 미토콘드리아 DNA는 염색체와는 무관하게 독립적인 유전을 하는데, 어머니의 것이 아들과 딸에게 그대로 유전되지만 아버지의 것은 자식에게 전해지지 않는다. 따라서 미토콘드리아 DNA 염기서열의 동일성 여부가 모계 추정에 활용된다.

비행기 추락 지역에 흩어진 다수의 시체 파편에 대해 DNA 감식이 시행되었다. 유가족 갑과 우선 발견된 유해 파편 검체의 DNA 감식 결과가 다음 <표>와 같았다. 각 STR 부위의 유전형은 반복횟수로 표기되며, 상염색체는 한 쌍이므로 두 개의 숫자로, Y염색체는 한 개이므로 한 개의 숫자로 표기된다. 예를 들어 어떤 상염색체 STR 부위의 유전형이 (9-11)이라면 (11-9)로 표기해도 무방하다. 미토콘드리아 DNA 감식 결과는 염기서열의 특징을 그리스 문자로 표기하였다.

<표> 갑과 검체들의 DNA 감식 결과

DNA 부위 이름	갑	검체 A	검체 B	검체 C
상염색체 STR1	15-15	10-15	13-13	12-15
상염색체 STR2	10-11	11-12	9-10	9-11
상염색체 STR3	7-9	8-9	5-7	8-8
Y염색체 STR1	8	8	10	8
Y염색체 STR2	12	12	12	12
Y염색체 STR3	10	10	8	12
미토콘드리아 DNA	α형	β형	α형	α형

⟨보기⟩

ㄱ. 검체 A는 갑의 친부일 가능성이 있다.
ㄴ. 검체 B는 갑의 이종사촌(이모의 자녀)일 가능성이 있다.
ㄷ. 검체 C는 갑의 이복형제일 가능성이 있다.

① ㄱ   ② ㄷ   ③ ㄱ, ㄴ
④ ㄴ, ㄷ   ⑤ ㄱ, ㄴ, ㄷ

12

(라)에 대한 추론으로 옳은 것을 <보기>에서 고른 것은?

2016학년도 LEET 문29

면역체계는 다양한 종류의 항원을 인식하고 파괴하는 방어메커니즘으로, 면역체계의 특징 중 하나는 기억 메커니즘을 가진다는 것이다. 즉, 특정 항원 P에 대한 면역 반응이 유도되면 이후에 이 항원과 동일하거나 유사한 항원은 기억 메커니즘에 의해 효율적으로 제거되고, 어떤 항원 Q가 그 기억 메커니즘에 의해서 효율적으로 제거되면 P와 Q는 동일하거나 유사한 항원이다.

면역체계는 외부 인자뿐 아니라, 암세포도 항원으로 인식하여 효율적으로 제거함으로써 암이 발생하는 것을 방지하는 역할을 수행한다. 암세포는 다양한 종류의 바이러스 혹은 화합물에 의해 유도될 수 있는데, 암 유발 물질의 종류에 따라 서로 같거나 다른 종류의 항원성을 가지는 암세포가 유도될 수 있다.

〈실험〉

(가) 바이러스 SV40으로부터 유발된 암세포 (A1, A2) 및 화합물 니트로벤젠으로부터 유발된 암세포 (B1, B2)를 분리하였다.

(나) 암세포에 노출된 적이 없어 암세포를 이식하면 암이 발생되는 4마리의 생쥐를 준비한 후, 2마리의 생쥐 (X1, X2)에는 A1을 이식하였고, 다른 2마리의 생쥐 (Y1, Y2)에는 B1을 이식하였다. 이들 암세포를 항원으로 하는 면역반응이 유도될 수 있는 충분한 시간이 지난 후, 수술을 통해 암세포로부터 형성된 암조직을 제거하여 암을 완치시켰다.

(다) 암이 완치된 2마리의 생쥐 (X1, Y1)에는 A2를, 암이 완치된 다른 2마리의 생쥐 (X2, Y2)에는 B2를 이식하였다. 이들 암세포를 항원으로 하는 면역반응이 유도될 수 있는 충분한 시간 동안 생쥐를 키우며 암 발생 여부를 관찰한 결과, X1에서만 암이 발생되지 않았다.

(라) (다)실험에서 암이 발생한 생쥐들은 암조직을 제거하여 암을 완치시킨 후, 이 생쥐들 (X2, Y1, Y2) 및 (다)실험에서 암이 발생하지 않은 X1에게 또 다시 암세포를 이식한 후 암 발생 여부를 관찰하였다.

─────── 〈보기〉 ───────

ㄱ. A1을 이식했다면 Y1과 Y2에서 암이 발생했을 것이다.

ㄴ. A2를 이식했다면 X2와 Y2에서 암이 발생했을 것이다.

ㄷ. B1을 이식했다면 X1과 X2에서 암이 발생했을 것이다.

ㄹ. B2를 이식했다면 X1과 Y1에서 암이 발생했을 것이다.

① ㄱ, ㄴ   ② ㄱ, ㄷ   ③ ㄱ, ㄹ

④ ㄴ, ㄹ   ⑤ ㄷ, ㄹ

13

을이 갑을 비판하는 근거로 적절한 것만을 <보기>에서 있는 대로 고른 것은?

X시는 A, B 두 인종으로 이루어져 있으며, A인종의 비율이 더 높다. 갑과 을은 X시 성인들을 대상으로 시민권에 대한 태도를 묻는 설문조사를 실시한 후 그 자료를 분석하여 다음과 같이 주장하였다. (분석에 사용된 X시 설문조사 자료는 대표성이 있으며, 자료의 인종 및 계급 분포는 X시 성인 전체의 인종 및 계급 분포와 동일하다.)

갑: 설문조사 자료를 분석하면 〈표 1〉을 얻을 수 있는데, 〈표 1〉은 X시의 경우 하층계급이 중간계급보다 시민권에 대해 더 긍정적인 태도를 가진다는 것을 보여준다.

을: 동일한 자료를 분석하면 〈표 2〉를 얻을 수 있으므로 〈표 1〉만 놓고 갑과 같은 결론을 내려서는 안 된다. 〈표 2〉는 중간계급이 하층계급보다 시민권에 대해 더 긍정적인 태도를 가진다는 것을 보여준다.

〈표 1〉 사회계급에 따른 시민권에 대한 태도

시민권에 대한 태도	긍정적	부정적	계
중간계급	37%	63%	100%
하층계급	45%	55%	100%

〈표 2〉 사회계급과 인종에 따른 시민권에 대한 태도

시민권에 대한 태도		긍정적	부정적	계
중간계급	A인종	70%	30%	100%
	B인종	30%	70%	100%
하층계급	A인종	50%	50%	100%
	B인종	20%	80%	100%

─────〈보기〉─────

ㄱ. 중간계급 중 A인종이 더 많기 때문에 〈표 1〉은 X시 성인들의 시민권에 대한 태도를 제대로 드러내지 않는다.

ㄴ. 하층계급 중 A인종이 더 많기 때문에 〈표 1〉은 X시 성인들의 시민권에 대한 태도를 제대로 드러내지 않는다.

ㄷ. B인종 중 하층계급이 더 많기 때문에 〈표 1〉은 X시 성인들의 시민권에 대한 태도를 제대로 드러내지 않는다.

① ㄱ　　　　　　② ㄴ　　　　　　③ ㄷ

④ ㄱ, ㄴ　　　　　⑤ ㄱ, ㄷ

14

사형 찬성론자들이 <표>의 결과를 자신들의 입장에 불리하지 않게 해석한 것으로 옳은 것만을 <보기>에서 있는 대로 고른 것은?

2014학년도 LEET 문26

사형을 지지하는 사람들은 사형 집행의 위협이 잠재적 살인자의 살인 행위를 억제할 수 있다고 주장한다. 사형을 반대하는 사람들은 이러한 효과가 없다고 주장한다. 사형 제도가 실제로 살인을 억제하는 효과가 있다면, 사형 제도가 있는 지역이 그렇지 않은 지역보다 낮은 살인 범죄율을 보일 것이라고 기대된다. 〈표〉는 연방 국가인 A국의 사형 제도가 있는 지역과 사형 제도가 없는 지역 간 1급 및 2급 살인 범죄율을 제시한 것이다. 이 〈표〉에 근거하여 사형 제도가 살인과 같은 중범죄를 억제할 수 있는가에 대한 논쟁이 제기되고 있다.

〈표〉 사형 제도가 없는 주(州)와 사형 제도가 있는 주의 살인 범죄율

구 분	사형 제도가 없는 주		사형 제도가 있는 주	
	1967년	1968년	1967년	1968년
1급 살인	0.18	0.21	0.47	0.59
2급 살인	0.30	0.43	0.92	0.99
계	0.48	0.64	1.39	1.58

※ 살인 범죄율=(살인 범죄 발생 건수/인구수)×100,000

─────〈보기〉─────

ㄱ. 〈표〉는 제도적으로는 사형 제도를 도입했지만 실제로는 사형을 집행하지 않았기 때문에 나타난 결과일 수 있다.

ㄴ. 〈표〉는 사형 제도 이외의 다른 사회적 요소가 각 지역별 살인 범죄율의 차이를 만들었으며 사형 제도의 억제 효과를 압도했기 때문에 나타난 결과일 수 있다.

ㄷ. 사형 제도가 폐지되었다고 하더라도 그 효과는 당분간 지속될 수 있으므로, 〈표〉의 사형 제도가 없는 주의 경우 1967년 이전까지 사형 제도가 있었는지 살펴보아야 한다.

① ㄱ ② ㄴ ③ ㄱ, ㄷ
④ ㄴ, ㄷ ⑤ ㄱ, ㄴ, ㄷ

정답 및 해설 p.185

정답 및 해설

예시문제

정답   p.21

01	02	03	04	05
②	①	②	②	⑤
06	07	08	09	10
④	①	⑤	③	③
11	12	13	14	15
⑤	③	①	①	⑤
16	17	18	19	20
④	⑤	①	⑤	①
21	22	23	24	25
⑤	③	②	⑤	⑤
26	27	28	29	30
①	①	②	③	②

01   정답 ②

해설

ㄱ. (X) 본문에 따르면, 연민은 모든 이성적 반성에 앞서는 자연의 충동이므로, 이성적 반성을 전제로 하지 않아 이성적 반성이 없이도 작동될 수 있다.

ㄴ. (X) 본문에 따르면, 혐오감은 연민이라는 자연의 감정 속에서 그 근원을 발견할 수 있으므로 연민의 감정에서 비롯된다고 할 수 있으나, 자기애는 본성에 의해 연민과는 별도로 우리에게 새겨진 또 다른 감정이므로 연민의 감정에서 비롯된다고 할 수 없다.

ㄷ. (O) 본문은 연민과 자기애가 모두 존재한다는 것을 전제로, 타인에 대한 연민의 감정이 자기애가 과도하게 작용되는 것을 방지한다고 설명한다. 타인에 대한 연민의 감정과 자기애는 양립할 수 있다.

02   정답 ①

해설

① (O) "죄책감은 … 다른 사람에게 자신의 잘못을 상담하기도 하는 등"이라는 문장(단락 3)에서 잘못을 드러내는 사람이 죄책감을 느끼는 사람임을 확인할 수 있다. 이에 따라 잘못을 숨기려는 사람이 수치심을 느끼는 사람임도 알 수 있다. 또한 수치심을 느끼는 사람은 자기평가에서 부정하는 범위가 가장 넓다. 수치심을 느끼는 사람이 자기평가의 범위가 더 넓다고 보는 것이 타당하다.

② (X) 단락 3을 통해 부정적 상황에서 느끼는 감정이 수치심인지, 죄책감인지에 따라 심리적 방어기제는 달라짐을 확인할 수 있다.

③ (X) 심리적 불안 상태는 수치심의 경우에 발생한다. 반면 행위자와 행위를 분리하는 것은 죄책감의 경우이다. 따라서 틀린 선지이다.

④ (X) 심리적 충격을 받는 상황에서 수치심과 죄책감 모두 나타날 수 있고, 부정의 방향성에 따라 두 감정이 구분되므로, 이를 원인으로 보기는 어렵다.

⑤ (X) 수치심 또한 외부의 규범에 반하는 부정적인 일을 하였을 때 발생할 수 있다.

03   정답 ②

해설

ㄱ. (X) X국 규정 제3조에 의하면, 성년에 이른 자녀 또는 자녀가 사망한 경우 성년에 이른 그의 직계후손만을 제1조 2항의 신상정보서의 사항을 열람할 수 있는 주체로 규정하고 있으므로, 그 자녀의 부(父)인 을은 신상정보서의 열람을 청구하여 열람할 수 없다.

ㄴ. (X) X국 규정 제4조에 의하면, 신청자가 신상정보서 작성 시 자신의 사망 이후 이를 공개하는 것에 대해 명시적으로 반대하지 않은 경우에만 신청자 사망 이후 신상정보서를 언제든지 열람할 수 있게 된다. ㄴ에서 명시적으로 반대가 있었는지 여부가 확인되지 않으므로, 국가심의회가 바로 해당 정보를 열람할 수 있게 허용할 수는 없다.

ㄷ. (O) 자녀 병이 사망한 이후 성년에 이른 그의 직계후손 정이 제1조 2항 (1)의 정보의 열람을 청구하였다. 정이 열람 청구한 정보는 신청자의 동의가 필요한 제1조 2항 (2)의 정보가 아니므로, 국가심의회는 갑의 명시적인 반대 의사에도 불구하고 해당 정보를 열람하게 할 수 있다.

04   정답 ②

해설

① (X) 2021년 3월 15일부터 A지역의 발굴에 착수하기 위해서는 1조 2항에 따라 문화재청장 甲은 발굴 착수일 2주일 전까지 소유자 등에게 미리 알려주어야 한다. 즉 2021년 3월 1일까지 알려주어야 한다.

② (O) 丙은 A지역을 점수·사용하고 있는 자로서 '소유자 등'에 해당한다. 1조 3항을 보면, 제2항에 따른 통보를 받은 소유자 등은 그 발굴에 대하여 문화재청장에게 의견을 제출할 수 있다.

③ (X) 1조 7항을 보면, 문화재청장은 제1항에 따른 발굴 현장에 발굴의 목적, 조사기관, 소요 기간 등의 내용을 알리는 안내판을 설치하여야 한다. 따라서 乙이 아닌 문화재청장 甲이 해야 할 일이다.

④ (X) 제2항에 따른 통보를 받은 소유자 등은 발굴을 거부하거나 방해 또는 기피하여서는 아니 된다.

⑤ (X) 제5항에 따른 손실보상에 관하여는 문화재청장과 손실을 받은 자가 협의하여야 한다.

05
정답 ⑤

해설

갑	영구적인 주소가 없으므로 셋째 조건에 따라 통상적으로 거주하는 Y국 거주자로 본다.
을	X국에서 소득을 얻으며, 동시에 X국에 영구적인 주소를 가지고 있으므로, 첫째 조건에 따라 X국 거주자로 본다.
병	X국과 Y국 모두에 영구적인 주소가 있으나, X국과 더 중요한 이해를 가진다. 따라서 둘째 조건에 따라 X국 거주자로 본다.
정	통상적 거주지가 없으므로 넷째 조건에 따라 Y국 거주자로 본다.

① (X) 갑은 Y국, 병은 X국 거주자이다.
② (X) 모두 결정된다.
③ (X) Z국 국적자는 을뿐이다. 을은 X국 거주자이다.
④ (X) X국에 영구적인 주소를 가지는 사람은 정으로, Y국 거주자이다.
⑤ (O) X국 거주자는 을, 병이며 Y국 거주자는 갑, 정이다. 둘 모두 2명으로 동일하다.

06
정답 ④

해설

ㄱ. (X) 지니계수는 불평등의 척도이다. 시장소득 지니계수와 처분가능소득 지니계수의 차이가 큰 아일랜드의 사례는 정부에 의한 재분배 정책 효과를 보일 뿐, 우리나라의 재분배 정책에 대한 평가와는 관계가 없다.
ㄴ. (O) 소득세 자료와 가계설문조사 자료 사이에 차이가 있다는 사실은 통계가 현실을 충분히 반영하지 못할 가능성을 제시한다. 따라서 주장의 근거에 한계가 있음을 지적하는 것으로 옳은 비판이다.
ㄷ. (O) 주장에서는 OECD 회원국과의 비교를 통해, 우리나라의 소득재분배 수준이 국제적으로 높은 만큼 정책 필요성이 낮음을 강조한다. 만약 국가 간 비교가 무의미하다면, 주장은 약화된다.

07
정답 ①

해설

지문의 내용을 기호화하여 정리하면 다음과 같다.
1. (X∧¬아나운서) → 변호사
2. 아나운서 → 붉은색 넥타이
3. (X∧푸른색 넥타이) ⊢ (X∧¬아나운서) ⊢ (X∧변호사)
4. X → 영국인∨미국인
5. (영국인∧¬한국생활) → ¬김치…
6. (한국생활∧변호사) → 붉은색 넥타이
7. (X∧푸른색 넥타이) ⊢ (X∧¬한국생활)
8. (1.~7.) ⊢ (¬김치… → ¬영국인)
지문에서 도출하고자 하는 결론은 X가 미국인 변호사라는 것이다. 그런데 시작이 "X가 변호사가 아니라면 아나운서"이므로, 이는 귀류법을 이용하는 것이다. 이어 X가 아나운서가 아닌 이유("아나운서는 붉은색 넥타이를 착용하는데, X는 푸른색 넥타이를 착용한다.")가 제시되어 X는 변호사로 확정된다. 이어서 X는 영국인 또는 미국인 변호사이고, 또 영국인 변호사라면 충족시킬 조건이 등장하는데, 이는 영국인이 아님을

증명함으로써 X가 미국인 변호사를 보이고자 하는 것이다. 그런데 제시문에 "어떤 영국인도 한국 생활을 경험해 본 적이 없다면, 김치를 먹을 줄 모른다. 그리고 한국 생활을 경험한 변호사들은 모두 붉은색 넥타이를 착용한다."고 되어 있다. X는 푸른색 넥타이를 착용함을 먼저 보았으므로, X는 한국 생활을 경험해 본 적이 없다. 앞서 본 바와 같이 어떤 영국인도 한국 생활을 경험해 본 적이 없다면 김치를 먹을 줄 모르므로, X가 김치를 먹을 줄 안다면 X는 영국인이 아니다. 따라서 정답은 "X는 김치를 먹을 줄 안다."이다.

08
정답 ⑤

해설

① (O) 레이는 자유의지를 갖지 않거나 갖는다. 레이가 자유의지를 갖는다면 행위를 할 수 있다.
② (O) 레이가 사람이라면, 자유의지를 가진다. 자유의지를 가지면 행위를 할 수 있다. 따라서 사유할 수 있다. 사유할 수 있으면 의사를 표현할 수 있고, 이에 따라 레이는 누군가를 사랑하거나, 누군가에게 사랑받아야 한다. 레이는 누구에게도 사랑받지 않으므로 누군가를 사랑한다.
③ (O) 레이는 자유의지를 갖지 않거나 갖는다. 레이가 자유의지를 갖는다면 ②에 따라 누군가를 사랑한다.
④ (O) 첫째 조건에 따라 사유할 수 없을 때는 행위를 할 수 없다.
⑤ (X) 레이가 의사를 표명할 수 있다면 사유할 수 있다. 사유할 수 있으면 행위를 할 수 있는 것도 사실이다. 그러나 행위를 할 수 있는 존재가 반드시 자유의지를 가지는 것은 아니다.

09
정답 ③

해설

ㄱ. (O) '성격이 원만하지 않은 모든 사람은 친절하지 않다'라는 말은 '친절하다면 성격이 원만한 사람이다'라는 말과 의미가 같다. 모든 논리학자는 친절하지 않은 모든 사람을 좋아하고, 친절하지 않은 모든 사람을 좋아하는 사람은 모두 그 자신도 친절하지 않으므로, 논리학자는 모두 친절하지 않다. '논리학자는 모두 친절하지 않다'라는 말은 '친절한 사람은 논리학자가 아니다'라는 말과 의미가 같다. 모든 사업가는 친절하고, 친절하다면 성격이 원만하므로, 사업가 중 성격이 원만하지 않은 사람은 없다. 갑의 성격이 원만하지 않다면, 갑은 사업가일 수는 없고, 논리학자이다. 모든 논리학자는 친절하지 않은 모든 사람을 좋아하므로, 논리학자 갑 또한 친절하지 않은 모든 사람을 좋아한다.
ㄴ. (O) 모든 논리학자는 친절하지 않은 모든 사람을 좋아하고, 논리학자는 모두 친절하지 않으므로, 모든 논리학자는 논리학자들을 좋아한다. 어떤 철학자는 논리학자일 수밖에 없는데, 을이 논리학자라면, 논리학자인 어떤 철학자는 논리학자인 을을 좋아할 것이다.
ㄷ. (X) 사업가는 친절하므로, 병이 사업가인 동시에 철학자라면 '병이 친절하다면, 병은 사업가가 아니거나 철학자가 아니다'라는 추론은 옳지 않게 된다. 주어진 명제들만으로는 사업가이자 철학자인 사람의 존재 가능성을 배제할 수 없으므로, 위와 같이 단정하여 추론할 수 없다.

10

해설

지문의 진술을 정리하면 다음과 같다.

- 甲: 丙이 범인이다.
- 乙: 乙은 범인이 아니다.
- 丙: 丁이 범인이다.
- 丁: 甲의 진술은 거짓이다.
  1) 丁이 참이면 丙은 거짓이다.
  2) 丁이 거짓이면 丙은 참이다.

丁과 丙이 동시에 참일 수 없으므로 다음과 같이 두 가지 기준을 나눌 수 있다.

〈기준 1〉 丁이 참이고 丙이 거짓인 경우 ⇒ 丁 범인 X
〈기준 2〉 丁이 거짓이고 丙이 참인 경우 ⇒ 丁 범인 O

① (O) 범인이 두 명이라면 기준 1에서는 甲, 乙이 모두 참일 경우 丙은 범인이 되고 丙은 거짓이므로 성립하는 명제이고 기준 2에서는 乙이 거짓인 경우 성립한다.

② (O) 세 명이 거짓 진술을 하였다면 기준 1에서는 甲, 乙, 丙이 거짓이므로 丙, 丁은 범인이 아니고 乙이 범인이 된다. 기준 2에서는 甲, 乙, 丁이 거짓이므로, 丙은 범인이 아니고, 丁과 乙이 범인이 된다. 따라서 乙은 무조건 범인이 되므로 옳은 선지이다.

③ (X) 범인이 세 명인 경우, 기준 2를 따를 때 丁이 범인이다. 이때 甲과 乙이 참일 경우, 丁과 丙이 범인이고 乙은 범인이 아니지만, 甲이 범인일 수 있다. 따라서 한 명의 진술이 거짓인 것만으로 세 명이 범인이 될 가능성이 있어 틀린 선지이다.

④ (O) 丙과 丁은 서로 모순이다.

⑤ (O) 乙이 범인이 아니라면 乙의 진술은 참이다. 또한 丙과 丁은 모순이므로 둘 중 한 명은 참이다. 따라서 범인이 세 명이면 최소 두 명의 진술이 참이다.

11

해설

8권의 책을 3명이 서로 다른 수만큼 나눠 가지는 방법은 다음 두 가지이다.

$$(5, 2, 1) \qquad (4, 3, 1)$$

이때 병은 1권만을 소장할 수 있다. 이를 기준으로 조건을 정리하면 다음과 같다.

1. B와 D는 한 사람이 C는 또 다른 한 사람이 가진다.
2. E와 F는 한 사람이 G, H는 다른 사람이 가진다.
3. G는 동양서만 보유한다.
4. H는 갑이 소유한다.

H를 갑이 소유하므로 갑은 EF를 소유하지 않는다. 또한 갑은 가장 많은 수의 책을 가지고 있으므로 G를 소유할 수도 없다.

이에 따라 갑-H, 을-EF, 병-G는 고정된다. 이때 을이 BD를 동시에 가질 수 없으므로 갑-BDH, 을-ECF, 병-G임을 알 수 있다. 따라서 갑-ABDH이다.

12

해설

우주인 선발에 관한 5개의 지문중 3개만 옳다. 이러한 유형의 문제에서는 먼저 서로 모순되므로 둘 중 하나를 배제할 수 있는 진술이 있는지 찾아보아야 한다.

그런데 두 번째 진술은 "E, F, G는 모두 탈락하였다."인데 이는 곧 "A, B, C, D 중 2명이 선발되었다."는 것이므로, 네 번째 진술인 "A, B, C, D 중에서 1명만 선발되었다."와 모순된다. 한편 첫 번째 진술은 "A, B, G는 모두 탈락하였다."인데 이는 곧 "C, D, E, F 중 2명이 선발되었다."는 것이다. 그런데 다섯 번째 진술을 보면, "B, C, D 중 1명, D, E, F 중 1명"만 선발되었다고 한다. 이 경우에 D가 선발되는 경우 (다른 3명 중 1명이 선발되어야 하므로) 다섯 번째 진술과 모순되게 되고, C가 선발되고 E, F 중 1명이 선발되는 경우에는 5개의 지문 중 4개의 진술(첫 번째, 세 번째, 네 번째, 다섯 번째)이 참이 되므로 이 또한 불가능하다. 한편 E, F가 선발되는 경우는 다시 다섯 번째 진술과 모순된다. 결국 첫 번째 진술과 다섯 번째 진술, 두 번째 진술과 네 번째 진술은 같이 참일 수 없으므로, 세 번째 진술은 확실히 참이다. 이에 따라 경우의 수를 나누어 살펴본다.

〈경우 1〉 C가 선발된 경우 / G 탈락

1. 첫 번째, 두 번째 진술이 각 참인 경우
   C, D, E, F 중 2명, A, B, C, D 중 2명이 선발되어야 하므로, 겹치는 C와 D가 선발된다.

2. 첫 번째, 네 번째 진술이 각각 참인 경우
   C, D, E, F 중 2명이 선발되어야 하는데 C는 선발되었으므로 D, E, F 중 1명이 선발된다. 한편 네 번째 진술에 의해 A, B, C, D 중 1명이 선발되는데 이미 C는 선발되었으므로, D는 선발될 수 없다. 따라서 C와 E 또는 F가 선발되어야 하는데, 이는 다섯 번째 진술도 참으로 만든다. 그렇다면 이 경우 참인 진술이 4개가 되므로, 이 경우에는 조건에 맞게 유효하게 선발할 수 없다.

3. 두 번째, 다섯 번째 진술이 각각 참인 경우
   A, B, C, D 중 2명이 선발되어야 하는데 C는 선발되었으므로 A, B, D 중 1명이 선발된다. 한편 다섯 번째 진술에 의해 B, C, D 중 1명, D, E, F 중 1명이 선발되어야 하는데, C는 선발되었으므로 B, C, D 중에서는 아무도 선발될 수 없고, E, F 중에서는 1명을 선발하여야 한다. 결국 A, B, D 중 1명, E, F 중 1명에 C까지 선발시키는 조건을 만족시키는 경우는 없으므로, 이 경우에는 조건에 맞게 유효한 선발을 할 수 없다.

4. 네 번째, 다섯 번째 진술이 각각 참인 경우
   A, B, C, D 중 1명이 선발되었는데 C가 이미 선발되었으므로 A, B, D는 선발될 수 없다. 한편 D, E, F 중 1명이 선발되는데 D는 선발될 수 없으므로 E, F 중 1명이 선발된다. 그런데 이는 다시 첫 번째 진술을 참으로 만들어서 참인 진술이 4개가 되므로, 이 경우 조건에 맞게 유효하게 선발할 수 없다.

〈경우 2〉 G가 선발된 경우 / C 탈락

첫 번째, 두 번째 진술이 거짓이 되므로, 자연스럽게 세 번째, 네 번째, 다섯 번째 진술에 따라 우주인을 선발하게 된다. A, B, C, D 중에서 1명만 선발하는데, B, C, D 중 1명, D, E, F 중 1명을 선발하여야 하므로, G를 제외하고 선발될 자는 D가 된다. 따라서 D와 G가 선발된다.

따라서 조건에 맞게 유효하게 선발 가능한 경우에는 C, D 또는 D, G가 선발되므로, 반드시 선발되는 사람은 D이다.

13

해설

C에 1순위를 부여한 사람은 없다는 점에서, 가능한 선호순위의 경우의 수를 4가지로 줄일 수 있다.

즉, (1) A > B > C, (2) A > C > B, (3) B > C > A, (4) B > A > C의 4개 중에서 사람의 우선순위가 결정되고, 이중 C에 3순위를 부여한 사람의 수, 즉 (1)+(4)를 구해야 한다.

그런데 주어진 정보에서 A>B가 11명, B>C가 14명, C>A가 6명이다. 그런데 위 보기 중 C>A인 경우는 (3)뿐이므로, (3)은 6임을 알 수 있다. 한편 총원이 20명이므로, 이를 위 우선순위에 적용하여 연립방정식을 세우면, A>B가 공통되는 (1)+(2)=11, B>C가 공통되는 (1)+6+(4)=14, (1)+(2)+6+(4)=20이다. 이러한 연립방정식을 풀면 (2)는 6, (1)은 5, (4)는 3임을 알 수 있다. 결국 C에 3순위를 부여한 사람의 수인 (1)+(4)=8이다.

14 정답 ①

해설

ㄱ. (O) 구슬 A와 E가 각각 담겨 있는 두 상자의 거리는 0이고, 구슬 C와 E가 각각 담겨 있는 두 상자의 거리는 2이며, 구슬이 담겨 있는 임의의 두 상자의 거리는 모두 다르므로, A와 E와 C의 배치는 C□□EA 또는 AE□□C가 된다. 구슬 B와 D가 각각 담겨 있는 두 상자의 거리는 1이므로, B와 D는 배치는 B□D 또는 D□B가 된다. 구슬 A와 D가 각각 담겨 있는 두 상자 사이에 구슬이 담겨 있는 상자는 한 개뿐이라는 점을 고려했을 때, A 바로 옆에 배치되는 구슬이 D가 아닌 B가 될 수밖에 없는데, 이미 A와 C의 거리가 3이므로, 구슬 A와 B의 거리는 4가 될 수밖에 없다(5가 될 경우 상자 12개를 벗어나게 된다). 그렇다면 구슬들의 배치는 C□□EA□□□B□D 또는 D□B□□□AE□□C가 된다. 위의 두 경우 모두에서 구슬 A와 B가 각각 담겨 있는 두 상자 사이에는 구슬이 담겨 있는 상자가 없다.

ㄴ. (X) 위의 두 경우 중 전자의 경우, 구슬 C가 담겨 있는 상자의 번호가 구슬 D가 담겨 있는 상자의 번호보다 작으므로, '구슬 C가 담겨 있는 상자의 번호는 구슬 D가 담겨 있는 상자의 번호보다 크다'고 단정할 수 없다. 따라서 옳지 않은 추론이다.

ㄷ. (X) 위의 두 경우 중 후자의 경우, 8번 상자가 비어 있지 않다. '7번 상자와 8번 상자는 모두 비어 있다'고 단정할 수 없다. 따라서 옳지 않은 추론이다.

15 정답 ⑤

해설

- 1단계: 입력 a ⇒ 출력 a
- 2단계: 입력 b ⇒ 출력 a+bb
- 3단계: 입력 c ⇒ 출력 a+bb+ccc

　　　단, a+bb+ccc ≥ 1,000 ⇒ 0 출력

ㄱ. (X) 100=1+99

　　　…

　　　108=9+99

　　　109 ⇒ 불가능하다.

ㄴ. (O) 250=222+22+6

　　　＝111+99+? ⇒ 나머지 경우에는 불가능하다.

ㄷ. (O) 100=99+1200=111+88+1

　　　…

　　　900=888+11+1 ⇒ 가능하다.

16 정답 ④

해설

① (O) A의 1차 분담금을 x, C의 1차 분담금을 y, 두 번째로 가장 많은 2차 분담금을 부담하는 국가의 2차 분담금을 z, B의 2차 분담금을 a라 하자. 가장 많은 1차 분담금을 부담하는 국가와 두 번째로 가장 많

은 2차 분담금을 부담하는 국가가 아직 밝혀지지 않았으므로, ⅰ) 가장 많은 2차 분담금을 부담하는 국가가 A인 경우와, ⅱ) 가장 많은 2차 분담금을 부담하는 국가가 D인 경우로 나누어 생각한다. ⅰ)의 경우, 가장 많은 분담금을 부담하는 국가가 A임은 당연하다. ⅱ)의 경우, x > 260억이고, 250억 < z < 300억이므로, A의 분담금(x+z)은 510억보다 많다. a < 250억이고 200억 < y < 260억인바 B의 분담금(260억+a)와 C의 분담금(y+250억)은 모두 510억보다 적으므로, 이 경우에서도 A가 가장 많은 분담금을 부담한다. 따라서 가장 많은 분담금을 부담하는 국가는 A이다.

② (O) z+a = 450억이고 250억 < z < 300억이다. 따라서 150억 < a < 200억이다. 이때 B의 분담금(260억+a)은 410억보다 많고 460억보다 적게 된다. B의 분담금은 460억 달러 이하이다.

③ (O) A의 분담금이 570억 달러이면, ⅰ)의 경우, 1차 분담금의 총액이 1,000억 달러임을 고려했을 때, x+y=540억이고, 200억 < y < 260억이므로 300억 < x < 340억이어야 한다. 그런데 A의 분담금이 570억 달러이면 x=(570억-300억)=270억이므로, A의 분담금이 570억 달러라는 조건 하에서 ⅰ)은 성립할 수 없다. 따라서 ⅱ)의 경우만을 상정할 수 있고, 이때 D의 분담금은 500억(200억+300억) 달러이다.

④ (X) ⅰ)의 경우에서, 250억 < z < 300억이므로 D의 분담금은 450억보다 많고 500억보다 적다. C의 분담금은 250억+y이므로 위에서 본바와 같이 200억 < y < 260억이므로 C의 분담금은 450억보다 많고 510억보다 적다. 따라서 C의 분담금과 D의 분담금의 차이가 50억 달러를 넘는 경우가 생길 수 있으므로, 그 차이가 50억 달러 이하라고 단정할 수 없다.

⑤ (O) a < 250억이므로 B는 '어떤 국가'가 될 수 없다. D의 1차 분담금은 200억인데, D의 2차 분담금이 250억을 넘으므로, D 또한 '어떤 국가'가 될 수 없다. 어떤 국가가 A라면, x=300억이므로 A의 분담금은 600억 달러로 600억 달러 이하이다. 어떤 국가가 C라면, y=250억이고, x=290억이다. 이때 ⅰ)의 경우이면 A의 분담금은 590억(290억+300억)이 되고, ⅱ)의 경우이면 250억 < z < 300억인바 A의 분담금은 540억보다 크고 590억보다 작게 된다. 따라서 어떤 경우에서든 A의 분담금은 600억 달러 이하이다. 따라서 '어떤 국가의 1차 분담금과 2차 분담금이 같으면 A의 분담금은 600억 달러 이하이다'라는 추론은 옳다.

17 정답 ⑤

해설

ㄱ. (O) 지문에 의하면, ㉠(미래에 그러할 것이다)에서 ㉡(미래에 그럴 것이다)을 도출할 수 없는 이유는, 그러한 추리가 가능하기 위해서는 ㉢(미래와 과거가 똑같다)이 전제되어 있어야 하기 때문이다. 그런데 만약 ㉢을 참이라고 가정한다면, ㉠에서 ㉡을 추리하기 위한 전제조건이 충족된 것이므로, ㉠에서 ㉡을 추리할 수 있다.

ㄴ. (O) 지문에 의하면 ㉠에서 ㉡을 추리할 수 있는 것은 ㉢이 참이라는 전제가 있을 때이므로, 만약 ㉢이 거짓이라면 ㉡이 참이라고 확신할 수 없다.

ㄷ. (O) 지문에 의하면 경험을 근거로 하는 어떠한 논증도 미래가 과거가 똑같을 것이라는 점을 증명할 수 없는데, 이는 그런 논증이 모두 미래와 과거가 똑같다는 그 가정(㉢)에 근거해 있기 때문이다. 결국 ㉢을 정당화할 수 있는, 경험에 근거한 추리란 없다.

18

해설

ㄱ. (O) 지문은 태아가 왜 인간인지에 대한 논증 등의 과정 없이, 태아가 인간임을 전제하고, 이에 대해 인간에게 적용할 수 있는 "모든 인간이 존엄과 가치를 가진다"는 명제를 곧바로 적용하고 있다.

ㄴ. (O) 지문은 장애가 예상되는 아동에 대한 낙태는 현재의 장애자의 삶의 가치를 부정하는 것이라고 주장하고 있고, 이는 장애자라는 이유로 차별받아서는 안 된다는 것을 전제하고 있는 것이다.

ㄷ. (X) 지문은 산전 검사에 기초한 낙태를 금지하자는 것이지, 산전 검사 자체가 금지되어야 한다는 의미는 아니다.

ㄹ. (X) 틀렸다. 지문은 산전 검사가 우생학에 기반하고 있다는 등의 내용은 언급하고 있지 않고, 이것이 전제되어 있다고 볼 사정도 없다.

ㅁ. (X) 산모의 결정권을 존중한다면, 낙태 수술의 허용 범위를 확장하는 방향의 주장을 제시할 것이다. 이는 지문의 주장에 반한다.

19

해설

애덤 스미스 주장은 다음과 같다.

ⓐ 한 종목에 투자하면 이윤이 낮아진다.

ⓑ 투자액이 증가하면 a로 인해 모든 업종에서 동일한 효과가 발생한다.

ⓒ 이윤이 낮아지는 이유는 가격을 낮추기 때문이다.

지문의 주장은 다음과 같다.

ⓓ 한 상품에 국한되면 이윤이 낮아지지만, 모든 종목일 경우에는 그렇지 않다.

ⓔ 모두 가격이 내려간다면 실제로 가격이 떨어지는 건 아니기 때문이다.

ⓕ 모두 가격이 내려가는데 노동만 내려가지 않는다면 이는 임금상승이 된다.

위 내용을 통해 선지를 판단해 보면 다음과 같다.

① (O) ⓓ를 통해 확인할 수 있다. 한 상품에 대해서는 가능성을 인정하고 있다.

② (O) ⓓ+ⓔ를 통해 확인할 수 있다.

③ (O) "ⓓ …이다. ⓔ이기 때문이다."라는 구조를 통해서 ⓔ→ⓓ임을 확인할 수 있다.

④ (O) "모든 상품의 가격이 하락하는 것(ⓒ)"은 실제로 하락하는 것이 아님을 임금 상승(ⓕ)을 통해 비판하고 있다.

⑤ (X) ⓕ는 지문의 최종결론으로 ⓔ의 근거가 되지 않는다. ⓔ는 ⓓ의 근거고 이를 종합하여 ⓕ라는 결론이 도출된다.

20

해설

최종 결론이 될 수 있는 문장을 선지에서 확인하고 검토한다. 선지에서 ㉠(선지 ①, ③, ⑤)과 ㉢(선지 ②, ④)이 최종 결론의 자리에 위치한다. ㉢은 "~ 었다는 연구 결과가 있다."로 끝난다. 즉, ㉢은 연구 결과(근거)를 제시하는 문장으로 결론의 자리에 올 수 없다. 최종 결론뿐 아니라 소결론의 자리에도 올 수 없는 문장이다. 이에 따라 선지 ②, ③, ④, ⑤를 제외할 수 있다.

㉠ 대결론

로봇을 사람처럼 대하는 현상에는 동서양의 차이가 있으며, 이는 문화선택에 근거한다.

㉡ 근거 1: 아이보에 대한 동서양의 인식 차이 1

– 친구가 될 가능성 (한국인 > 서양)

㉢ 근거 2: 아이보에 대한 동서양의 인식 차이 2

– 도덕 판단의 가능성 (한국인 > 서양)

㉣ 소결론 1: 한국인이 서양인에 비해 로봇을 사람처럼 대하는 경향이 크다.

㉤ 근거 1: 한국인의 문화 선택 1

– 묵가의 이론

㉥ 근거 2: 한국인의 문화 선택 2

– 유가의 이론

㉦ 소결론 2: 묵가와 유가의 이론에 따르면 아이보를 친구로, 도덕 판단의 대상으로 여길 수 있다.

㉧ 근거: 한국에서는 묵가와 유가의 이론을 따르는 문화선택이 발생하여, 한국인의 감정과 도덕성에 대한 일반적 경향이 형성되었다.

21

해설

ㄱ. (O) 시위를 진압하는 것은 국민의 권리를 제한하는 행정이다. A에 따르면 국민의 권리를 제한하는 경우 법적 근거 없이는 행정부가 해당 정책을 자유롭게 시행할 수 없다.

ㄴ. (O) B에 따르면 행정부의 모든 행위는 법적 근거를 필요로 한다. 따라서 그 행위가 국민에게 이익이 되는 경우라도, 법에 그 내용이 없다면 해당 정책을 시행할 수 없다.

ㄷ. (O) C에 따르면 중요한 영역일 경우, 행정부의 행정에는 법적 근거가 필요하다.

22

해설

① (X) 을은 정체불명의 '우리'가 사회 전체를 의미하게 될 가능성을 우려하고 있다. 을은 개인들의 다원성과 독자성을 지지하며, 전체주의적 태도를 경계한다. 따라서 선지의 전제로는 갑이 을의 비판에서 벗어날 수 없다.

② (X) 갑은 특수한 상황(타고난 재능의 소유권)에 대하여 개인의 소유권을 부정하고 있으나, 공동체 전체의 이익 총량 증대를 이유로 개인의 소유권이 제한될 수 있다는 주장은 한 바 없다.

③ (O) 을은 갑의 가정이 참일 경우를 전제하고 비판하고 있으나, 가정이 반드시 참이라 주장하는 것은 아니다.

④ (X) 을은 '공동선을 이유로 개인의 다원성과 독자성을 위반할 가능성 역시 경계하지 않을 수 없다'고 주장한다. 따라서 공유 원칙을 우선하지 않는다.

⑤ (X) 을은 개인의 덕을 존중하는 것이 중요함을 근거로 들고 있다.

23

해설

ㄱ. (X) 갑은 자도 소주 의무 구입 제도가 부당하다고 주장하고 있으므로, 정부 이에 반박하여 자도 소주 구입 제도를 옹호해야 한다. 그런데 소비자의 기호를 시장의 자율적 기능으로 충족시킬 권리를 제한받아서야 한다는 것은 자도 소주 의무 구입 제도의 부당함을 지적하는 근거이지, 이를 옹호하는 것이 아니다. 소주 도매업자가 영업장 소재지가 속한 도에서 생산되는 소주를 의무적으로 총 구입액의 50% 이상 구매해야 한다면, 최종 소비자들로서는 자도 소주를 제외한 다른 소주를 구매하기 어려워지므로, 자신의 기호에 대한 선택권을 침해받을 수 있기 때문이다.

ㄴ. (X) 해당 주장도 자도 소주 의무 구입 제도를 비판하는 근거이다. 만약 일반 소주에도 전통주와 같이 국가적으로 포기할 수 없는 전통문화적 가치가 있다면, 자도 소주 의무 구입 제도를 통해 자도 소주를 보호하고 그 소비를 장려하는 것도 공익적 가치가 있을 수 있을 것이다. 그러나 일반 소주가 전통 문화 유산이 아니어서 공익을 위해 보호가 불가피한 대상으로 격상될 수 없다면 자도 소주 의무 구입 제도의 정당성도 약화된다.

ㄷ. (O) 갑은 자도 소주 의무 구입 제도의 폐지를 주장하고, 그 근거로 이 제도가 주류 판매업자의 경제 활동의 자유를 침해하고 특정 지역의 특정 업체에 그 지역의 독과점을 보장해 주고 있음을 근거로 들고 있다. 만약 자도 소주 의무 구입 제도로 인해 오히려 독과점이 규제되는 것이라면, 이를 근거로 정부는 갑의 주장에 반박할 수 있다.

24

해설

제시글의 내용을 정리하면 다음과 같다.

A 오류	생태학적 오류로 집단이 갖는 속성을 집단 내 개인의 속성으로 간주할 때 발생한다.
B 오류	선입견과 편견을 바탕으로 특정 집단과 특정 성향을 섣불리 연결할 때 발생한다.
C 오류	집단의 규모를 고려하지 않은 채로 발생 건수만을 단순 비교할 때 발생한다.

ㄱ. (O) 젊은 유권자가 많은 선거구와 나이 든 유권자가 많은 선거구라는 '집단'의 투표 속성을 각 선거구에 속한 '개인' 투표자의 투표 속성으로 간주하고 있다. 이는 생태학적 단위의 특성에 대한 판단을 바탕으로 개인의 속성에 대한 판단을 이끌어내는 것으로 A 오류에 해당한다.

ㄴ. (O) 외국인과 내국인 사이에 발생한 범죄가 증가하고 있다는 자료를 통해서는 가해자와 피해자가 외국인인지 내국인인지 알 수 없다. 그런데 가해자가 외국인이고 피해자가 내국인이라고 섣불리 연결하고 있으므로, 이는 외국인에 대한 편견이 작용한 B 오류에 해당한다.

ㄷ. (O) 50~54세에 해당하는 집단의 인구 규모를 포함한 전 연령 집단의 인구 규모를 고려하지 않은 채로 단순히 해당 집단에서 관찰된 행위 건수가 많다는 이유만으로 집단의 성향을 판단하는 것은 C 오류에 해당한다.

25

해설

ㄱ. (O) ㉠에서 '인간 멸종의 가능성이 없다'고 가정하고 있고, 지문 밑에서 세 번째 줄을 보면 '인간이 멸종하는 상황은 없다고 가정했으므로 모순이 발생한다'고 말하고 있다. 이것이 지문처럼 진정한 모순이 되려면 '인간 멸종의 가능성이 없다'와 '인간이 멸종하는 상황은 없다'가 같은 말이어야 한다.

ㄴ. (O) 귀류법 문제에 자주 등장하는 선지이다. 귀류법은 가정을 통한 명제의 참, 거짓을 밝히는 방법이다. 이때 가정이 실제로 참인가의 여부는 전혀 중요하지 않다.

ㄷ. (O) 귀류법의 정의를 적어놓은 선지이다. 이 지문 전체가 귀류법의 예시이므로 이 선지는 참이다.

26

해설

ㄱ. (O) 이 선지는 첫 번째 근거와 모순되는 선지이다. 논증의 출발점이 되는 근거를 반박했으므로, 더 이상 지문의 논증은 성공할 수 없다.

ㄴ. (X) 아무 원인 없이 일어나는 물리적 사건이 있다는 사실은 세 가지 근거 중 어느 것도 부정할 수 없다. 둘째 논리는 다름이 아니라 '어떤 물리적 사건이 원인을 갖는다면'이라는 가정으로 시작하기에, 그 가정이 실제로 참이 아니라는 사실과는 상관이 없다.

ㄷ. (X) 정신적 현상이 물리적 현상을 야기하기만 하면, 이 논증은 성공할 수 있다. 여기에 추가적으로 정신적 현상이 야기되는 것은 아무 문제가 없다.

27

해설

ㄱ. (O) 정책 시행 후에 대출받을 수 없는 사람이 늘어나는 것은 대출 규모가 늘어날 것이라고 주장하는 A2와 배치된다. 따라서 약화된다.

ㄴ. (X) 이자율 상한이 35%인 경우에도 초과 금리 적용 대상자가 거의 없었다면 B2의 주장에 해당되는 대상이 거의 없게 된다. 이는 혜택을 받지 못하고 있는 자가 거의 없다는 의미이다. 따라서 대출 대상을 확대하자는 B2의 주장을 강화할 수 없다.

ㄷ. (X) B3는 A3의 장점을 인정하지만, 그 장점이 B3가 주장하는 단점보다 클지를 확신하지 못하는 것일 뿐 인정하지 않는 것은 아니다.

28

해설

ㄱ. (X) 진화적으로 서로 가깝지 않은 종에 대해서 공통된 변화가 관찰되었다면 (B)를 강화할 수는 있지만, (A)는 종간의 비교를 한 가설이 아니므로 무관하다.

ㄴ. (O) 진화적으로 서로 가깝지 않은 종에서 수렴진화가 일어난 사례는 (B)를 강화하고, 감칠맛 수용체가 불필요해진 한 종이 과감히 이를 제거한 것은 (A)를 강화한다.

ㄷ. (X) 선지에서 사람과 오랑우탄은 진화적으로 서로 가까운 종임을 알 수 있다. (B)는 진화적으로 가깝지 않은 두 종에 대한 가설이므로 선지의 내용과 무관하다. 따라서 약화할 수 없다.

29

정답 ③

해설

ㄱ. (O) 갑은 사이버 공간에서 익명성의 남용 또는 악용되는 경우만을 지적하면서 강경하게 익명성을 규제하여야 한다고 주장하고 있고, 그 이외의 대안에 대해서 전혀 고려하고 있지 않다.

ㄴ. (X) 을은 익명을 이용해 자유롭게 의사를 표현할 수 있도록 보장해야 한다고 주장할 뿐, 많은 문제점이 제기되는 경우 익명성을 제한해야 한다는 주장은 하고 있지 않다.

ㄷ. (X) 갑과 을은 지문의 논쟁에서 실제적인 사례를 전혀 사용하고 있지 않다.

ㄹ. (O) 갑과 을은 사이버 공간에서 익명을 사용하는 데 장점과 단점이 존재한다는 점에 대해서는 모두 인정하고 있고, 다만 갑은 단점에, 을은 장점에 초점을 두고 있다.

30

정답 ②

해설

ㄱ. (X) 미성년자가 다른 미성년자의 보호·감독자가 되는 사회적 관계 유형이 증가하고 있다면, 보호대상자인 아동은 제2조, 제3조의 행위주체에서 제외하고 행위주체를 보호의무자인 '성인'으로 한정하여야 한다는 A에 따라서는 미성년자를 충분히 보호할 수 없게 된다. 따라서 이러한 연구 결과는 A를 뒷받침하지 않는다.

ㄴ. (X) B는 가해자와 피해자를 구분하여 가해자는 철저히 처벌하고, 피해자는 두텁게 보호해야 한다고 주장한다. 아동학대의 가해자 상당수가 어린 시절 아동학대를 경험한 피해자이므로 아동학대에서 피해자와 가해자를 이분법적으로 나눌 수 없다면, 이러한 연구 결과는 B를 뒷받침하지 않는다.

ㄷ. (O) 〈보기〉의 조건에 따르면 B가 주장하는 바와 같이 행위주체가 성인이든 미성년자이든 관계없이 '누구든지' 모두 처벌할 수 있어야 한다. 또 이러한 요구에 대하여 아무 부끄러움이나 불쾌감 없이 응한 경험이 이후 부정적 자기정체성이나 왜곡된 성 인식을 형성하는 데 결정적 영향을 미친다면, 피해 아동이 학대를 당할 당시 그것이 '성적 수치심을 야기하는' 성적 학대행위인지 인식하지 못하더라도 이후 부정적 영향을 받을 가능성이 높으므로, C가 주장하는 바와 같이 아동피해자의 성적 자기결정능력을 고려하여 제3조에서 '성적 수치심을 야기하는'이라는 표현을 삭제할 필요가 있다. 따라서 이러한 연구 결과는 B, C 모두를 뒷받침한다.

필수문제

정답   p.53

01	02	03	04	
④	③	⑤	④	

01

정답 ④

해설

ㄱ. (X) 갑은 범죄의 처벌은 손해의 경중을 기준으로 두어야 하며, 의사는 고려해서는 안 된다고 생각한다. 그렇다면, 살인의 의사를 가지고 가격하였으나 상해의 결과가 발생한 경우와 폭행의 의사를 가지고 가격하였으나 사망의 결과가 발생한 경우, 갑은 의사를 고려하지 않으므로 갑의 견해에 따르면 사망의 결과가 발생한 경우를 더 중하게 처벌하여야 할 것이다. 그럼에도 불구하고 〈보기〉 ㄱ의 법원은 두 경우를 동일하게 처벌하였으므로, 이는 갑의 주장과 부합하지 않는다.

ㄴ. (O) 강도의 의사로 행위하였으나 강도는 실패하고 중상해의 결과를 발생시킨 경우와, 살인의 의사로 행위하였으나 역시 중상해의 결과를 초래한 경우를 비교하면, 범죄의 의사는 후자가 더 중하고, 범죄의 손해는 같다. 그렇다면 갑에 의하면 두 범죄를 동일하게 처벌하여야 할 것이고, 을에 의하면 두 범죄 중 후자를 더 중하게 처벌하여야 할 것이다. 그런데 법원이 전자를 더 중하게 처벌하였다면, 이는 갑과 을의 주장 모두에 부합하지 않는다.

ㄷ. (O) 살인의 의사가 있었으나 그 행위에 나아가지 않은 경우와 부주의로 사람을 다치게 한 경우를 비교하면, 범죄의 의사는 전자가 더 중하고, 손해는 후자가 더 중하다. 손해만을 유일한 기준으로 삼는 갑의 주장에 따르면 후자만을 처벌하여야 함은 당연하다. 한편 을은 손해뿐만 아니라 범죄자의 의사의 경중 또한 고려하여야 한다고 생각하는데, 〈보기〉 ㄷ에서 전자의 경우에는 아무런 행위에 나아가지 않았으므로 손해가 전혀 없다. 따라서 을 역시 후자만을 처벌하여야 한다고 볼 것이다. 〈보기〉에서 법원의 태도는 이에 부합한다.

02

정답 ③

해설

ㄱ. (O) 1회차에서는 주식 발행 금액이므로 (3)에 의해서 제출 의무가 면제된다.

ㄴ. (X) 2회차는 투자자 수가 '50명 이하'이며 1회차 이후 '6개월 이상' 지났으므로 (2)에 해당하지 않는다. 따라서 제출 의무가 없다.

ㄷ. (O) 3회차는 투자자 수가 10명이지만 (2)에 따라 6개월 이내인 2회차의 투자자 수를 합산하여야 하고, 금액 역시 제출 의무가 없던 2회차와 그 시기의 차이가 1년 이하이므로 합산한다. 따라서 신고서를 제출해야 한다.

03

해설

ㄱ. (O) 세포 내 Cl^-의 농도가 높은 경우에는 A, B 단백질의 유무와 관계없이 HCO_3^-가 수송되지 않는다. 반면 농도가 낮은 경우에는 A 단백질이 존재하는 경우에만 HCO_3^-가 수송된다.

ㄴ. (O) 〈보기〉 ㄱ에서 언급한 바와 같이 세포 내 Cl^-의 농도가 낮은 경우에만 CFTR의 기능이 변화해 HCO_3^-가 수송된다. A 단백질이 존재하는 경우에도 Cl^-의 농도가 높은 경우에는 HCO_3^-가 수송되지 않는다.

ㄷ. (O) 세포 내 Cl^- 농도가 낮고 A 단백질이 존재하여 HCO_3^-가 수송될 때, B 단백질이 존재하는 경우에는 10분이 경과하여도 HCO_3^-가 수송되지만, B 단백질이 존재하지 않는 경우에는 5분이 경과한 이후부터 HCO_3^-의 비중이 줄고, 10분이 경과한 이후엔 Cl^-만 수송된다.

04

해설

ㄱ. (O) (6)은 한국어 단어 '돼지'의 시작 글자가 '돼'임을 의미하지만, (7)은 영어 단어 'pig'의 시작 글자가 'p'임을 의미한다. 한국어 단어에 대한 설명과 영어 낱말에 대한 설명이 같은 의미를 나타낼 수는 없다. 따라서 올바른 번역이 아니다.

ㄴ. (X) (8)의 '~는 동물이다'와 (9)의 '~ is an animal'은 동일한 의미이다. 양 문장에 들어가는 '돼지'는 인용 부호 안의 표현 자체를 그대로 유지하고 있다. 따라서 (8)을 (9)로 번역하는 것은 올바르다.

ㄷ. (O) 진릿값이 같은 경우에도 그 의미가 다를 수 있다. 의미가 다르다면 올바른 번역이 아니다. 따라서 진릿값이 다른 것이 올바른 번역이 되기 위한 필요조건은 아니다.

PART 2 유형별 연습문제

I | 견해·논쟁형

01   정답 ④

해설

구분	처벌	의도	인지 가능성
갑	불가	없음	언급 X
을	가능	없음	긍정
병	가능	있음	부정

ㄱ. (O) 갑과 을은 처벌 여부에 대해서 다른 의견이며, A의 의도에 대해서는 모두 '의도 없음'을 주장하고 있다.

ㄴ. (O) 을과 병은 모두 A를 처벌할 수 있다고 생각한다. 그러나 A가 손가락의 절단 가능성을 인지했는지에 대한 판단은 서로 다르다.

ㄷ. (O) 갑과 병 모두 상해의 의도를 처벌 요건으로 판단한다. 그러나 갑은 피해 규모가 의도와 일치해야 하지만, 병은 피해 규모가 의도보다 더 큰 경우에도 처벌할 수 있다. 병은 갑의 처벌 대상을 모두 포함하여 더 많은 경우를 처벌한다.

ㄹ. (X) 을은 의도와 무관하게 결과를 기준으로 처벌을, 병은 결과와 무관하게 의도 기준으로 처벌할 것을 주장한다. 교집합은 존재할 수 있으나 주어진 조건에서는 어느 한쪽의 포함관계를 상정할 수 없다.

02   정답 ③

해설

지문에서 사전 처벌을 정당화하는 과정에 대한 논쟁이 제시되고 있다. 이때 ㉠이 어떤 사례인지 정확히 판단하는 것이 중요하다. ㉠을 분석한 조건은 다음과 같다.

1. 갑은 그 어떤 환경적 요인에서도 과속할 것이다(외부 요건이 변한다고 하더라도 과속한다는 것은 변함이 없다).

2. 경찰은 이를 인지하고 있다.

3. 이에 대해 시간적으로 과속하기 이전 시점에 처벌하는 것이 합당한가에 관한 논쟁이 있다.

그렇다면 ㉠과 동일한 사례가 되기 위해서는 1번 조건이 가장 먼저 충족되어야 함을 알 수 있다. 지문에 제시된 A와 B의 견해를 정리하면 다음과 같다.

A: 처벌의 의의는 잘못과 형벌의 균형을 맞추는 데 있다. 따라서 1번 조건이 적용된다면 처벌의 시점은 관계가 없다(경찰의 처벌이 정당하다).

B: 갑에 대한 처벌은 정당화되지 않는다. 그 이유는 1번 조건은 갑의 '과속하지 않을 능력'으로 인해 과속이 일어나기 전까지 변칙적이기 때문이다.

ㄱ. (O) 2번 조건이 충족되지 않을 경우 3번 조건(사전에 처벌하는 조건)이 도출되기 어렵다. 우연적 요소로는 가능하나 논증 방식에서는 부적절하다.

ㄴ. (O) 행위자가 결정 능력(과속하지 않을 능력)이 있다면, 타인이 미리 아는 것(경찰이 이를 인지하는 것)이 불가능하다면, B는 1번을 부정하고 2~3번 조건을 긍정하였으나, 1번을 부정할 시 해당 선지대로면 2~3번 역시 부정당하기 때문에 B의 주장이 부적절해진다.

ㄷ. (X) 테러리스트에게 1, 2, 3 조건을 적용해 보면 1번에서 다른 예시라는 것을 파악할 수 있다. 테러리스트는 테러공격을 준비하고 있었으나, 외부요인(경찰의 개입)으로 인해서 환경적 상황이 변화하여 테러를 실패하게 되었다.
이를 과속 상황에 빗대어보면, 과속을 준비하고 있었으나 경찰의 개입으로 환경적 상황이 변화하여 과속을 못하게 되었으므로 1번 전제가 어긋나는 상황이 발생하여 A가 주장하는 정당화에 대한 대상이 아니게 된다.

03   정답 ①

해설

ㄱ. (O) A와 B 모두 기본적으로 특검을 도입한다는 전제하에, 그 방식을 상설특검으로 할지, 개별특검으로 할지에 대해 논쟁하고 있다. 그런데 만약 특별검사의 권한남용에 대한 적절한 통제수단이 없다면 이는 특검제도 자체의 효용과 특검제도를 도입할 필요성을 저해한다. 따라서 특검 도입을 전제하는 A와 B 모두 약화된다.

ㄴ. (X) 특검이 쉽게 작동되는 경우 오히려 정치적 투쟁의 도구로 남용될 가능성이 있다면, 특검을 쉽게 작동하는 것의 정당성은 낮아질 것이다. 따라서 신속하게, 규모가 작아도 작동될 수 있는 상설특검을 도입하고자 하는 A는 약화될 것이고, 상설특검의 정치적 변질을 우려해 개별특검의 도입을 주장하는 B는 강화될 것이다.

ㄷ. (X) 기존 검찰의 권력형 범죄·비리를 제대로 수사하지 못하여 발생하는 사회적 비용이 개별특검에 소요되는 비용보다 크다면, 비록 개별특검에 많은 비용에 소요된다고 하더라도 이를 도입하는 것이 도입하지 않는 것보다 더 좋으므로, B는 강화될 것이다. 그러나 A 또한 기존 검찰의 수사 부실로 인한 큰 사회적 비용 발생을 전제로 비용이 더 적게 드는 상설특검 도입을 주장하고 있는 것이므로, 그러한 사회적 비용이 많이 발생한다고 하여 A가 약화된다고는 볼 수 없다.

04   정답 ④

해설

위에서부터 갑1, 갑2, 을1, 을2 등으로 구분한다.

① (O) 갑1에 따르면 성판매자는 '인신에 대한 사용권한을 매수자에게 준다는 점'에서 비난받게 된다. 유모가 인신에 대한 사용권한을 매수자에게 준다고 해서 비난받지 않는다면, '인신에 대한 사용권한을 매수자에게 주는 것'만으론 비난받을 수 없다.

② (O) 선지에서 언급하는 개인의 권리가 '직업선택의 자유'라면, 적대적 환경으로 인해 성매매 직업을 선택할 수 없는 상황을 비판하는 주장은 을1의 주장과 궤를 같이한다.

③ (O) 갑2는 자발적인 선택에 기인하는 것이라고 해도 국가의 개입이 가능한 사례로 '마약복용'을 제시하고 있다. '마약복용'을 '노예노동'으로 바꾸더라도 설득력이 유지된다. 따라서 선지의 내용은 갑의 입장을 강화한다.

④ (X) '인지능력을 제대로 발휘하지 못하는 상태에서 마약복용 행위가 이루어지는지'는, 성매매의 인정 여부와는 관련이 없다. '마약복용'을 사례로 제시한 이유는 선지 ③과 같다.

⑤ (O) 미스 코리아 대회는 을3이 언급하는 여성의 고정된 성정체성을 재생산하는 다양한 제도와 관행 중 하나로 볼 수 있다. 갑3의 주장에 대한 을3의 반박을 보강하는 증거이므로 을의 입장을 강화한다.

05 정답 ①

해설

추상적 표현('음란한')이 법문에 제시된 경우, 그 의미를 해석하는 여러 기준을 평가하는 지문이다.

A	입법자의 의도를 기준으로 해석한다.
B	문제시되는 상황과 시점의 공동체 구성원 대다수가 표상하는 바를 기준으로 해석한다.
C	당대의 시대정신을 구현하는 표상을 기준으로 해석한다.

ㄱ. (O) A는 입법자의 의도를 중시한다. 국회 속기록이나 입법 이유서는 입법자의 의도를 판단하기 위한 자료로 생각할 수 있다.

ㄴ. (O) B는 상황과 시점을 중요한 기준으로 삼는다. A는 상황과 시점을 기준으로 고려하는 경우 발생할 문제점을 비판하고 있다. 따라서 적절한 반박이다.

ㄷ. (X) 모든 인간이 이성을 갖고 있고, 시대정신이 이성에 의해 파악된 것이라면, 공동체의 의견이 곧 시대정신이 될 것이다. 이때 B와 C의 유의미한 차이는 없어진다.

ㄹ. (X) 법문의 의미가 내재적으로 고정되어 있다는 주장은, 시대정신에 따라 그 의미가 달라지는 C와 공동체의 다수 의견을 기준으로 해석하는 B와는 거리가 멀다.

06 정답 ②

해설

ㄱ. (X) 보편적 대상이 실재한다면, 이는 인간과 무관한 것이어야 한다. A는 보편적 도덕으로서의 인권 이념을 '침략을 위한 이데올로기'라 평가하는데, 이데올로기는 인간이 만들어 낸 것이다. 이는 인권 이념이 인간에 의해 만들어졌음을 주장하는 것이며, 보편적 인권을 부정하는 것이다. B는 최소한의 도덕적 인권을 지키기 위한 인도적 군사개입을 인정한다. '최소한의 도덕적 인권'이 보편적 도덕을 의미한다. C는 인권 이념이 자의적으로 결정되었던 사실은 인정하나 시대의 변화에 따라 발전하여 보편적인 법적 권리가 되었다고 주장한다. 따라서 보편적 인권을 인정한다고 볼 수 있다.

ㄴ. (X) 인도적 군사개입은 무력을 사용하여 다른 주권 국가를 공격하는 행위에 해당한다. 〈보기〉의 규정은 C가 언급한 '국제법으로 정한 요건'의 사례에 해당하므로 약화하지 않는다.

ㄷ. (O) B는 최소한의 도덕을 지키기 위해서만 군사적 개입이 가능하며, C는 국제법으로 정한 군사개입의 요건을 충족하는 경우에만 개입이 가능하다고 주장하였다. 이는 '어떤 국가가 종교적 가치에 따라 사상·표현의 자유를 억압하고 있다는 근거' 외에도 추가적인 근거가 필요함을 의미한다. 따라서 해당 근거만으로는 인도적 군사개입을 인정할 수 없다.

07 정답 ②

해설

① (O) B_1 "자유의지가 있다면 그에 해당하는 신경생물학적 실체가 반드시 있어야 한다."는 A_1의 전제에 대해서는 평가하지 않았다. 다만 "뇌 상태가 결정론적이지 않은 방식으로 작동할 수도 있기 때문이다."라며 뇌 상태가 결정되는 방식이 다양할 수 있음을 지적하였다. 부족한 근거를 바탕으로 내린 성급한 결론을 내린 A_1에게 이의를 제기하고 있는 것이다.

② (X) A_2는 양자역학이 거짓이라고 주장하고 있지 않다. 다만 양자역학의 비결정성과 자유의지의 비결정성이 같은 것이 아니라고, 즉 B_1이 사용한 과학 이론이 이 주제에 적용될 것이 아니라고 주장하고 있을 뿐이다.

③ (O) 앞서 본 바와 같이 A_2는 B_1에 대해 양자역학의 비결정성과 자유의지의 비결정성이 같은 것이 아니라고 주장하고, 이를 바탕으로 A_1이 제기한 문제, 즉 "자유의지란 착각에 불과하다."는 문제가 B_1에 의해 해결되지 않는다고 주장한다.

④ (O) B_2는 A_2의 주장과 모순되지 않으면서도, "미시적 요소가 모여 복합체를 이룰 때 구성 요소의 특징과 복합체의 특징이 반드시 일치하지 않는다."는 점을 근거로 자유의지가 있을 가능성을 보여 주고 있다.

⑤ (O) "자유의지 논의에 양자역학을 끌어들이는 것은 문제 해결에 도움이 되지 않는다."는 A_3의 주장에 대하여, B_3은 어떠한 비결정성도 없다면 자유의지는 논리적으로 불가능할 것이며, "양자역학은 미시적 비결정성으로부터 자유의지의 비결정성을 얻어 내는 일이 우리가 해결해야 할 문제의 핵심임을 시사한다."면서, 앞으로 탐구할 과제를 제시하고 '자유의지는 있다'는 자신의 입장을 명확히 하고 있다.

08 정답 ⑤

해설

ㄱ. (O) A는 수학적 대상, 즉 추상적 대상이 존재한다고 본다. 하지만 B는 비인과적 대상이 존재한다고 볼 이유가 전혀 없다고 말하고 있다. 즉, B는 추상적 대상을 부정하고 물리적 대상만을 긍정한다.

ㄴ. (O) B는 바로 첫 문장에서 수학적 대상을 추상적 대상이라고 명시하고 있다. 하지만 C는 마지막 문장에서 수학적 대상이 추상적 대상이 아니라고 말한다.

ㄷ. (O) C에 따르면 우리는 수학적 지식을 가지고 있고, 그러므로 수학적 대상은 추상적 대상이 아니라 인과적 대상이다. 이 말은 추상적 대상에 관해서는 지식을 가질 수 없고, 인과적 대상에 대해서만 지식을 가질 수 있다는 것이 암묵적으로 전제되어 있어야만 참일 수 있다.

해설

ㄱ. (O) 가설 A에 따르면 교사의 기대와 관심이 학생들의 성적을 향상시킨다. 그렇다면 교사의 기대와 관심이 충분하지 않다면, 학생들의 성적이 향상되지 않을 것이다. 〈보기〉 ㄱ이 제시하는 바와 같이, 질병으로 휴직한 담임교사의 후임으로 새로운 교사가 부임해 옴에 따라 담임교사로부터 (종전과 같은) 높은 기대와 관심을 받지 못하게 된 학생들의 성적이 하락했다면, 이는 기대와 관심의 변화가 학생들의 성적 변화를 일으킨다는 것이므로, 가설 A를 뒷받침하는 사실이다. 따라서 가설 A를 강화한다.

ㄴ. (X) 가설 B에 따르면 교사는 경험에 기반한 예측을 통해 학생의 지적 능력을 판단할 수 있다. 교사의 기대 수준과 학생의 실제 성적의 편차가 낮다는 것은 그만큼 교사의 예측이 정확하다는 것을 의미한다. 그런데 그 편차가 새내기 교사에게서 낮게, 경험 많은 교사에게서 크게 나타났다면, 이는 경험에 따라 교사가 예측력을 얻게 된다는 가설 B와 상반되는 사실이다. 따라서 가설 B를 약화한다.

ㄷ. (X) 가설 A와 가설 B는 모두 교사의 기대와 학생의 성적 사이의 상관관계를 전제하고, 각자 다른 논리로 이를 설명하려고 하고 있다. 그런데 〈보기〉 ㄷ에 드러난 사실은 가설 A와 가설 B가 당연히 전제한 것을 다른 방식으로 서술한 것일 뿐이고, 그 원인에 대해서는 〈보기〉 ㄷ이 아무런 언급을 하고 있지 않다. 그렇다면 〈보기〉 ㄷ에 드러난 사실은 가설 A, 가설 B에 대해 모두 중립적이고, 가설 A를 강화하지도, 가설 B를 약화하지도 않는다.

해설

① (O) B_1은 바이러스와 유전자를 유비하여 A_1을 "말장난"이라 비판하고 있다.

② (O) A_2는 "내가 의도한 바는, ~라는 것이다."를 통해 '이기적'의 개념을 재정의하고 있다.

③ (O) B_2는 원본과 복제본을 구분하여서 원본이 '이기적'이라 하더라도 복제본에 이것이 귀속될 수 없다는 것을 통해 A_1를 비판한다.

④ (O) 물리적 조각의 수준과 '모든 복제'의 수준 차이를 통해 '이기적'임의 성질을 보강하고 있다. 특히, B_2는 개별 유기체에 귀속되는 '이기심'을 언급하였으므로 이를 유전자로 전환하는 것은 충분한 반박이 된다.

⑤ (X) B_3은 유전자가 유기체의 꼭두각시임을 주장하는 것이 아니다. A의 논증대로라면 생존이라는 개념에 모순이 생김을 지적하여 A를 부정할 뿐이다.

Ⅱ | 규정·조문형

01	02	03	04	05
②	①	④	⑤	①

해설

ㄱ. (O) A 국이 국제형사재판소의 관할권을 수락하였다면, 규정 제13조 (가)에 의하여 회원국인 C 국이 이 사건을 국제형사재판소의 검사에게 회부한 경우, 국제형사재판소는 이 사건에 대하여 관할권을 행사할 수 있다.

ㄴ. (X) A 국은 규정의 회원국이 아니므로, 제12조의 규정에 따라 회원국이 이 사건을 국제형사재판소에 회부하려면 A 국이 국제형사재판소의 관할권을 수락한 경우에만 관할권 행사가 가능한데, 이 〈보기〉에는 A 국이 국제형사재판소의 관할권을 수락했다는 등의 사정이 드러나지 않는다.

ㄷ. (X) A 국은 규정의 회원국이 아니므로, 제12조의 규정에 따라 검사가 독자적으로 수사를 개시하는 경우에는 A 국이 국제형사재판소의 관할권을 수락한 경우에만 관할권 행사가 가능한데, 이 〈보기〉에는 A 국이 국제형사재판소의 관할권을 수락했다는 등의 사정이 드러나지 않는다.

ㄹ. (O) 제12조는 제13조 (가), (나)에 대해서만 회원국 또는 관할권을 수락한 경우에만 관할권 행사가 가능하다고 규정하고 있다. 그런데 이 〈보기〉는 국제연합 안전보장이사회가 이 사건을 국제형사재판소의 검사에게 회부한 경우로 제13조 (다)에 해당하므로, 국제형사재판소의 관할권 행사가 가능하다.

해설

ㄱ. (O) 공군 소속 무인비행기이며, 군수물자 수송 즉, 군사 목적으로 사용되므로 신고의무와 비행승인의 예외 대상이다. 비행시간 또한 오전 10시부터 오후 2시까지이므로 3호의 비행승인 의무도 적용되지 않는다.

ㄴ. (X) (무인비행선, 160kg, 15m)이므로 무인비행장치에 해당한다. 오후 4시부터 오후 5시 사이에 비행이 이뤄지므로 3호의 비행승인 대상도 아니다. 다만 비행지역이 헬기 이착륙장 반경 200m이므로 4호의 비행승인 의무가 적용된다.

ㄷ. (O) 육군 항공대의 무인비행기가 군사훈련 보조용으로 사용된바 신고의무의 예외 대상이다. 비행시간이나 비행지역도 3, 4호의 요건에 해당하지 않아 비행승인 의무가 적용되지 않는다.

ㄹ. (X) 자체 중량이 8kg이므로 신고의무의 예외대상이다. 그러나 오후 8시부터 비행하는 경우 3호에 따라 반드시 비행승인을 받아야 한다.

03 정답 ④

해설

지문에 의하면, (가)국은 인간과 동물을 대상으로 치료, 진단, 수술하는 방법 등에 대해서는 인간과 동물의 존엄을 이유로 특허를 부여하지 않고, (나)국에서는 모두 특허를 부여하며, (다)국에서는 인간에 대한 방법은 산업상 이용될 수 있는 발명으로 인정하지 않아 특허를 부여하지 않으나 동물에 대한 방법에는 특허를 부여한다.

한편 A국과 B국에서 동물을 치료하는 방법에 대해 특허를 부여한다는 점에서, A국과 B국은 (순서 무관) (나)국과 (다)국이라는 점을 알 수 있고, 인간 유전자의 발현을 변화시키는 방법에 대해 B국과 C국에서 서로 다른 이유로 특허를 부여받을 수 없다는 점에서, (순서 무관) (가)국과 (다)국임을 알 수 있다. 결국 두 경우에 중복되는 (다)국이 B국이고, B국 이외에 동물 치료 방법에 특허를 부여하는 A국은 (나)국이므로, C국은 (가)국이다. 따라서 (가)-C, (나)-A, (다)-B이다.

04 정답 ⑤

해설

갑의 판매시설 면적은 총 6,000m²로 원 규정에 따라 총 40대의 기계식 주차장치를 설치해야 한다. 이를 모두 철거하고, 제2조 제3항의 완화 기준을 적용받아 총 20대의 기계식주차장치를 설치한 상황이다.

6,000m²의 전체 면적 중 3,000m²를 위락시설로 변경할 시, 변경하지 않은 3,000m²는 완화 기준이 그대로 적용되지만, 용도가 변경된 면적에 대해서는 그렇지 않아 원기준(100m²당 1대)이 적용된다. 이는 다음과 같이 계산할 수 있다.

1. 변경하지 않은 부분의 면적 3,000m²

   ⇒ 총 10대의 기계식주차장치

2. 변경한 부분의 면적 3,000m²

   ⇒ 총 30대의 기계식주차장치

따라서 갑은 전체 면적에 대하여 총 40대의 기계식주차장치를 설치해야 한다. 다만 철거 이후에도 20대의 주차장치를 보유하고 있으므로 추가로 설치하여야 하는 주차장치는 총 20대가 된다.

05 정답 ①

해설

갑이 받을 수 있는 보상금에는 재해 보상금과 휴업 보상금이 있다.

1. 재해 보상금

   갑은 장애등급 6급 판정을 받았다. 따라서 제2조 제1항 2호에 따라 사망 보상금의 1/2만큼 보상받는다. 사망 보상금은 사망한 해의 전년도를 기준으로 36배를 한다.

   (사망 보상금: 240만 원×36=8,640만 원)

   재해 보상금은 그 절반인 4,320만 원이다.

2. 휴업 보상금

   전년도의 도시 및 농가가계비 평균에 0.6을 곱하고, 이를 30으로 나누면 하루치의 휴업 보상금이다.

   (1일 휴업 보상금: 100만 원×0.6÷30=2만 원)

   갑은 60일간 생업에 종사하지 못했으므로, 2만 원/일×60일=120만 원의 휴업 보상금을 받을 수 있다.

3. 제외 금액

   타법에 의해 수령한 400만 원은 보상금에서 제외한다.

   (4,320만 원+120만 원-400만 원=4,040만 원)

따라서 갑이 받을 총 보상금은 4,040만 원이다.

Ⅲ | 가설·실험형

정답   p.83

01	02	03	04	05
④	⑤	②	④	③

01 정답 ④

해설

지문의 〈이론〉을 통해 경찰 하위문화의 수용 정도가 높을수록 업무로부터 야기되는 직무 스트레스나 심리적 소진이 더 많이 감소함을 알 수 있다. 또한 지문의 〈관찰〉에서 성별과 계급별 경찰 하위문화 수용 정도가 차이가 난다는 점과, 성별과 계급이 동일하면 수사부서 경찰관이 대민부서 경찰관보다 더 통제 지향적인 태도를 보임을 알 수 있다.

① (X) 지문의 〈관찰〉에 의하면 경찰 하위문화의 수용 정도는 남자는 중간계급이 가장 높고, 여자는 계급이 높을수록 높다. 그런데 이 선지에서는 상위계급 여자 경찰관과 중간계급 남자 경찰관을 비교하고 있으므로, 둘 중에서는 어느 쪽의 수용 정도가 더 높은지 알 수 없으므로(성별과 계급이 동일하지 않으므로 부서를 통해 비교할 수도 없다), 〈이론〉에 따랐을 때 누가 심리적 소진의 정도가 높은지도 알 수 없다. 그렇다면 상위계급 여자 경찰관이 중간계급 남자 경찰관보다 심리적 소진의 정도가 높더라도 〈이론〉이 약화되지 않는다.

② (X) 지문의 〈관찰〉에 의하면, 하위계급에서는 성별에 따른 수용 정도의 차이가 없지만, 여자는 계급이 높을수록 수용 정도가 크다. 따라서 그 수용의 서열은 '중간계급 여자 > 하위계급 남자=하위계급 여자'의 형태로 나타날 것임을 알 수 있다. 그렇다면 중간계급 여자 경찰관은 하위계급 남자 경찰관보다 경찰 하위문화의 수용 정도가 높을 것이고, 따라서 〈이론〉에 따르면 직무 스트레스가 낮을 것이다. 따라서 이는 오히려 〈이론〉을 강화한다.

③ (X) 경찰 하위문화의 수용 정도는 남자는 중간계급이 가장 높다. 그러므로 수사부서에 근무하는 중간계급 남자 경찰관은 대민부서에 근무하는 상위계급 남자 경찰관보다 경찰 하위문화의 수용 정도가 높을 것이고, 이에 〈이론〉에 따르면 직무 스트레스가 낮을 것이다. 따라서 이는 오히려 〈이론〉을 강화한다.

④ (O) 〈관찰〉에 의하면 중간계급 남자 경찰관은 하위계급 여자 경찰관보다 경찰 하위문화의 수용 정도가 높다. 그렇다면 〈이론〉에 따르면 심리적 소진의 정도가 낮을 것이다. 그럼에도 실제로 심리적 소진의 정도가 높다면, 이는 〈이론〉을 약화한다.

⑤ (X) 〈관찰〉에 의하면 하위계급 남자 경찰관은 상위계급 여자 경찰관보다 경찰 하위문화의 수용 정도가 낮다. 그렇다면 〈이론〉에 따르면 직무 스트레스가 높을 것이다. 따라서 이는 오히려 〈이론〉을 강화한다.

02 정답 ⑤

해설

① (X) (가)와 (나) 모두 사람들이 이득이나 손실의 크기가 작을 때 변화에 매우 민감하고, 반면 이득이나 손실의 크기가 커지면 변화에 덜 민감해진다는 가설과는 무관하다.

② (X) (나)에서 머그잔을 받은 학생은 자신이 현재 그 물건을 소유하고 있으므로 머그잔에 높은 가치를 부여하나, 머그잔을 받지 않은 학생은 자신이 현재 그 물건을 소유하고 있지 않으므로 머그잔에 그보다 낮은 가치를 부여한다. 이 가설로 (나)를 설명할 수는 있으나, (가)에서 설문에 응답한 자가 자동차를 소유하고 있는지 여부에 따라 소비자의 답변에 차이가 발생한 것이 아니므로, 이 가설로 (가)를 설명할 수는 없다.

③ (X) (나)에서 머그잔을 받은 학생은 머그잔 거래에서 이득을 취하는 입장이므로, 높은 금액을 제시하는 모험적인 선택을 하지만, 머그잔을 받지 않은 학생은 머그잔 거래에서 손실을 입는 입장이므로 그보다 낮은 금액을 제시하는 안정적인 선택을 한다. 이 가설로 (나)를 설명할 수는 있으나, (가)는 이득과 손실에 따라 선택의 성격이 달라지는지와 무관하므로, 이 가설로 (가)를 설명할 수는 없다.

④ (X) (가)와 (나) 모두 명시적으로 지불하지 않는 암묵적 비용에 관해서는 시사하는 바가 없다.

⑤ (O) (가)는 자동차의 원래 가격이 1,900만 원이라고 생각한 사람과 2,000만 원이라고 생각한 사람의 태도 차이를 보여주며, (나)는 자신이 머그잔을 소유하고 있다고 생각하는 학생과 머그잔을 소유하지 않고 있다고 생각하는 학생의 태도 차이를 보여준다. (가)와 (나) 모두에서 사람들의 태도가 어떤 것을 초기 상황으로 인식하는지에 따라 달라지고 있으므로, 이 가설로 (가)와 (나)를 모두 설명할 수 있다.

03

정답 ②

해설

구분	정상	a	b	c	x
p53 발현량	증가	증가	증가	X	X
암 발생률	정상	정상	상승	상승	상승
손상된 부위	없음				모두

ㄱ. (X) 실험군 a는 암 발생률이 정상 생쥐와 같다. 물질대사 억제 기능이 남아 있으므로 가설이 약화되는 것은 아니다.

ㄴ. (O) 실험군 b는 p53 단백질의 발현량은 증가되었으나 암 발생률이 증가했다. 해당 실험군은 물질대사 억제 기능이 제거되어 있다는 점을 제외하면 정상 생쥐와 동일하다. 따라서 물질대사 억제 기능의 유무는 암 발생률의 증가 여부에 중요한 변수가 된다.

ㄷ. (X) 실험군 c는 발현량도 감소하고 암 발생률도 상승하였는데 세포자살 유도와 물질대사 억제가 사라졌다면, 세포자살 유도가 암 발생률을 낮추고 물질대사 억제가 발현량 감소에 영향을 주었다는 가능성이 존재하는데 이는 가설과 배치되므로 강화한다고 볼 수 없다.

04

정답 ④

해설

가설 ㉠의 독립 변수는 '활성산소의 유무', 종속 변수는 '병독균의 성장'이다. 세균 C는 병독균이다.

ㄱ. (X) ㉠은 병독균의 성장이 저해되는지 아닌지를 평가할 수 있는 실험결과만이 강화 또는 약화할 수 있다. 세균 A나 세균 B는 병원균이 아니므로 ㉠과 무관하다.

ㄴ. (O) 물질 X는 활성산소를 분비케 한다. 물질 X를 주입하여 활성산소가 분비되었을 때 병독균인 세균 C가 성장하였다면 초파리가 죽음에 이르렀을 것이다. 하지만 생존하였으므로 세균 C는 성장하지 못한 것이다. 이는 물질 X의 주입으로 인한 활성산소 분비가 세균 C의 성장을 저해하였음을 의미한다. 따라서 ㉠은 강화된다.

물질 X	활성산소 분비	세균 C	죽음
		세균 C	생존

ㄷ. (O) 세균 D는 활성산소를 다량 분비케 한다. 이때 병독균인 세균 C의 성장이 억제되지 않는다면 초파리는 죽음에 이르렀을 것이다. 하지만 생존하였으므로 세균 C는 성장하지 못한 것이다. 이 또한 〈보기〉 ㄴ과 마찬가지로 활성산소 분비가 세균 C의 성장을 저해하였음을 의미한다. 따라서 ㉠은 강화된다.

세균 D	활성산소 (다량)분비	세균 C	죽음
		세균 C	생존(염증)

05

정답 ③

해설

ㄱ. (O) 가설 ㉠은 강화된다. X1의 DC는 이미 바이러스에 노출되어 활성화되어 있으므로 T_H17를 활성화할 가능성이 있다. X2는 장내 공생 세균이 있고, Y2의 경우 장내 공생 세균이 없다는 차이만 존재한다. 두 생쥐 군의 T_H17은 모두 비활성화된 상태이다. 이때 X2의 T_H17만이 X1의 DC와 만나 활성화되었으므로(IL-17 생산), 장내 특정 공생 세균이 T_H17의 활성화(즉, 비정상적 면역활성화)에 영향을 미쳤다고 볼 수 있다.

ㄴ. (O) 가설 ㉠은 강화된다. Y2의 T_H17은 비활성화된 상태이다. X1과 Y1 모두 바이러스에 감염된 상태이므로 DC가 활성화되어 있어야 한다. 이때 X1의 DC만이 Y2의 T_H17을 활성시켜 IL-17을 생산하였다. 이는 Y1의 DC가 바이러스 감염에도 불구하고 활성화되지 않았거나 Y1의 DC가 활성되었더라도 T_H17를 활성하지 못한다는 것을 의미한다. X1과 Y1은 장내 특정 공생 세균의 유무에서만 차이를 보인다. 따라서 T_H17의 활성화 여부는 장내 특정 공생 세균에 영향을 받는다.

ㄷ. (X) 가설 ㉠에 대해 강화할 수 없다. X1과 Y2는 장내 특정 공생 세균의 유무와 바이러스 감염 여부의 두 변수에서 차이를 보이고 있다. 두 표본에서 나타난 결과를 비교하여 가설을 평가하기 위해서는 한 변수를 제외한 나머지를 모두 통제하여야 한다. 따라서 X1과 Y2를 비교하는 것은 아무런 의미가 없어 가설 ㉠을 강화할 수도, 약화할 수도 없다.

Ⅳ | 지문형

정답

p.88

01	02	03	04	05
②	⑤	②	③	②
06	**07**	**08**	**09**	**10**
⑤	③	④	⑤	③

01

정답 ②

해설

ㄱ. (X) 갑에게 점용 허가 처분 및 점용료 납부 명령이 예정된 경우, 전자는 권리 실현, 후자는 권리 제한이므로 제한의 경우에만 근거를 알리면 된다.

ㄴ. (O) 하나의 행위가 침해, 실현 동시의 경우에 침해 대상자인 병에게만 이유와 내용 및 근거를 알리면 된다.

ㄷ. (X) 당사자는 대리운전기사 정으로, 제한 사유는 당사자 본인에게만 근거를 알리면 되기 때문에 가족은 해당사항이 되지 않는다.

02

정답 ⑤

해설

ㄱ. (X) 전원위원회는 대의회 재적의원 4분의 1 이상이 요구할 때에만 개최할 수 있다.

ㄴ. (X) 전문위원회는 대위원회의 의장이 필요하다고 인정하는 경우에도 개최할 수 있다.

ㄷ. (O) 전문위원회는 재적의원 4분의 1 이상의 출석과 출석의원 과반수의 찬성으로 의결하는데, A업종 종사 전문위원 전원과 B업종 종사 전문위원 전원이 출석하여 재적의원 75%가 출석하였고, A업종 종사 전문위원 전원이 찬성하여 출석의원(재적의원 75%)의 과반수(재적의원 40%)가 찬성하였으므로, 안건은 가결된다.

ㄹ. (O) 회원총회는 재적회원 과반수의 출석과 출석회원 과반수의 찬성으로 의결되는데, 재적회원 전원이 출석하여 투표하였으나, A업종에 종사하는 회원 전원과 D업종에 종사하는 회원 전원만 안건에 찬성하여 재적회원의 50%만 찬성한 게 되므로, 과반이 아니어서 안건은 부결된다.

03

정답 ②

해설

ㄱ. (X) 〈이론〉이 옳다면 '나는 p라고 믿는다'와 'p이다'는 주장의 경중 차이일 뿐 동일한 주장으로 해석되어 적절해 보이지만, 해당 주장의 함정은 '너는'에 있다. 해당 지문은 자신이 무언가를 주장할 때를 상정하는데 '너는'은 발화자의 주장이 아닌 상대방을 파악하는 과정이기 때문에 〈이론〉 적용대상이라고 볼 수 없다.

ㄴ. (O) 해당 주장은 (~여름이라 믿는다 & 여름이라 믿는다)이기 때문에 〈이론〉에 따르면 지문에 나와 있는 (~여름이 아니다 & 여름이라 믿는다)를 보다 완곡한 표현적 차이만이 존재할 뿐 난센스로 들리는 것은 동일하다 주장할 것이다.

ㄷ. (X) '마음속으로 말없이'라는 부분이 주장이라고 할 수 없기 때문에 〈이론〉 적용대상이 될 수 없다.

04

정답 ③

해설

① (O) 지문에 의하면 건강은 '좋지도 나쁘지도 않은 것'이고, 그 반대인 질병 또한 마찬가지이다.

② (O) 지문에 의하면 재물은 '좋지도 나쁘지도 않은 것'이지만, 지문은 재물 자체는 행복에 기여하지 않는다고 하더라도, 재물을 얻는 과정에서는 행복할 수 있음을 인정하고 있다.

③ (X) 지문에 의하면 나쁜 것이 아닌 것 중에는 좋은 것도, 좋지도 나쁘지도 않은 것도 있으므로, 나쁜 것이 아니라고 모두 좋은 것은 아니다.

④ (O) 지문에 의하면 건강과 재물은 모두 좋지도 나쁘지도 않은 것이므로, 좋은 것이 아니다.

⑤ (O) 지문에 의하면 분별력은 좋은 것이고, 해를 끼치는 것이 아니라 유익하게 하는 것이 좋은 것의 고유한 속성이기 때문이다. 그렇다면 분별력의 고유한 속성은 유익하게 하는 것이므로, 분별력은 나쁘게 (해를 끼치도록) 사용될 수 없다.

05

정답 ②

해설

① (X) 두 번째 문단 후반부에서 근거를 찾을 수 있다. '세종의 장남'과 '세조의 형'이라는 표현은 같은 대상을 가리키지만, 서로 다른 말을 하는 두 문장에서 사용될 수 있다. 즉, 다른 말을 하는 두 문장에 사용된 표현 중에서도 같은 대상을 가리키는 경우가 존재한다.

② (O) 첫 번째 문단 후반부와 두 번째 문단 전반부에서 근거를 찾을 수 있다. 본문에 제시된 것처럼, 비가 온 어느 화요일에 "오늘은 비가 왔다."라고 말하고, 다음날 "어제는 비가 왔다."라고 한 경우, 언어적으로는 오늘 → 어제로 서로 다른 표현이 사용되었으나, 두 문장은 같은 말을 하고 있다.

③ (X) 다른 단어로 바꿔 쓴 이상, 두 단어의 언어적 의미가 동일하다고 단정 지을 수 없다.

④ (X) 단어가 가리키는 대상이 다른 경우 그 의미가 변화한다. 같은 말을 할 수 없다.

⑤ (X) 가리키는 대상도 같고 언어적으로 의미도 같은 단어라면 바꿔 쓰더라도 말의 의미가 변화하지 않는다. 맥락에 따라 다른 말을 하기 위해서는 바꿔 쓴 표현으로 말의 의미에 변화가 있어야 하는데, 의미가 변화하지 않으므로 발화자의 맥락에 따라 다른 말을 할 수 없다.

06

정답 ⑤

해설

1. 실험자극-처치의 효과가 있다면 편견 정도에 변화가 있어야 한다.

2. 사전조사도 일종의 처치로 볼 수 있다.

3. 동질적 집단을 가정하고 풀이하여도 무방하다.

① (O) 사전조사와 사후조사의 편견 정도에 차이가 있다면, 실험자극의 효과가 확인된 것이다. 특히 그 편견 정도가 감소하였다면, ㉠을 입증하는 것이다.

정답 및 해설 해커스 LEET 전진명 추리논증 기초

② (O) 집단1과 집단2의 차이는 실험자극의 유무이다. 사전조사가 미치는 효과를 배제하고 판단할 때, 실험자극이 있는 집단1의 사후조사 편견 정도가 실험자극이 없는 집단2의 사후조사 편견 정도보다 더 낮다면 실험자극의 효과가 확인된 것이다. 따라서 영화 관람이 편견 정도를 줄였다는 것(㉠)을 입증하고 있다.

③ (O) 집단2의 사전조사 편견 정도는 아무런 처치를 하지 않은 상태에서의 편견 정도를, 집단3의 사후조사 편견 정도는 실험자극을 가한 상태에서의 편견 정도를 나타낸다. 동질적인 집단과 설문을 가정할 때, 실험자극이 있는 집단3의 사후조사 편견 정도가 실험자극이 없는 집단2의 사전조사 편견 정도보다 낮게 나타난 것은 ㉠을 입증하는 사례이다.

④ (O) 집단3과 집단4의 사후조사 비교에 있어 두 집단의 차이는 실험자극의 유무이다. 선지 ②와 마찬가지로 실험자극의 유무에 영향을 받은 집단3의 편견 정도가 더 낮으므로 ㉠을 입증하는 사례이다.

⑤ (X) 아무런 실험자극을 가하지 않은 집단4의 사후조사 편견 정도가 집단1의 사후조사 편견 정도에 비해 더 낮다면, 동질적 집단을 가정하였을 때 집단1에 가해진 사전조사나 실험자극의 결과 집단1의 사후조사 편견 정도가 높아진 것으로 볼 수 있다. 따라서 ㉠에 반대되는 사례이다(비동질적 집단을 가정할 경우 비교할 수 없다.).

07 정답 ③

해설

① (O) 방해 자극을 지각한다는 것이 선명도가 높다는 것이므로 방해와 역의 상관관계를 이룬다.

② (O) 과제 난이도가 높으면 정보가 처리되어 과제 수행을 방해할 것이다.

③ (X) 선명도가 매우 높으면 정보가 처리되지 않아 과제 수행에 영향이 없다.

④ (O) 방해 자극으로 보이지 않는다는 것은 과제 수행이 저하됨을 의미한다(정보가 처리된다).

⑤ (O) 선명도가 낮더라도, 주의를 높이면 과제 수행이 방해받지 않는다.

08 정답 ④

해설

ㄱ. (X) 'M의 덫'에 빠져있을 때는 지점 A로 지속적으로 인구가 수렴하므로 상관관계가 나타날 수 없다.

ㄴ. (O) 다른 요소가 일정할 때 자본이 축적될수록 자본은 한계소득체감의 법칙에 따라 낮은 기울기가 형성된다.

ㄷ. (O) 전근대적일 때 'M의 덫'에 빠져있으면 K의 근대적 경제성장 시기로 이동할 유인이 필요한데 이는 한계소득체감에 적용받지 않는 기술의 발전이 필요함을 추론할 수 있다.

09 정답 ⑤

해설

1. 논리적 관계: E(증거)와 H(가설) 사이에는 반드시 논리적 관계가 존재하거나 존재하지 않는다. 존재하지 않는 경우 중립이며, 존재하는 경우 입증 또는 반증이 된다.

2. 논리적 관계는 확률적 관계를 함축한다. 즉, 논리적 관계가 성립하면 확률적 관계 또한 성립한다. 그러나 그 역은 성립하지 않는다.

① (O) 논리적으로 반증하지도 않고 중립적이지도 않다면, 입증하는 관계이다. 논리적 입증은 확률적 입증을 함축한다. 따라서 중립적이지 않다.

② (O) 본문 여섯 번째 줄에 따르면, 논리적 입증의 부정은 논리적 반증이다.

③ (O) 논리적 반증이면, 그 부정은 논리적 입증이다. 따라서 확률적 입증을 함축한다.

④ (O) 대우를 취하면 'E가 H를 논리적으로 입증하는 경우, E는 H에 확률적으로 중립적이지 않다.'가 된다.

⑤ (X) ④와 마찬가지로 대우를 취하면, '논리적으로 반증하지 않는다면, 확률적으로 입증한다.'가 된다. '논리적으로 반증하지 않는다.'라는 문장은 입증뿐만 아니라 중립인 경우도 포함한다. 따라서 '확률적으로 입증한다.'를 추론할 수 없다.

10 정답 ③

해설

㉠은 각 영역의 연결 방식에 의해서 대뇌피질의 전담 영역이 결정됨을, ㉡은 대뇌피질로 입력되는 신호의 유형은 동일함을, ㉢은 뇌에 의해 파악된 경계는 달라질 수 있음을 이야기하고 있다.

ㄱ. (O) ㉠은 대뇌피질의 전담 영역이 물리적 특성에 의해 결정되지 않는다고 말한다. 이 〈보기〉는 대뇌피질 영역들 사이에 물리적 특성의 차이가 없다는 뜻으로, ㉠을 강화한다.

ㄴ. (X) ㉡은 대뇌피질로 입력되는 신호의 유형을 말하고 있을 뿐, 대뇌피질 속에서 어떻게 신호가 처리되는지를 이야기하고 있지 않다.

ㄷ. (O) ㉢에 따르면 우리 몸의 경계가 변할 수 있다. 〈보기〉에 따르면 갈퀴를 쥐었을 때, 뇌가 갈퀴를 우리 몸의 일부로 여기므로 경계가 변화한 것이다.

정답

p.98

01	02	03	04	05
⑤	④	④	③	④

01

정답 ⑤

해설

㉠ 선을 정의하려는 시도는 성공할 수 없다.

㉡ 선을 정의가 성공하려면 자연적 속성과 동일시 혹은 형이상학적 속성과 동일시해야 한다.

ⓒ 대우 → 자연적 속성과 동일시하지 못하고, 형이상학적 속성과 동일시하지 못하면 선을 정의하려는 시도는 성공할 수 없다.

㉢ 자연적 속성과 동일시하면, 동어반복처럼 무의미한 것이 되어야 한다.

㉣ 무의미한 것이 되지 않는다.

㉤ 쾌락을 자연적 속성에 대입해도 결과는 마찬가지이다.

"㉢+㉣+㉤으로 자연적 속성과 동일시 못한다."가 도출된다. ⇒ ㉻

ⓐ 형이상학과 동일시하는 것은 사실 ⇒ 당위명제 추론

ⓞ 사실 ⇒ 당위추론(예시)

ⓩ 사실로부터 당위추론은 불가능하다.

　　⇒ ⓐ+ⓞ+ⓩ

　　⇒ 형이상학적 속성과 동일시 못한다. (㉱)

ⓒ+㉣+㉤ ⇒ ㉻

ⓐ+ⓞ+ⓩ ⇒ ㉱

㉡+㉻+㉱ ⇒ ㉠

따라서 정답은 ⑤이다.

02

정답 ④

해설

ⓐ는 최종 결론이 될 수 있는 문장이지만 ⓘ는 근거로 쓰이는 문장이다. 따라서 선지 ①, ②는 배제된다. 한편, ⓑ와 ⓗ는 대등한 관계이다. '당위의 근거' 또는 '도덕의 기초'가 될 수 없는 서로 다른 두 대상을 제시하고 있기 때문이다. 선지 ③, ⑤는 ⓑ와 ⓗ 사이에 추론적 관계를 제시하고 있으므로 배제된다.

03

정답 ④

해설

① (O) 지문에서 논증의 결론은 ⓐ "공간에 대한 인간의 요구와 반응이 각 환경에서 어떤 형태로 나타나는지를 알기 위해서는 동물과의 비교 연구가 도움이 된다."는 것이고, 이러한 결론을 도출하기 위한 직접적인 근거로, 동물의 공간에 대한 행동을 관찰함으로써 얻을 수 있는 이점들에 해당하는 ⓑ(동물을 대상으로 관찰하는 경우 인간에게서 기대하기 어려운 것도 발견할 수 있다)와 ⓗ(동물이 공간을 다루는 방식을 관찰한 결과를 인간의 상황에 적용함으로써 얻을 수 있는 지식은 자못 크다)를 제시하고 있다.

②, ③ (O) ⓑ를 제시하는 근거로 ⓒ, ⓔ, ⓕ가 각 제시되어 있고, ⓒ의 직접적 근거로 ⓓ, ⓕ의 직접적 근거로 ⓖ가 곧바로 제시되어 있다.

④ (X) ㉠, ㉡, ⓚ는 병렬적으로 이어져 영토권의 중요성, 영토권의 의미와 그 영역에서의 동물의 행동, 영토권 연구의 중요성 등을 설명하고, 이를 바탕으로 ⓗ를 뒷받침하고 있을 뿐이다.

⑤ (O) ㉠은 동물의 영토권에 대한 기존의 인간의 관념을, ⓜ은 그러한 기존의 관념이 틀렸다는 내용을 서술함으로써, "영토권에 대한 연구가 인간의 생활에 대한 기존 관념을 많이 바꾸어 놓고 있다."는 내용의 ⓚ를 지지하는 근거로 사용하고 있다.

04

정답 ③

해설

지문의 ㉠은 '자연권'을 "자신의 생명을 보존하기 위해 원할 때 언제나 자신의 힘을 사용할 수 있는 자유"로 정의하고, ㉡은 '자연법'을 "인간이 자신의 생명을 보존하는 수단을 박탈하거나, 생명 보존에 가장 적합하다고 생각되는 행위를 포기하는 것을 금지하는 내용의, 이성에 의해 발견된 일반규칙"으로 정의하고 있다.

'자연권'을 정의한 ㉠은 '모든 이성적 인간이 적에 맞서 생명을 보존하는 데 필요한 어떤 것이든 사용할 수 있다'라는 내용의 ㉣을 이끌어낸다. 한편 '만인의 만인에 대한 전쟁'이라는 ㉢과 '자연권에 의해 인간은 필요한 어떤 것이든 사용할 수 있다.'는 내용의 ㉣이 결합하여, '(자연 상태에서는 모든 사람이 모든 사람에 대한 전쟁 상태에 있으므로)모든 사람은 모든 것에 대해, 심지어 다른 사람의 신체에 대해서도 권리를 갖게 된다.'라는 내용의 ㉤이 도출된다.

한편 '모든 사람이 모든 것에 대해 권리를 갖는다'는 내용의 ㉤과, '그러한 권리에는 타인의 신체를 훼손할 권리도 포함된다'는 ㉥이 결합하여, '모든 것에 대한 이러한 자연적 자유가 유지되는 한, 인간은 (모든 사람이 타인의 신체를 훼손할 권리를 갖고 있으므로) 누구도 안전할 수 없다.'는 내용의 ㉦이 도출된다.

한편 ㉡이 정의한 자연법의 내용으로부터 '모든 사람은 평화를 이룰 희망이 있는 한 그것을 얻기 위해 노력해야 한다'는 내용의 ㉧가 도출되고, 이것이 앞서 도출한 ㉦과 결합하여, '평화와 자기 방어에 필요하다고 생각하는 한, 우리가 모든 사물에 대한 자연적 권리를 포기해야 한다'는 내용의 결론인 ㉨이 도출된다.

이를 구조로 나타내면 ㉠→㉣, ㉢+㉣→㉤, ㉤+㉥→㉦, ㉡→㉧, ㉦+㉧→㉨이므로, 적절하지 않은 것은 이에 부합하지 않는 ㉤→㉥→㉦이라는 내용의 ③이다.

05

정답 ④

해설

① (O) ⓐ는 물리적인 것이 도덕적인 것의 근거가 될 수 없다고 말하며 그 근거로 물리적 굴복은 의무가 아님을 ⓑ에서 보여준다.

② (O) ⓗ의 '강자의 권리'는 불합리한 귀결(공허한 말)이라는 결론을 ⓒ ~ⓖ를 통해 보여준다.

③ (O) 힘이 없어질 때 더불어 없어진다(ⓖ 강도가 덮쳤을 때 ⇒ 지갑을 내어줌, 강도가 없을 때 ⇒ 지갑을 내어줄 필요가 없음)를 보여주는 예시이다.

④ (X) '권리에 복종하라는 말'이 힘에 복종하라는 말'이 지켜지지 않는 이유는 ⓓ가 근거이다. 힘이 없어지면 교훈을 지킬 가치가 없어지기 때문이다.

⑤ (O) ⓓ=힘이 없어지면 권리가 없어지는 것이 부당하다. ⓗ=권리와 힘이 합쳐지는 것은 불합리한 결론이다.

정답
p.103

01	02	03	04	05
②	①	③	④	③
06	**07**	**08**	**09**	**10**
⑤	②	①	④	③

01
정답 ②

해설
지문의 내용을 조건문으로 정리하면 다음과 같다.
ⓐ 참 → 배움
ⓑ ~책임 → ~희생 각오 ↔ 희생 각오 → 책임
ⓒ 진정한 지도자 → 희생 각오
ⓓ 진정한 지도자 → 배움
ⓑ+ⓒ: 진정한 지도자 → 희생 각오 → 책임
ⓓ를 이끌어내기 위해서는 책임과 참 사이의 연결고리가 필요하다. 따라서 "책임의 소중함을 느끼는 자는 참을 깨달은 자이다."(②)를 전제로 추가하면 타당한 논증이 된다.

02
정답 ①

해설
A, B, C, D, E, F의 여섯 명제에 관해서 지문에서 제시된 3개의 관계와 F가 거짓이라는 점, 그리고 다른 한 명제가 참이라는 점을 알면 모든 명제의 진위를 알 수 있다고 한다. 먼저 주어진 정보인 F가 거짓이라는 점을 주어진 관계에 적용하여 단서를 찾아본다.
먼저, 지문에서 주어진 두 번째 관계에 의해, C가 참이거나 D가 참이면, B는 거짓이고 F는 참이다. 그런데 F가 거짓이므로, C와 D는 모두 거짓임을 알 수 있다. 즉 C, D, F는 거짓임을 확실히 알 수 있으므로, A, B, E 중 하나가 참임을 알면 나머지 둘의 진위를 알 수 있는 관계가 있는지 검토해야 한다.
그런데 지문에서 주어진 첫 번째 관계를 보면, A가 참이라고 가정하면 (C가 이미 거짓이므로) B가 참인 관계가 성립함을 알 수 있다. 그리고 이 경우 B가 참이고 F도 거짓인데, C는 거짓이므로, 마지막 관계에 의해 E가 참임을 알 수 있다.
이처럼 A가 참임을 알고 있으면 다른 명제들의 진위도 모두 알 수 있으므로, 이 과학자가 이미 알고 있었던 참인 명제는 A임을 알 수 있다.

03
정답 ③

해설
직원 A는 자녀를 두고 있고 이직 경력이 없으므로, 지문의 내용들 중 이에 적용할 수 있는 규칙들을 적용하여 직원 A의 상황을 구체화해야 한다. 지문에 의하면 35세 이상의 사원은 '우수'에 속하거나 자녀를 두고 있지 않았다. 그런데 직원 A는 자녀를 두고 있으므로, 35세 이상이려면 '우수'에 속해야 한다. 그런데 '우수'에 속한 사원은 아무도 이직 경력이 없었고, 직원 A는 이직 경력이 있으므로, 결국 직원 A는 '우수'에 속한 자가 아니고, 35세 이상이 아니다.

그런데 '최우수'에 속한 사원은 모두 45세 이상이므로, 직원 A는 '최우수'에 속하지도 않는다. 그렇다면 직원 A는 '보통'에 속한다. 그런데 '보통'에 속한 사원은 모두 대출을 받고 있으며, 무주택인 사원 중에는 대출을 받고 있는 사람이 없다고 하므로, 대출을 받고 있는 자는 모두 주택을 소유하고 있음을 알 수 있다. A는 '보통'에 속하므로 대출을 받고 있고, 이에 따라 주택을 소유하고 있다. 따라서 A는 35세 미만에 주택을 소유하고 있는 자이다.

04
정답 ④

해설
〈시상규칙〉에서 다음과 같은 것들을 알 수 있다.
ⅰ) 여름에 유기화학 분야에 상을 수상한다.
ⅱ) 한 계절에 같은 분야에 두 개 이상의 상을 수여하지 않고, 두 계절 연속으로 같은 분야에 상을 수여하지 않으므로, 봄, 가을에는 유기화학 분야에 상을 수여하지 않는다. 따라서 유기화학 분야에 대해서는 여름에 상을 수여하거나, 여름과 겨울에 상을 수여하는 것이 가능하고, 이 중 한 번은 무기화학 분야에 상을 수여한다.
따라서 여름 또는 겨울에는 반드시 무기화학 분야에 상이 수여되는데, 두 계절 연속으로 같은 분야에 상을 수여할 수 없기 때문에, 가을에 무기화학 분야에 상을 수여하는 것은 불가능하다. 참일 수 없는 선지는 "가을에 무기화학 분야에 수여한다."이다.

05
정답 ③

해설
ⓔ, ① 중 모두 참이거나 거짓이므로 해당 경우의 수를 정리하면 다음과 같다.
1. 모두 참일 경우
유석의 진술은 모두 거짓 / 소연의 진술은 모두 참
ⓐ: 칼은 진우의 것이 아님
ⓑ: 유석은 피해자를 만나본 적이 없음
ⓒ: 피해자와 같은 층에 살면 피해자를 만났음
ⓓ: 피해자와 유석은 같은 층에 살고 있음
⇒ ⓑ와 ⓓ의 충돌로 모순이 발생하여 모두 참일 가능성이 부정된다.
2. 모두 거짓일 경우
유석의 진술은 적어도 하나는 참이다 / 소연의 진술은 적어도 하나는 거짓이다.
ㄱ. (O) ⓑ가 거짓일 경우(유석은 피해자를 만난 적이 없다) ⓐ는 참이므로 칼은 진우의 것임이 추론된다.
ㄴ. (X) ⓒ가 참일 경우 ⓓ는 거짓이므로 유석은 피해자와 같은 층에 살지만 출근이 가장 늦지는 않았으며, ⓒ로 인해서 ⓑ가 참이 되지만 ⓐ의 진술의 진위 여부는 식별이 불가능하다.
ㄷ. (O) ⓐ가 거짓이면 ⓑ는 참이며 ⓓ가 참이면 ⓒ는 거짓이어야 하므로 유석은 피해자를 만나본 적이 있으며 피해자와 같은 층에 사는 사람은 모두 피해자를 만난 건 아니므로, 소연과 진우 중에 한 명은 피해자와 만난 적 없어야 한다.

06

해설

ㄱ. (X) S에는 빨간색 물감(x)이 10%, 노란색 물감(y)이 60% 들어 있으므로, 파란색 물감은 30% 포함되어 있어야 한다.

ㄴ. (O) R은 빨간색 물감(x)이 40%, 노란색 물감(y)이 60% 포함되어 있다. 그렇다면 R에는 파란색 물감이 전혀 포함되어 있지 않은데, 다른 P, Q, S에는 일정 부분 파란색 물감이 포함되어 있으므로, R이 나타내는 색은 P, Q, S가 나타내는 색의 물감을 어떠한 비율로 혼합해도 만들 수 없다.

ㄷ. (O) Q에는 빨간색 물감(x)이 40%, 노란색 물감(y)이 10%, 파란색 물감(z)이 50%가 포함되어 있고, S에는 빨간색 물감(x)이 10%, 노란색 물감(y)이 60%, 파란색 물감(z)이 30%가 포함되어 있다. 이를 같은 비율로 혼합하면, 빨간색 물감의 비율은 25%, 노란색 물감의 비율은 35%, 파란색 물감의 비율은 40%가 된다.

07

해설

ㄱ. (X) 지문에 주어진 정보들을 통해 모든 시합에서 갑이 7번, 을이 6번, 병이 2번을 이겼고, 시합 수만큼 이긴 횟수가 있을 것이므로, 총 시합 수는 15이다. 이어 〈보기〉 ㄴ, ㄷ의 진위를 따져보기 위해 시합의 규칙으로 문제의 해결방법을 살펴본다. 각 시합마다 3명 중 2명이 시합을 하고, 1명은 대기자가 됨을 알 수 있는데, 전 시합에서 패한 자가 대기자가 되므로, 1패에는 반드시 1대기가 부가된다. 한편 을과 병 사이의 시합에서는 서로 이긴 횟수가 같았는데, 병은 2승밖에 올리지 못했으므로, 을과 병 사이에서는 0승 0패, 1승 1패, 2승 2패의 경우의 수가 있다.

이러한 점을 종합해 갑을 살펴보면, 갑은 15번의 시합 중 7번을 이겨 최종 승자가 되었으므로, 나머지 8번은 패 또는 대기인데, 패 이후에는 대기가 부가되므로 8번 중 4번은 패, 4번은 대기를 한 것을 알 수 있다. 따라서 갑의 최종 전적은 7승 4패 4대기이다.

한편 을의 경우 15번의 시합 중 6번을 이겼으므로, 9번은 패 또는 대기상태에 있었다. 그런데 첫 시합은 갑과 병 사이에 이루어졌으므로, 을은 첫 시합에서 대기상태에 있었다. 그러면 나머지 8회의 시합에서 4패 4대기의 전적을 거둔 것을 알 수 있으므로, 을의 최종 전적은 6승 4패 5대기이다.

마지막으로 병의 경우 15번의 시합 중 총 2번을 이겼으므로, 13번을 패 또는 대기상태에 있었다. 그런데 승, 패, 대기의 합이 각각 15임을 고려하면, 갑은 4패 4대기, 을은 4패 5대기를 하였으므로, 병은 2승 7패(15-4-4) 6대기(15-4-5)를 하였음을 알 수 있다.

ㄴ. (X) 을과 병이 서로 2승 2패를 하였으므로, 병이 당한 7패 중 5패가 갑에 의한 것임을 알 수 있으므로, 갑과 병이 모두 4번 시합을 하였다는 서술은 틀렸다.

ㄷ. (O) 앞서 본 상황에서 을과 병이 0승 0패를 하였다면, 을과 병은 서로 시합을 하지 않고 모두 갑과 시합을 한 것이어야 한다. 그런데 갑은 4패를 하였는데, 을은 6승, 병은 2승을 하였으므로 이는 불가능하다. 한편 을과 병이 1승 1패를 하였다면, 을과 병은 서로 1승 1패를 올리고 나머지는 모두 갑과 시합을 한 것이어야 한다. 그런데 갑은 4패를 하였는데, 을은 1승을 제외하고도 5승, 병은 1승을 제외하고도 1승을 하였으므로 갑을 상대로 총 6승을 올린 것이어서 모순이다.

결국 을과 병은 서로 2승 2패를 하였을 것이고, 이 경우 을은 2승을 제외하고 갑에 대해 4승을, 병은 갑에 대해 0승을 올린 것이므로, 갑의 4패와 맞아떨어진다.

08

해설

ㄱ, ㄴ의 경우 5일째, 8일째 되는 날까지 주어진 조건에 따라 표를 그려보면 그 진위를 알 수 있다.

P는 기한이 짧은 문서를 우선 번역하고, 남은 기한이 같으면 먼저 의뢰받은 문서를 우선 번역한다. 이를 유의하여 매일 P가 번역하는 문서와, 각 문서의 남은 기한과 남은 페이지를 "기한(페이지)"로 나타내어 표로 나타내면 다음과 같다(+는 새로 추가되는 페이지, -는 번역하는 페이지를 나타낸다).

	1일	2일	3일	4일	5일	6일	7일	8일
P번역	A	B	B	C	A	B	B	A
A문서	3 (+10-10 =0)	2(0)	1(0)	3(+10)	2 (10-10 =0)	1(0)	3(+10)	2 (10-10 =0)
B문서	4(+20)	3 (20-10 =10)	2 (10-10 =0)	1(0)	4(+20)	3 (20-10 =10)	2 (10-10 =0)	1(0)
C문서	5(+10)	4(10)	3(10)	2 (10-10 =0)	1(0)	5(+10)	4(10)	3(10)

ㄱ. (O) 위 표에 따르면 P가 5일째 되는 날 번역하는 문서는 A가 두 번째로 의뢰한 문서이다.

ㄴ. (X) 위 표에 따르면 P가 8일째 되는 날 번역하는 문서는 A가 세 번째로 의뢰한 문서이고, C가 의뢰한 문서가 아니다.

ㄷ. (X) 60일을 각 의뢰인의 의뢰 주기로 나누면 A는 20번, B는 15번, C는 12번의 의뢰를 한다. 이에 A는 200쪽(20번×10쪽), B는 300쪽(20쪽×15번), C는 120쪽(10쪽×12번), 총 620쪽의 문서를 60일까지 P에게 의뢰한다. 그러나 P가 번역할 수 있는 문서는 하루에 10쪽뿐이므로, 60일까지 600쪽의 문서만을 번역할 수 있으므로, 60일째 되는 날까지 의뢰 받은 A, B, C의 모든 문서를 번역할 수는 없다.

09

해설

A, B, C, D가 2번씩 경기를 치렀고 승3, 무1, 패0의 승점을 얻는다. 표에서 A와 B가 승점 4점이 있으므로 두 대상이 각각 1승 1무임을 추론할 수 있다. 또한 D를 통해 D는 2패를 하였으며 각 경기의 결과가 0:1, 0:2임을 추론할 수 있다. A-B 무승부 가능성은 0:0 / 1:1이다.

그런데 0:0일 경우 A는 3:2로 승리한 것이 되지만 C와 D의 경기 중 2:3이 불가능하기 때문에 A-B의 무승부 경기가 1:1임을 추론할 수 있다. 따라서 A는 어떤 대상을 2:1로 이겼고 D는 득점한 적이 없으므로 C를 2:1로 이긴 것이 되며 B는 D를 1:0으로 이긴 것이 되고 C는 D를 2:0으로 이긴 것이 된다. 또한 B는 A와 D와 경기를 치렀으며 C와의 경기가 남아 있음을 추론할 수 있다. 따라서 정답은 ㄴ, ㄷ이다.

10

해설

1차 경연에서 2위 B가 얻은 표의 개수를 x, 4위 D가 얻은 표의 개수를 y 라 하고, 2차 경연에서 1위 C가 얻은 표의 개수를 z, 3위가 얻은 표의 개수를 w라 하자.

1차 경연

순위	1	2	3	4
팀	A	B	C	D
득표	30	x	25	y

2차 경연

순위	1	2	3	4
팀	C	B	?	?
득표	z	30	w	15

위 내용에 따라 x와 y의 범위, z와 w의 범위를 계산하여 정리하면 다음과 같다.

1) $x+y=45$, $29 \geq x \geq 26$, $24 \geq y$
   → $19 \geq y \geq 16$
   ($x=29$일 때 $y=16$, $x=26$일 때 $y=19$)
2) $z+w=55$, $z \geq 31$, $29 \geq w \geq 16$
   → $39 \geq z \geq 31$, $24 \geq w \geq 16$
   ($w=16$일 때 $z=39$, $z=31$일 때 $w=24$)
3) 앞선 1)과 2)에 따라 각각 가능한 범위를 정리하면 다음과 같다.
   • $54 \geq A \geq 45$
   • $59 \geq B \geq 56$
   • $64 \geq C \geq 56$
   • $43 \geq D \geq 32$

ㄱ. (O) D의 최댓값은 A, B, C의 최솟값보다 항상 낮다. 따라서 D는 항상 최하위로 탈락한다.

ㄴ. (O) A의 최댓값은 B와 C의 최솟값보다 낮다. 따라서 항상 3위이다.

ㄷ. (X) 2차 경연에서 C는 39표를 받을 수 있다.

PART 4 연구방법론

Ⅱ | 인과·가설·실험추론

정답 p.148

01	02	03	04	05
②	①	②	④	①
06	**07**	**08**	**09**	**10**
⑤	①	⑤	②	③
11	**12**	**13**	**14**	
③	⑤	②	⑤	

01
정답 ②

해설

ㄱ. (X) D → α & β

α & β → D

D ↔ α & β

질병 D와 병원균 α, β는 필요충분의 관계에 있다고 할 수 있다.
따라서 병원균 α 또는 β 둘 중 하나의 보균자가 아닌 경우, 질병 D가 발병하지 않는다.

1) 병원균 α의 보균자이나 병원균 β의 보균자가 아닌 경우, 질병 D가 발병하지 않으므로 병원균 α는 조건 2를 만족하지 않는다.

2) 병원균 β의 보균자이나 병원균 α의 보균자가 아닌 경우, 질병 D가 발병하지 않으므로 병원균 β는 조건 2를 만족하지 않는다.

ㄴ. (O) D → ~(α & β)

질병 D를 앓는 환자에서 병원균 α와 β가 함께 검출되는 경우가 없다면, 병원균 α가 검출되고 β가 검출되지 않는 경우, 병원균 α가 검출되지 않고 β가 검출되는 경우, 모두 검출되지 않는 경우의 세 가지가 가능하다. 따라서 두 병원균 모두 조건 1을 충족하는 경우는 불가능하다. 다시 말해, 어느 한 병원균이 조건 1을 충족하면 나머지 한 병원균은 조건 1을 충족할 수 없다.

ㄷ. (X) D → α or β

병원균 α의 보균자이나 병원균 β의 보균자가 아닌 질병 D의 환자와, 병원균 β의 보균자이나 병원균 α의 보균자가 아닌 질병 D의 환자가 동시에 존재하는 경우라면, 선지의 가정을 만족하면서도 조건 1을 만족하지 않을 수 있다.

02
정답 ①

해설

• 갑은 존재하지 않는 것이 원인이 될 수 없음을 말하고 있다.
• 을은 '~가 없었다면 ~는 일어나지 않았을 것이다'라는 조건문을 통해 인과관계를 파악하고 있다.
• 병은 인과관계에서의 시간 순서를 이야기하고 있다.

ㄱ. (O) 갑의 견해에 제시된 '화초에 물을 주지 않았다는 것'에 '오아시스가 없다는 것'을, '화초가 죽음'에 '사망'을 대입하면 완전히 동일한 구조임을 알 수 있다. 따라서 갑에게 오아시스가 없다는 것은 A가 사망한 사건의 원인이 아니다.

ㄴ. (X) B의 행위가 없었더라도 A는 물통이 없었을 것이기에 사망했을 것이다. 또한 C의 행위가 없었더라도 A는 소금밖에 없는 물통으로 인해 사망했을 것이다. 즉 B와 C 모두의 행위가 없었어도 A의 사망이라는 결과는 일어난다. 따라서 을은 두 행위를 모두 원인으로 평가하지 않을 것이다.

ㄷ. (X) 병은 원인의 필수조건만을 이야기할 뿐, 충분조건을 제시하지 않는다. 따라서 병의 B의 행위가 원인이라고 단정할 것이라는 사실은 알 수 없다.

03
정답 ②

해설

확률과 설문조사에 관한 내용으로, 조사방법론을 미리 공부했다면 익숙한 소재일 것이다. 기본적으로 모집단의 모든 요소가 동일한 추출 확률을 갖도록 하는 것이 좋은 설문조사임을 기억하자.

ㄱ. (X) 모든 기독교인을 무작위로 추출한 사례가 아니다. 교회를 먼저 선택하고, 그다음 교인을 추출하는 방식이다. 따라서 교회가 선택될 확률에 따라 개별 교인이 추출될 확률이 달라진다. 모든 기독교인들이 뽑힐 확률이 동일한 경우가 아니다.

ㄴ. (X) 지문에 따르면 같은 교회의 교인들은 동질성을 지닌다. 따라서 더 많은 교회를 조사할수록 대표성은 올라갈 것이다.

ㄷ. (O) 이 조사의 대표성을 높이기 위해서는 각 개인의 추출 확률을 최대한 동일하게 하여야 한다. 교회가 뽑힐 확률을 교인 수에 비례하도록 설정하는 경우, 교인 수가 많으면 교회와 교인 수가 적은 교회 사이에 뽑힐 확률의 차이가 발생한다. 이러한 확률의 차이로 각 개인이 뽑힐 확률을 일정하게 조정할 수 있다. 가령 N개의 교회에 대하여 교인 수와 관계없이 교회를 선택하는 경우 개인이 뽑힐 확률은 $1/N \times 1/m_0$ (m은 해당 교회의 교인 수)이 된다. 반면 N개의 교회에 대하여 교인 수를 고려하여 교회를 선택하는 경우 개인이 뽑힐 확률은 $m_0/M \times 1/m_0$ (M은 전체 교회 교인의 수)이 된다. 전자는 $1/N \times m_0$인 반면 후자는 $1/M$이다. 후자는 소속 교회 교인의 수와 무관히 뽑힐 확률이 결정된다.

04
정답 ④

해설

C는 원인, E는 결과이다.

ㄱ. (X) 대조 사례의 경우 한쪽은 C와 E가 모두 있고 다른 쪽은 둘 다 부재한 상황이 펼쳐져야 하는데 선지의 경우 유전자가 같다는 원인(C)은 모두에게 존재하고 조현병(E)도 모두 존재하기 때문에 대조 사례라고 볼 수 없다.

	C	E
갑	O	O
을	O	O

ㄴ. (O) β형 모기에 물린 것(C)과 말라리아에 걸린 것(E)을 기준으로 할 때 갑과 을은 대조 사례의 조건을 충족할 수 있다.

	C	E
갑	O	O
을	X	X

더하여 본문의 세 가지 조건 중 첫 번째를 충족하기 위해서는 갑과 을이 C의 결여 외에 모든 측면이 유사하여야 하므로, 말라리아에 대한 선천적 저항력도 차이가 없어야 한다.

ㄷ. (O) 총 식사량 감소(C1)와 저탄수화물 식단(C2) 각각이 C임을 파악하여야 한다.

	C1	C2	E
갑	O	O	O
을	X	X	X

속성이 하나가 아니므로 선지의 내용처럼 C2의 영향력을 무시할 수 있는 수준으로 축소하지 않으면, C1과 C2 중 어느 것이 E에 영향을 미쳤는지 파악할 수 없다.

05
정답 ①

해설
결정론과 자유의지, 그리고 책임에 관한 문제이다.

ㄱ. (X) 지문의 첫 번째 문장은 필요조건을 나타내고 있다. 지문에 따르면 우리 행위가 우리 자신의 자유로운 선택의 결과일 때에'만' 도덕적 책임을 진다. ㄱ은 충분조건을 서술하고 있으므로 옳지 않은 진술이다.

ㄴ. (O) 지문의 "만약 우리가 우리의 의지가 자유롭다는 것을 정말로 안다면, 우리의 의지가 자유롭다는 것은 참일 수밖에 없다. 사실이 아닌 어떤 것을 알 수는 없기 때문이다."를 통해 옳은 진술임을 파악할 수 있다.

ㄷ. (X) 우리가 자유롭게 행했다고 여기는 많은 행위들을 인과 법칙적으로 설명할 수 있다면, '우리가 자유롭다고 느낀다는 사실이 우리가 실제로 자유롭다는 것을 보여주지는 못한다'는 글쓴이의 논거를 약화하지 않고 오히려 지지한다.

06
정답 ⑤

해설

ㄱ. (O) (가설 1)이 맞다면, 반응자는 본인들의 기대 수익을 최대화하는 선택을 해야 한다. 이 경우 반드시 8–2를 받아들인다. 제안을 거부하게 되면 아무것도 받을 수 없다. 받아들인다면 최소한의 수익이나마 얻을 수 있다. 따라서 제안을 받아들이는 것이 (가설 1)에 부합한다. 그러나, 반응자의 과반이 거부를 했다면 (가설 1)에 부정적인 근거이다.

ㄴ. (O) (가설 1)이 옳다면 각 개인은 기대 수익만으로 결정을 내린다. 제안자의 기대 수익은 다음과 같다.

	수락확률	거부확률	기대 수익
5-5안	1	0	5,000×1=5,000
8-2안	0.2	0.8	8,000×0.2=1,600
동전안	0.8	0.2	(0.5×5,000+0.5×8,000)×0.8=5,200

동전안은 80% 확률로 수락되며, 이 경우 절반의 확률로 제안자가 5천 원 또는 8천 원을 받을 수 있다. 20% 확률로 거부되면 아무런 수익도 얻지 못한다. 이를 바탕으로 기대 수익을 구하면 5,200원으로 5–5안의 5천 원보다 기대 수익이 크다. 따라서 동전안을 선택하는 경우(가설 1)은 강화된다.

ㄷ. (O) [실험 2]는 [실험 1]과 달리 동전안의 선택 근거를 비공개로 한다. [실험 1]에서는 동전안을 선택하여 8–2안이 채택될 가능성이 확률적으로 반반이지만, [실험 2]에서는 8–2안의 선호에 따라 거짓말을 할 수 있다. 이때 [실험 2]에서 8–2안의 선택 비율이 높아졌으므로, 발각되지 않을 가능성이 높아짐에 따라 거짓말을 한 것으로 볼 수 있다. 따라서 (가설 2)는 강화된다.

07
정답 ①

해설
• A: 약한 독성을 가진 모델
• B: 강한 독성을 가진 모델
• C: 의태자

㉠ C가 A보다 B의 형태로 진화하는 것이 생존에 유리하다. (강한)
㉡ C가 B보다 A의 형태로 진화하는 것이 생존에 유리하다. (약한)

ㄱ. (O) 닭들이 강한 독을 가진 개구리(B)는 잡아먹지 않고, 약한 독을 가진 개구리(A)는 잡아먹는다면, 개구리는 강한 독을 가진 개구리의 형태(B)로 진화하는 것이 생존에 유리하다. 이는 ㉠이 주장하는 바이며, ㉡에 따르면 약한 독을 가진 형태로 의태한다고 말하므로 이 사례와 맞지 않다.

ㄴ. (X) 강한 독이 있는 나방을 잡아먹은 닭은 모두 죽었으니 존재하지 않고, 오로지 약한 독이 있는 나방을 잡아먹은 닭들만 살아남아 약한 독이 있는 나방(A)과 동일하게 생긴 나방을 잡아먹지 않는다. 그러므로 의태를 할 때는 약한 독을 가진 형태(A)로 진화하는 것이 더 유리할 것이다. 이는 ㉡을 강화하는 사례이다.

ㄷ. (X) 독에 대한 경험이 없는 닭들이 나방을 잡아먹은 이후에 개구리를 잡아먹은 사례는 자극과 반응의 대상이 서로 달라 본문의 가설들과 관련이 없다.

08
정답 ⑤

해설
가설 H의 현재 강화 수준을 X_0, 증거 E가 추가되었을 때의 가설 H의 강화 수준을 X_1, 증거 E의 부정이 추가되었을 때의 가설 H의 가설수준을 X_2라 하자. 이를 바탕으로 증거–대칭성 관계를 나타내면 다음과 같다.

증거	가설 H의 강화 수준의 변화
증거 E	$X_1 - X_0$
증거 E의 부정	$X_2 - X_0$

증거 – 대칭성 $|X_1 - X_0| = |X_2 - X_0|$

ㄱ. (O) 갑이 범인이 아니다 하더라도 을이 범인일 가능성은 가능하기 때문에 을이 범인이 아니라는 가설을 최대한 강화할 수 없다.

ㄴ. (O) 수식으로 표현하자면, 병을 이제 고려 안 해도 되기 때문에, 갑이 범인일 확률과 을이 범인일 확률만 고려하면 된다. 이 중 한 사람만 범인이라는 사실을 우리가 알고 있기 때문에, 갑이 범인이면 을이 범인이 아니고, 역도 성립한다. 따라서 두 가설은 서로 최대로 약화하는 관계에 있다. 그 이유는 갑이 만약 범인이 아닐 경우, 을은 범인이 되는데 이는 을이 범인이 아니라는 진술과 정면으로 모순되기 때문이다. 정면으로 모순되는 두 진술은 서로 최대한으로 약화하는 관계이다.

ㄷ. (O) ㄴ의 논리를 따르게 되면, 갑이 범인이라는 진술은 을이 범인이 아니라는 진술과 동치이기 때문에 서로를 강화한다. 또한 갑이 범인이 아니라면 을은 범인이 맞기 때문에 증거-대칭성 관계에 놓여있다는 점을 확인할 수 있다.

09 정답 ②

해설

경쟁가설 속의 가설 $h_1 \sim h_n$에 대해 각각이 참일 확률을 $p_1 \sim p_n$이라 하자. 지문에 따라 $\Sigma p_k = 1$이다.

① (O) 한 증거가 세 개의 가설 $h_1 \sim h_3$에 대해 부정적 증거라면, p_1, p_2, p_3의 값을 낮춘 것이다.
$\Sigma p_k = 1$이 유지되기 위해서는 최소한 p_4 하나는 존재하고 그 값이 늘어나야 한다.

② (X) $\Sigma p_k = 1$임에도 $p_n = 1$이라면, 나머지 가설들의 확률이 모두 0이 된다. 그렇다면 그 증거는 반드시 다른 가설들에 부정적 증거가 된다.

③ (O) $\Sigma p_k = 1$이므로 어떤 증거가 어떤 가설이 참일 확률(p_n)을 높이면, 그 증거는 필연적으로 다른 가설이 참일 확률을 줄여야 한다.

④ (O) 영향을 미치는 가설의 수는 다를 수 있다.

⑤ (O) 세 개의 가설만 있는 경우, $\Sigma p_k = 1 = p_1 + p_2 + p_3$가 된다. 가령 h_1과 h_2에 대해 중립적이어서 p_1과 p_2의 값이 일정하다면, p_3 또한 변함이 없어야 한다. 따라서 두 가설에만 중립적인 자료는 존재할 수 없다.

10 정답 ③

해설

A	혈액 = 세포성분 + 액체성분 액체성분을 제외한 세포성분만 흡수 혈액 섭취 ∝ 세포성분 흡수량 ∝ 액체성분 분비
B	액체성분 분비로 체온 상승 억제 혈액 섭취 ∝ 온도 ∝ 액체성분 분비

※ 혈액흡수를 선행 변인으로 두고, 혈액흡수는 증가한 것으로 가정한다.
※ A는 세포성분을, B는 온도를 독립 변인으로 본다.

ㄱ. (O) 온도가 통제된 상태에서 단위당 흡수하는 세포성분의 양이 감소하자, 분비하는 액체성분의 양이 증가하였다. 이는 흡수하는 세포성분의 양을 일정히 유지하기 위해 혈액 섭취량을 늘리고, 더 많은 액체성분을 분비한 것으로 해석할 수 있다. 이는 A의 주장과 일치한다.

ㄴ. (O) A의 주장이 옳다면, 세포성분이 완전히 제거된 상태에서 온도 변인이 변화하는 것으로는 액체성분의 분비량에 변화가 없어야 한다. 그러나 세포성분이 통제된 상태에서도 온도 증가에 따라 액체성분의 분비량이 증가하였으므로 B의 주장은 강화된다. 본문에 따르면 모기의 체온은 인간의 체온보다 낮다.

ㄷ. (X) 두 변인을 모두 통제되지 않은 상태에서 실험을 진행하는 경우, 각 변인의 효과를 명확히 분리할 수 없다. 하나의 현상에 대해 서로 대립하는 두 가설을 실험을 통해 평가하기 위해서는 반드시 변인에 대한 통제가 필요하다.

11 정답 ③

해설

지문에 따르면 상염색체 STR을 통해 부모-자식 관계를 추론할 수 있고, Y염색체는 부계를 따라, 미토콘드리아는 모계를 따라 유전된다.

ㄱ. (O) 검체 A와 갑은 Y염색체 값이 같다. 또한 상염색체 STR의 경우에도 한쪽 씩은 일치한다. 따라서 부자관계의 가능성이 존재한다.

ㄴ. (O) 이모의 자녀라면 모계적 특성이 같아야 한다. 따라서 미토콘드리아 정보만 같다면, 가능성이 배제되지 않는다.

ㄷ. (X) 이복형제라면 같은 아버지로부터 태어났으므로, 무조건 Y염색체가 같아야 한다. 하지만 C와 갑의 Y염색체 STR이 서로 다르므로 같은 부계일 수 없다.

12 정답 ⑤

해설

원인	SV40		니트로벤젠	
암세포	A1	A2	B1	B2

구분	X1	X2	Y1	Y2
(나) 1차 이식	A1	A1	B1	B1
(다) 2차 이식	A2	B2	A2	B2
발병 여부	X	O	O	O
(라) 3차 이식				
발병 여부				

위 표로 추론컨대, A1과 A2는 동일한 항원으로 인식될 것(X1)이며, B1과 B2는 서로 다른 항원으로 인식될 것(Y2)이다.

ㄱ. (X) Y1은 이미 A2를 접하였으므로, A1도 효율적으로 제거할 수 있을 것이다.

구분	X1	X2	Y1	Y2
(나) 1차 이식	A1	A1	B1	B1
(다) 2차 이식	A2	B2	A2	B2
발병 여부	X	O	O	O
(라) 3차 이식	A1	A1	A1	A1
발병 여부	X	X	X	O

ㄴ. (X) X2는 이미 A1을 접하였으므로, A2를 효율적으로 제거할 수 있을 것이다.

구분	X1	X2	Y1	Y2
(나) 1차 이식	A1	A1	B1	B1
(다) 2차 이식	A2	B2	A2	B2
발병 여부	X	O	O	O
(라) 3차 이식	A2	A2	A2	A2
발병 여부	X	X	X	O

ㄷ. (O) Y1과 Y2는 B1을 이미 접하였으므로, B1을 효율적으로 제거할 수 있다. 그러나 X1과 X2는 B1을 접한 적이 없고, Y2의 사례에서 알 수 있듯 B1과 B2는 서로 다른 항원으로 인식된다. 따라서 X2도 암이 발생한다.

구분	X1	X2	Y1	Y2
(나) 1차 이식	A1	A1	B1	B1
(다) 2차 이식	A2	B2	A2	B2
발병 여부	X	O	O	O
(라) 3차 이식	B1	B1	B1	B1
발병 여부	O	O	X	X

ㄹ. (O) B1과 B2는 서로 다른 항원으로 인식된다. X2와 Y2는 (다)에서 이미 B2에 대한 면역을 갖추었으므로 암이 발병하지 않을 것이고, X1과 Y1은 그렇지 않다. 따라서 X1과 Y1에서 암이 발생할 것이다.

구분	X1	X2	Y1	Y2
(나) 1차 이식	A1	A1	B1	B1
(다) 2차 이식	A2	B2	A2	B2
발병 여부	X	O	O	O
(라) 3차 이식	B2	B2	B2	B2
발병 여부	O	X	O	X

13

해설

- 갑: 〈표 1〉을 통해 하층계급이 중간계급보다 시민권에 대해 긍정적으로 평가하고 있다고 주장
- 을: 〈표 1〉과 더불어 〈표 2〉를 통해 중간계급이 하층계급보다 시민권에 대해 긍정적으로 평가하고 있다고 주장
- 〈표〉
  가중평균을 이용하여 인종의 비율을 추론할 수 있다.
  ⓐ 중간계급: B인종 > A인종

중간계급 A인종의 긍정적 비율	70%	X시에서 중간계급 A인종의 비율	a1
중간계급 B인종의 긍정적 비율	30%	X시에서 중간계급 B인종의 비율	b1

$$a1 \times 0.7 + b1 \times 0.3 = 0.37$$

- a1과 b1이 0.5인 경우의 X시 중간계급의 긍정비율은 0.45가 되어야 한다.
- a1이 0.5보다 크다면 0.45보다 더 큰 값을 가지게 될 것이고, 0.5보다 작으면 0.45보다 더 작은 값을 가지게 될 것이다.
- 따라서 a1이 0.5보다 작아야 한다. 이때 a1+b1=1이므로, b1 > a1
- a1=0.175, b1=0.825
  ⓑ 하층계급: A인종 > B인종
  위와 같은 방법으로 구할 수 있다.

하층계급 A인종의 긍정적 비율	50%	X시에서 하층계급 A인종의 비율	a2
하층계급 B인종의 긍정적 비율	20%	X시에서 하층계급 B인종의 비율	b2

$$a2 \times 0.5 + b2 \times 0.2 = 0.45$$

- a2와 b2가 0.5인 경우의 X시 중간계급의 긍정비율은 0.35가 되어야 한다.
- a2가 0.5보다 크다면 0.35보다 더 큰 값을 가지게 될 것이고, 0.5보다 작으면 0.35보다 더 작은 값을 가지게 될 것이다.
- 따라서 a2가 0.5보다 커야 한다. 이때 a2+b2=1이므로, a2 > b2
- a2=5/6, b2=1/6

ㄱ. (X) 중간계급은 B인종이 더 많다. 본문의 조건과 일치하지 않는다.

ㄴ. (O) 하층계급은 A인종이 더 많다. 본문의 조건에 부합하며, 인종 편향은 태도를 왜곡할 수 있다.

ㄷ. (X) 〈표 1〉과 〈표 2〉를 바탕으로 중간계급과 하층계급의 사람의 수를 비교할 수 없다. 따라서 한 인종 내의 계급 비중 또한 알 수 없다.

14

해설

사형 찬성론자들의 가설	사형 집행(독립 변수) 증가 → 살인 행위(종속 변수) 감소

ㄱ. (O) 제도적으로 사형 제도를 도입했지만 실제로는 사형을 집행하지 않았다면, 사형 찬성론자들이 독립 변수(사형 집행)로 상정하는 것에 변동이 없는 것이다. 따라서 효과적으로 반박할 수 있다.

ㄴ. (O) 독립 변수와 종속 변수 사이의 상관관계를 억제, 왜곡하는 변수가 있다는 주장이다. 가설에 부합하지 않는 통계를 반박하는 전형적인 방법이다.

ㄷ. (O) 〈표〉의 '사형 제도가 없는 주'가 이미 사형 제도가 시행되었다가 폐지된 주라면, 낮은 살인 범죄율이 사형 제도의 효과로 발생하였을 수 있다는 주장이다. 이러한 경우 '사형 제도가 없는 주'와 '사형 제도가 있는 주'를 사실상 구분할 수 없다. 따라서 타당하다.

188 한 번에 합격, 해커스로스쿨 lawschool.Hackers.com

해커스 LEET

전진명
추리논증
기초

초판 1쇄 발행 2024년 11월 15일

지은이	전진명
펴낸곳	해커스패스
펴낸이	해커스로스쿨 출판팀

주소	서울특별시 강남구 강남대로 428 해커스로스쿨
고객센터	1588-4055
교재 관련 문의	publishing@hackers.com
학원 강의 및 동영상강의	lawschool.Hackers.com

ISBN	979-11-7244-451-8 (13360)
Serial Number	01-01-01

로스쿨교육 1위,
해커스로스쿨 lawschool.Hackers.com

해커스로스쿨

• 해커스로스쿨 스타강사 전진명 교수님의 **본 교재 인강**(교재 내 할인쿠폰 수록)

주간동아 선정 2023 한국브랜드만족지수 교육(온·오프라인 로스쿨) 부문 1위